平成の裏仕事師列伝

BEYOND
ビヨンド

平成の裏仕事師列伝 BEYOND

目次

◆本書は月刊『裏モノJAPAN』（小社刊）の連載「平成の裏仕事師列伝」を加筆、修正、再編集し、一冊にまとめたものです。◆各記事の初出は、それぞれのタイトル部分に記しています。◆登場人物の年齢、情報等は初出当時のものです。

平成の裏仕事師列伝 BEYOND 01

悪徳教材セールスマン

カモは高卒の田舎もん

インタビュー＋文＝株山 栄
フリーライター

「裏モノJAPAN」2001年3月掲載

「○○さんですか？　お仕事中、恐れ入ります。私、××と申しまして、実は今回、特別にビジネスチャンスのご紹介をしてまして」

いきなり、職場や自宅にこの手の電話がかかってきたことはないだろうか。聞き覚えのない名前、〝ビジネスチャンス〟なるいかにもなフレーズ、そしてやけに調子の良すぎる口ぶり…。筆者も会社員のころは何度か似たような電話を受けたことがあるが、その大半のケースで「興味ないから」と即座に受話器を置いたものだ。

そもそも、見も知らずの相手に電話1本で怪しい儲け話を持ちかけられ、どう信用しろというのか。仮に話に乗ったところで、高い金を払わされるのがオチ。聞くだけムダだろう。

「うん、それが常識ですよね。ところが、世の中にはその常識が通用しないヤツがいる。ホント、仕事やってる自分がいちばんビックリしましたもん。コイツ、どこまでお人好しで世間知らずなんだろうって」

長谷川剛氏（仮名、27才）は、電話セールスの定番、教材販売を生業としている人物だ。行政書士の参考書から、医療事務のテキスト、ホームページの作成講座など、まさに手を変え品を変え、これまで5年間を腕1本、いや受話器1本でメシを食ってきた。

「でも、そろそろ足を洗うつもりなんですよ。会社もヤバくなってきたし。だから、今日は全部しゃべりますよ」

普段は電話を叩き切っているであろう皆さん、今日ばかりはこの口技師のトークにしばしお付き合い願いたい。

5年くらい前ですかねえ、自分、仙台の飲み屋でウエイターやってたんですけど、あるときビシッとスーツ着て昼間の仕事やりたくなったんですよね。男ってそういうのな

いすか。で、求人誌買っていろいろ面接受けて唯一合格したのが電話セールスの会社だったんです。
最初に事務所のドア開けたときは凄かった。10畳くらいのワンルームに社員が6人くらいいて、みんながみんな電話かけまくってるんですよ。それもケンカしてんのかってくらいの勢いで怒鳴ってるヤツもいれば、上司にボコボコに殴られて半泣きのヤツまでいたり。さすがにこりゃちょっとヤバイとこ来ちゃったかなあって思いましたよ。
でも、他に行くとこもなけりゃ、覚悟決めるしかない。次の日の朝には、きっちりスーツで出勤しましたよ。
もう何でもやるつもりだったから、仕

事そのものには抵抗なかったんですけど、会社の雰囲気が半端じゃないっていうか。早い話、極端な体育会系なんですよ。

朝は挨拶から始まって営業訓を全員で斉唱でしょ。で、ちょっと声が小さいと、鉄拳制裁ですもん。

ヤッていけんのかなってムチャクチャ不安でしたね。

10人に1人はいる話に付き合う正直者

やらされた仕事は国家資格の講座の電話セールスでした。サムライ商法って聞いたことないですか。宅建（宅地建物取引）や公認会計士といった資格を取るための教材を売りつけるっていう。オレの会社では、これがいちばん口説きやすくオーソドックスだって、行政書士が中心でしたね。

ターゲットになるのが、高卒の男で20代後半の社会人。しかも、普通校じゃなくて農業とか工業系の出身者で、さらには田舎の人間がいいですね。

なんでかわかります？ 20代なら社会経験をさほど積んでるわけでもない、専門系の高校出だと世の中に対してコンプレックスを抱えてる、田舎者は都会のヤツに比べてスレてない。つまり、彼らなら信じやすい、ダマされやすいだろうってことですよ。

セールスは、全国の高校の卒業名簿とか同窓会名簿を見て職場に電話をかけます。狙う連中ってのは大半が高校を出て就職してるから、名簿に勤め先が書いてあるんですよね。最悪、書いてなかったところで、自宅にかけて「ワタクシ、お宅の××高校の同級生

で、今同窓会名簿の手直しをしてるんですけど、勤務先が書かれていないんですが」って親や兄弟に言えば、一発で教えてくれますよ。

で、肝心のセールス内容なんですが、誰に対しても最初は決まり文句から入ります。

「先日、こちらの方からDMを送らせていただきましたが、ごらんになりました?」

10人中10人は「見てない」って答える。そりゃそうですよ、DMなんて一切送ってませんからね。そこで、次に言う台詞がこう。

「そうですかぁ。だからこっちに連絡がなかったわけですね。あのう実は今、行政書士の取得講座のご案内してまして。××さん、行政書士ってご存じですか?」

ま、普通はそこでピンときて切っちゃうヤツがほとんどなんですけど、中に付き合ってくれる正直者が必ず1人はいる。「どんなのでしたっけ?」なんて。ははー、引っかかったなってなもんですよ。

1千万稼げるなら39万なんてチョロイ

行政書士って何やる仕事か、ご存じです? ハハハ、さすがに知ってますか。でも、オレたちが相手にする連中の大半はわかってない。そこで、説明がてら一気にまくしたてるわけです。

「××さんの会社でもそうだと思うんですけど、役所に提出するものってのがありますよね。税金だとか社会保険だとかね。そういう書類ってのは全部、行政書士の判子がないとダメなんですよ。つまり、企業や個人に変わって書類の手続きをしてやる人のことなんです。おわかりですよねぇ」

ま、ここまでは間違いじゃないとして、問題は次から。

「それでね、今回、××さんとこにお電話したのは、この資格を取ってみませんかってことなんです。実は1年先に試験のシステムが変わってすごく難しくなっちゃうんですよ。だから、政府の指導で私どもがこうやって電話をして勧めさせていただいてるわけなんです。ま、一応講座は30万ですけど、これ相当チャンスだと思いますよ。私どもの講座を受けて活躍してらっしゃる人がたくさんいるんですよ。そうですねぇ、皆さん独立して1千万円は稼いでらっしゃいますよ」

こういう大げさな表現、ウチらでいうオーバートークってやつですけど、これにもいくつかポイントがあって。

1つは会社が国から指定を受けているような、怪しい匂いのしない、すごく立派な業者だってイメージを持たせること。

あ、言っときますけど、テキスト自体はマトモなんですよ。それを読んで行政書士になれるかどうかはまた別問題なんだけど、とにかくこの段階では、ウチの講座を受けさえすれば行政書士になれるっていうニュアンスを持たせることが必要なんですよね。

あとは相手のコンプレックスとか不満を見つけて、そこを突くことです。ほら、みんな大なり小なり今の生活に不平不満があるわけでしょ。仕事内容がいやだ、給料が低い、学歴がない、あと田舎暮らしは退屈だとか。

で、例えば相手が田舎がイヤだって言えば、こんなトークをかますわけですよ。

「このチャンスを生かして1千万稼いで、都内の1等地に庭付きプール付きの戸建てを建てた方もいらっしゃいますよ」

田舎の若いヤツにとって1千万円ってのはスゴイ金ですよ。けど、これは一種のマジックでね。1千万っていう、とてつもない数字を出すことでテキスト代の30万を打ち消してしまおうって。バカな田舎モンはすぐその気になりますよ。

最初にかけた電話で注文が取れることを「オーダー」と呼ぶ。が、これが取れるのは100人中1人いるかいないか。かなり相手に恵まれた場合に限られるらしい。

「しかも、電話でOKするヤツって、契約書を送った後で必ず電話かけてくるんですよ

ね。やっぱりヤメたい、解約できないかって」

確かに、いくら電話で調子のイイこと吹き込まれても、30万円という数字は目を覚ますには十分な額だろう。

だが、そこで引き下がっているようでは、セールスマン失格。真価が問われるのは、ここからだ。

商品じゃなく資格だからクーリングオフは不可⁉

仮にオーダーが1件取れたとしたら、次の日に電話をかけて、客に番号を伝えるんですよ。あなたの受験番号は××です、みたいな。

それから8日間は、毎日電話。相手の気持ちをつなぎ止めて、とにかくクーリングオフされないようにしなきゃいけない。

用件なんて何でもいいの。オーダー3日目は「教材の発送はいつになりますから」、4日目は「発送の日がかわりました」だの「こういう特典が付きます」とか。

クーリングオフしそうな客は、だいたい雰囲気でわかるんですよ。声の明るさが違うっていうか。

もちろん、そういうヤツには「がんばりましょう。年収1千万の暮らしが待ってるんですよ」って励ますんだけど、簡単にはいかない。「やっぱりヤメたい」「払えない」ってほざいてる。

どうするか。オレたちはここでキャン防（キャンセル防止）のテクニックってのを持ち出すんです。

そもそも、クーリングオフしたいってヤツは、ほとんど周りから「ヤメとけ」って入れ知恵されてる。それを逆手に取るんですよ。

「あのねえお客さん、さっきからクーリングオフって何度もおっしゃってますけど、本当の意味ご存じなんですか？」

この質問にビッチリ正確に答えられるヤツ、1人もいませんよ。だからこっちが教えてやる。

「お客さん、クーリングオフってのはモノを買って8日間以内に返品できるってことですよ。でも、今回の内容ってのは、商品じゃなくて資格を取るってことでしょ。それは別なんですよね」

すり替え話法って呼ぶんでしたっけ、こういうの。強い調子で言ったら、気の弱いヤツはだいたい黙っちゃいますね。

「警察官がウソついて許されるんですか」

あと客の言い分で多いのが、ローン用紙に書き込んで返送しないうちは契約は不成立だっていうパターンね。

確かに、署名・捺印ってのが通常の契約ですよ。でも、民法には「電話1本でも双方の合意があれば契約成立」ってちゃんと書かれてる。何となりゃ「契約違反で警察に通報しますよ」って脅しにかかりますから。「こないだ捕まって、まだブタ箱にいる人間だっているんだぞ」とか。もうムチャクチャでしょ。

相手の客が警察とか自衛隊なんかだったらなおさらですよ。警察官がウソついていいんですか、公務員法違反で逮捕されて、新聞で実名出されて懲戒免職ですよって、もう言いたい放題。

いや、いるんですよ。客の中には警官とか消防士とか。他の業者連中はさすがに手をつけなかったみたいだけど、オレは関係なくセールスかけましたから。

危なくないかって？　全然。それどころかヤツらっていいカモですよ。途中でヤメたいってのも少ないし、ちょこっと脅すだけですぐに言いなりになりますもん。

とにかく、いったん契約するって言ったら死ぬまで食らいつくのがモットーです。土日だろうが夜中の1時2時だろうが、お構いなし。オレ、相手の実家まで行ってハンコ押させたこともありますもん。

相手は「お願いですからキャンセルさせてください！」ってワンワン泣いてますよ。大のオトナがですよ。泣きてえのはこっちだっつーの（笑）。

なんだかんだで毎日200本くらいは電話かけてたんじゃないですかね。もうマジで受話器置くヒマなんかない。ヘタすり

ゃトイレにも行けなくて膀胱炎になっちゃったりしますから。

それでも契約取れないヤツってのがいるんですよね、中には。もうそうなると悲惨ですよ。オレの隣の席のヤツなんか、机の上に正座させられて、ガムテープで手を受話器にグルグル巻きにされてましたもん。契約取れるまで一生かけてろって、もうそりゃ地獄ですよ。


彼の会社では、1人のセールスマンに1カ月5本の契約が課せられていた。このノルマをクリアすることを条件に、支給される給料が月30万円（ノルマを下回ると差っ引かれる）。以降、1本契約を取るたびに5万円の歩合給が加算される仕組みとなっていた。

この給与システムの下、長谷川氏はコンスタントに月8〜9本の契約をモノにする。給料にすると50万円前後。22、23才の若造にしては悪くない額であろう。

しかし、結局彼は入社4年目にして会社を辞める。体に異変が生じ始めたのだ。

「微熱と頭痛が何週間も続いちゃって。まあ毎日あんなところで働いていたら体もおかしくなりますすよ。だって、1年のうち10日も休んでないんだもん」

戦場のような職場にはもうウンザリだ。が、せっかく身につけた電話トークを引き出しに仕舞っておくのももったいない。何か他に、この技能を活かせる商売はないものか。

求人誌で、次に彼が目に止めたのは「内職商法」を展開する某業者だった。

「副業に最適」のホームページ作成講座

教材販売って大きく分けて3つあるんですよ。ひとつは今まで話したサムライ商法。2つ目が「リスト販売」と言って、以前教材を買ったことのある客に再度売り込みをかけるやり方です。

「お客さん、最近勉強してます？　合格してないの？　マズイなあ。してないのはアナタだけだよ。うちで今度新しいのができたから」とかテキトーに言って、また2冊目を売りつけちゃうんだけど、オレはやろうとは思わなかった。

というのも、リスト販売の業者って結構捕まるんですよ。「買わないと火をつけるぞ」みたいなことを平気で言っちゃう。さすがにそれはヤバイだろうと。

で、オレは内職商法で稼ぐことにした。ウチの会社のやり方、説明しましょうか。

まず、会社が新聞に「在宅オペレータ募集！　地域限定×人、副業に最適」ってなノリの折り込み広告を出す。

ただこれには条件があって、副業の教材をウチから買って勉強した人だけが求人にありつけることになってる。ホームページ作成講座の教材が30万、医療事務講座が50万。これを買えば、求人募集が掲載されてるインターネットのホームページのパスワードを与えましょうってわけです。

もっともらしいでしょ。でも、実はこれがトンでもない裏がありまして。求人用のホームページは実在してるんですが、その中に能力試験ってのがあって、これにパスしないと仕事はもらえない。またそれがすごく難しくて、合格者なんか皆無に近いんですよ。

しかも、仮に試験受かったとしても、もらえるのは恐ろしく安い仕事ばっか。まともにやって月1、2万にしかならないでしょうね。

そう、まんまダマシなんですよね。勉強すれば受かるかも、っていう可能性があるって点ではサムライ商法の方がよっぽどマシでしょう。

売上げトップの女はクスリをやってご出勤

ところが、この仕事がえらいラクで。「反響営業」っていって、自分から何もしなくってもいい。それこそ、椅子に座って電話を待ってるだけなんですよ。

広告見て問い合わせしてくるのは大半が主婦なんですけど、まず相手の名前と連絡先、あとパソコン持っているかを聞いて「興味があったらまた電話ください」って資料を送る。

問い合わせは多くて1日8、9人、少なくて2、3人くらいですか。で、そのうちの半分くらいは反響、つまりもう1回かけてきますね。

そこで、やっとトークが始まるんですけど、教材を買ってくれとは絶対口にしない。この教材はあくまで付録であって、仕事をするために必要な費用だって言い方をするんですよ。

具体的には「コンビニとかを開くときも資金って必要でしょ。うちはお客さんに紹介する仕事を探すために経費が必要なんです。これはお互いにとっての必要経費なんです」って感じですね。

そうすると、当然のように相手はどれくらい稼げるのか、本当に元は取れるのかって聞いてきますから、そこで「1年くらい続けてもらえれば月収5、6万くらいにはなるんじゃないですか」なんて答えとく。適当でいいんですよ、そんなの。

でも、世の中の主婦って想像以上に金に困ってるんですよね。最初の資料請求で5人電話がかかってくるとすれば、1人は「やりたい」って即答するし、残りの「とりあえず考えたい」って連中も、必ず1人は最終的に金を払っちゃいますからね。中には、パソコン持ってないのに、この際だから1台買おうって奥さんもいますよ。本当、どうかしてる（笑）。

ただ、こっちもサムライ商法と同じで、客の2人に1人は教材を買った後で「解約したい」って言ってくる。「アンタたち、ホントは教材売りたいだけなんでしょ」って、ズバリ突かれたりね。

けど、そんなのは「仕事は確実にあります」って言っときゃいいんです。実際、ホームページを見れば、就けるかどうかはともかく仕事そのものはゼロじゃないんで、決してウソはついてない。

それでもゴチャゴチャ言ってきたら、例の〝契約違反〟でしつこく脅すだけです。普通の奥さんならひるんじゃいますよ。

本当、ラクですよ。1日のうち実働時間なんてせいぜい2時間くらいかな。みんな机でボーッとしてるか、パソコンでゲームやってるか、テキトーに理由付けてパチンコでも打ちに行くか。それで月に固定で22万ほどもらえるんだから、言うことないでしょ。

ちなみに、ウチのトップセールスマンってのは女だったですけど、コイツ、クスリやってから出勤して来るんですよね。会社では、寝てるか電話してるかのどっちかしか見たことない。本当、世の中、どうなってるんですかね。

世の中アマイ、と長谷川氏は言う。しかし、実は彼、今回の取材を受ける少し前に業界から足を洗っている。自らヤメたのでもなければ解雇になったわけでもない。会社自体が「解散」に追い込まれたのだ。

「社長がある容疑でパクられたんですよ。ずいぶん前から警察が内偵を進めていたらしいんだけど、結局、ああいう商売で食ってる輩ってのは普通じゃないんですよね。自分なんか、ヘンに巻き込まれなくてラッキーですよ」

結局、この一件で通販会社とのクレジット契約は打ち切り。電話セールス業者にとって、それはイコール死を意味する。

「オレちょうど今新しい職探ししてるんですけど、どこかイイとこ知りませんか？　ラクして儲かりそうな」

この男、まだまだ懲りてない。

平成の裏仕事師列伝 BEYOND 02

野球賭博の胴元

流すかノむかそれが問題だ

インタビュー＋文＝佐藤正喜
編集部

「裏モノJAPAN」2002年10月掲載

今からちょうど10年前、平成4年4月。

神奈川県・東海大相模高校野球部の宿舎に、5万円の現金書留が届けられた。送り主は大阪在住の一人の男性である。

そのわずか数日前、同校野球部はセンバツ甲子園大会で決勝へ進出。帝京高校（東京）と接戦の末、2—3で惜しくも敗れていた。

おそらくや関係者は「準優勝おめでとう」という意味の寄付金としてありがたく受け取ったのだろう。よもや2回戦で南部高校（和歌山）に4—0で勝利したことに対する

「謝礼」だったとは、誰も気づかなかったに違いない。

今年の夏は張り子が不利じゃろう

今年8月8日。大阪の空は朝から入道雲の沸き立つ、まさに夏真っ盛りの様相を呈していた。

こんな日は海にでも向かうか、冷房の効いた部屋でおとなしくしているのが正解である。インドア派の僕は、新大阪駅近くに建つ高層マンションの一室で、クーラーから吹き出す涼しい風に吹かれていた。

広さ2LDK。電話機や冷蔵庫、ソファなど一通りの生活用品は揃っているものの、そこが住居ではなく事務所として使われていることは、どことなく殺風景な部屋の様子から見てとれる。

ソファの前には大型テレビが3台並び、うち1台がNHKを映し出している。

昨日まで料理番組を放映していたこの局も、今日からは高校生のお祭りに電波を占拠される。すでにブラウン管の中では、ユニフォーム姿の少年たちが並んで行進中だ。夏の甲子園、開幕式。

「今年は、張り子が不利じゃろう」

隣に座る男性が、新聞に目を通しながら岡山訛りでつぶやく。渡辺勝也氏（37才・仮名）、野球賭博の胴元である。

張り子（客）から賭け金を集め、試合後に配当金を振り込む。ただそれだけの単純な仕事ながら、彼は1年間でおよそ4千万もの利益を上げている。紛れもない裏仕事師と言っていい。

今日は、彼の事務所であるこのマンションで1日を共に過ごし、日常の業務を観察しつつ、仕事の全容を語ってもらおうと思う。本日予定されているゲームは、高校野球3試合にセリーグのナイター3試合。この6試合でどんなドラマが繰り広げられるのだろうか。

岡山弁が続く。

「高校野球はサービスみたいなもんなんじゃが、今年は難しいかもしれんのお」

長いシーズンを通してのヨミを要求されるプロ野球賭博と違い、短期決戦で戦力の分析がたやすい高校野球は、日ごろ儲けさせてもらっている客への年に2回のサービス期間のようなものだそうだ。

しかし今大会は、各地の強豪校が予選で姿を消したため出場校の実力が均衡し、勝敗予測がしにくいというわけだ。

「それは胴元有利ということで？」

「まあ、そういうことじゃが、ヨミにくいっちゅうことは、それだけ高い金を賭けられんっちゅうことやから、そうウマクはないわな」

いつしか退屈な開会式は終わり、第1試合、帝京（東東京）と中部商（沖縄）の選手がグラウンドに散った。帝京の2年生投手、浅野の右腕が振り下ろされる。

夏が始まった。

張りを揃え、客を翻弄する元プロのハンデ師

それではまず、野球賭博を理解する上で必ず知っておかねばならない、「ハンデ」について解説しておこう。

野球賭博は、単純な勝敗当てゲームではない。たとえば今シーズン、巨人対横浜戦の試合でどちらが勝つかを当てるだけなら、大方の人間は巨人を選ぶだろう。しかしこれが「3点差以上で勝つか」と問われれば、迷うところではなかろうか。

ハンデとは、このようにあらかじめ点差の条件を付けて、客の張りを均等化させるも

のと考えればいい。

独特の言い回しがあるためとっつきにくく思われがちだが、以下5種類の表現だけでも覚えてもらいたい。

なお、野球賭博における「負け」はゼロ。「勝ち」は2倍になることを意味する。3倍4倍はなく、最大でも2倍にしかならないのがこの博打の特徴である。

巨人に賭けた場合

巨人から1半2
巨人1点差勝利（負け）
2点差（1・5倍）
3点差以上（勝ち）

巨人から1半2の2
巨人1点差勝利（負け）
2点差（1・25倍）

3点差以上（勝ち）

巨人から2 2半
巨人1点差勝利（負け）
2点差　（0・5倍）
3点差以上（勝ち）

巨人から0・7
巨人1点差勝利（1・3倍）
2点差以上（勝ち）

巨人から1・3
巨人1点差勝利（0・7倍）
2点差以上（勝ち）

ちなみにこのハンデは、関西の某広域暴力団が抱える1人のハンデ師が毎試合前に定め、関西地方の野球賭博関係者はすべてこれに従う形となっている。

「誰なんです、そのハンデ師って」

「元プロ野球選手っちゅう噂もあるんじゃが、ようわからんな。ただワシもずっと見てきとるけど、まあ、ウマイこと出してきよるで。たいしたもんじゃ」

組の収益に大きく影響を及ぼす以上、その手腕が「たいしたもん」であることは容易に想像できる。しかも彼（？）は張りを揃えるだけでなく、ときに客を翻弄することもあるというから驚きだ。

たとえば昭和60年、夏の甲子園。ＰＬ学園×東海大山形の試合では、ＰＬから10半11（12点差以上の勝利で全勝ち）という高校野球史上空前のハンデを切ることで張りを山形に集め、ほとんどの賭け金をかっさらったそうだ（結果は29対7でＰＬの勝利）。

「まあ、ときどきオカシイなと思うときもあるんよ。でも長い目で見たら、やっぱりウマイこと出しとる」

今日の甲子園第1試合、ハンデは帝京から２２半。帝京に賭けた者は1点差勝利なら全負け。2点差で勝っても半分の負け。3点差以上の勝利で初めて全勝ちとなる。

今朝、張り子から渡辺氏の元に集まった金が、中部商に１８０万、帝京に２２０万。

このハンデでも、帝京有利の見方が若干強いようだ。

「まあ、沖縄の初出場校と帝京じゃったらそんなもんじゃろ」

もちろん甲子園では、昨夏の近江高校（滋賀）のように、ノーマークの初出場校が快進撃を見せることもある。

が、大会全体を通して見れば、番狂わせなどそうそう起きるものではない。前評判の高いチームに張るのが王道だ。

案の定、試合は初回から帝京が猛攻を見せ、一挙に5点。どうやらこの試合、22半では甘かったようだ。

会話はテープ録音、メモは水溶紙に

賭博の胴元はテラ銭（野球賭博の場合、勝ち分の10％）で儲けるのが本道。上客を確保し、張りを揃えることさえできれば、すべてはうまく回る。

渡辺氏の場合も例外ではなく、今現在、彼はわずか8人の張り子を抱えるに過ぎないものの、年間4千万もの利益を上げている。

もし張りが一方に偏れば、超過分を他のノミ屋に流すことで危険は回避できる。ノーリスクで、試合の度に10％のテラ銭が入ってくるのだから、こんなにウマイ商売もそうそうないだろう。

しかし実はこれだけでは4千万もの利益は生まない。胴元もまた勝負に出るべきときがあるのだ。勝負、すなわちそれは、超過分をノミ屋に流さず自分でノンでしまうことを意味する。

今日の一戦もそうだ。帝京への張りが40万円多いこの試合、彼はその分をノンでいる。帝京が3点差以上離して勝つことはないだろうというヨミか。

「いや、この試合はヨミとかじゃないんよ。こんなチマチマした金、流してもしゃあないじゃろう思うてな」

「ですよね。だってもう8点差ですもん」

冷やかし半分で言うと、氏は苦笑いする。

「いや、まだわからんぞ」

大差が付いた試合をじっと見つめる姿は、まるで親戚でも出場しているかのような熱心さだ。いったい彼は普段どんなサイクルで野球と接しているのだろう。

プロ野球のナイターの場合、ハンデ決定が当日の午後2時。すぐに8人の客に電話連絡し、夕方5時の締め切りまで受け付ける。

連絡はすべて電話で行い、「言った言わない」の水掛け論を防ぐため、会話はすべてテープ録音しておく。メモは水溶紙だ。

金の受け渡しは、基本的に銀行振り込みで、月火水木の4日分を金曜精算、金土日の3日分が月曜精算となる。

比較的ノンビリしたスケジュールのようだが、高校野球が始まると勝手が違う。

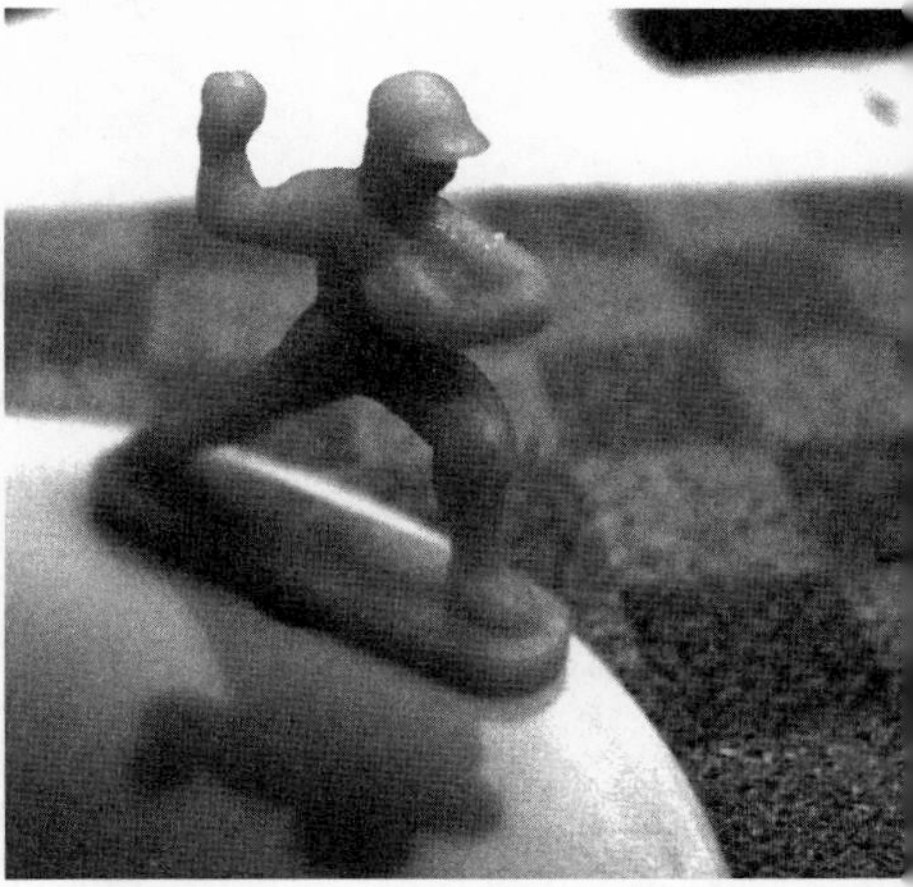

朝一の試合は前日、他は前の試合の3回裏が過ぎたころにハンデが決定するため、四六時中、電話の対応に追われなければならないのだ（ちなみに、受付終了は前の試合の7回終了時）。

「海星から2・3？　はいわかりました」

「あーそうじゃのう。明日の報徳がポイントじゃのう」

「日本文理に30？　40？　はいはい」

目はテレビに、耳は電話に。こんな日々が2週間も続くのだから、野球マニアでなければとても務まらない。今日も「ビールなんか飲むとツキが逃げよるから」と、シラフでの観戦だ。

試合は前半に大量リードした帝京が、終盤の中部商の追い上げを振り切り、3点差で勝利。渡辺氏にとっては幸先の悪いスタートとなった。220万の10％、22万のテラ銭が入ったとはいえ、ノんだ40万の損失があるので差し引きマイナス18万だ。

「ちょうど3点差でしたね」

「そうじゃなあ、7回に一気にひっくり返しよるかと思ったがのう、流れは良かったんじゃが」

余裕シャクシャクのように見えるが、やはり表情は険しい。たとえ18万だとはいえ、負けは負けだ。

ヤクザに簀巻きにされ太股をナイフで

午後になり、外の日差しはますます強くなった。窓を開けるとムッとした熱気が入ってくる。35度はありそうだ。

「今ここでいきなり摘発されるなんてことはないでしょうね」

窓を閉めながら案じる僕に、氏は笑う。

「心配せんでもええ。今まで警察の世話になったことなんてないんじゃから」

野球賭博関係者が警察に摘発されるのは、そのほとんどが負けた客のタレ込みによるものだそうだ。金を払うぐらいならタレ込んだほうがマシ。金額が大きいだけにそういう輩も少なくない。

彼がそんな事態を免れているのは、信用できる上客のみを相手にしているからだ。

メンバーはそうそうたる顔ぶれが揃っている。某政治家秘書、某私立高校理事長の息子、某大物落語家……。立場のある彼ら8人が警察に駆け込むことなどまず考えられない。

胴元としては磐石とも言える体制、当然ながらここにいたるまでの道のりは平坦なものではなかった。

元々、彼は若いころ、張り子として高校野球賭博に参加していたという。春も夏もヨミは的中し、「世話になった」高校に匿名で寄付金を送ったことも2度3度ではない。東海大相模に現金を送ったのもこのころの話だ。

ところが阪神大震災直後の春の甲子園。観音寺中央高校が優勝したこの大会で、彼はヨミをことごとく外し、ボロボロに負かされてしまう。

「あの大会は番狂わせが多かったですしね。優勝が観音寺ですから」

「そうなんよ。やっぱり確実なんは親

になることじゃと気づいたんよ」

とはいえ、まだ若い彼には資金も信用もない。カジノバーなどで小口の客を募り、細々と信用を勝ち取っていくしかなかった。

が、客を選べないということは、すなわち厄介な相手につけ込むスキを与えることと同義である。

「張り子にヤクザがおってな。負けた300万を払わんと、逆にワシをラブホテルにさらいやがったんよ」

命こそ奪われなかったものの、縄で簀巻きにされ、太股をカッターナイフで刺された彼の脚には今も傷跡が残っている。

事態が好転したのは、にっちもさっ

ちもいかず金策に走っていた際に、お世話になった金融屋の社長が客に付いてくれてからのことだ。社長の知人、そのまた知人という形で、徐々に今のメンバーに固まっていったというわけだ。

「今は何かあったときのために、年で200万ほどヤクザに払っとるけど、ワシはヤクザじゃないから、それで客も信用してくれとるんじゃないかな」

第2試合、海星×日本文理は海星が7点差で勝利した。日本文理の超過分20万をノんでいた氏の儲けは35万円。やはりボロイ商売である。

仕事を聞いて★原は目をそらした

ところで野球賭博と聞けばどうしても八百長の存在を疑ってしまうが、実際のところはどうなんだろうか。

西鉄ライオンズの黒い霧事件を引き合いに出さずとも、数年前の桑田（巨人）のように、登板日を暴力団関係者に漏らすようなことならありえるんじゃないか。

「ないんとちゃうかなあ。あったとしても、上の方の話じゃろ。ワシらがどうこうできるもんじゃないわ」

彼自身、この仕事を始めてから、知人を介しプロ野球選手と飲み屋で同席したことが2度あるという。相手は★原と川●。チームを代表する主力選手と賭博関係者の同席とは、かなり微妙なシチュエーションではあるが…。

「こういう仕事してます言うたら、★原は目も合わしてくれんかったわ。川●もああそうですかって、それだけ」

「怪しいなあ。★原に、故障したフリして休めとか言ってないですか」

「言わん言わん。ワシがそんなこと言うて、何がどうなるもんでもないじゃろ」

「川●に先発予定を聞いたとか」

「ないない。だいたい先発聞いたところでしょうがないじゃろ」

パリーグで予告先発が行われ、セリーグでも各チームローテーションがしっかりしている今、先発が誰かなんて予測は意味のないものになっているという説明は、まさにそのとおりかもしれない。

そもそも今のプロ野球は、エース級が登板すれば勝つというほど単純なものではない。数年前の巨人のエース斎藤雅樹は、20勝5敗などという恐ろしい成績を上げたものだが、現在の最多勝投手、西武・松阪など、昨年15勝を上げながら同時に15敗もしている。2回に1回は負けるのだ。先発投手が賭けの参考材料としてそれほど重要ではなくなった証だろう。

「内紛の種みたいな情報はよう聞くけどな。たとえば原と仁志は仲悪いとか、逆に清水は好かれとるとか。でもそんな内紛で成績落ちるようなチームでもないじゃろ、今年の巨人は」

流れを読めば巨人は負ける

午後2時を回り、セリーグのナイター3試合のハンデが発表された。
横浜×巨人（巨人から1・7）
広島×阪神（広島から0・5）
ヤクルト×中日（ヤクルトから1）
巨人、広島が優勢なのはわかるとしても、中日は4連敗中とはいえ、前の巨人戦でノーヒットノーランを達成した川上が登板予定。それでもハンデはヤクルトから出ている。なぜ？
「まあ、こんなもんじゃろ。流れから言えば」
彼がよく口にする「流れ」。年間4千万円の収益

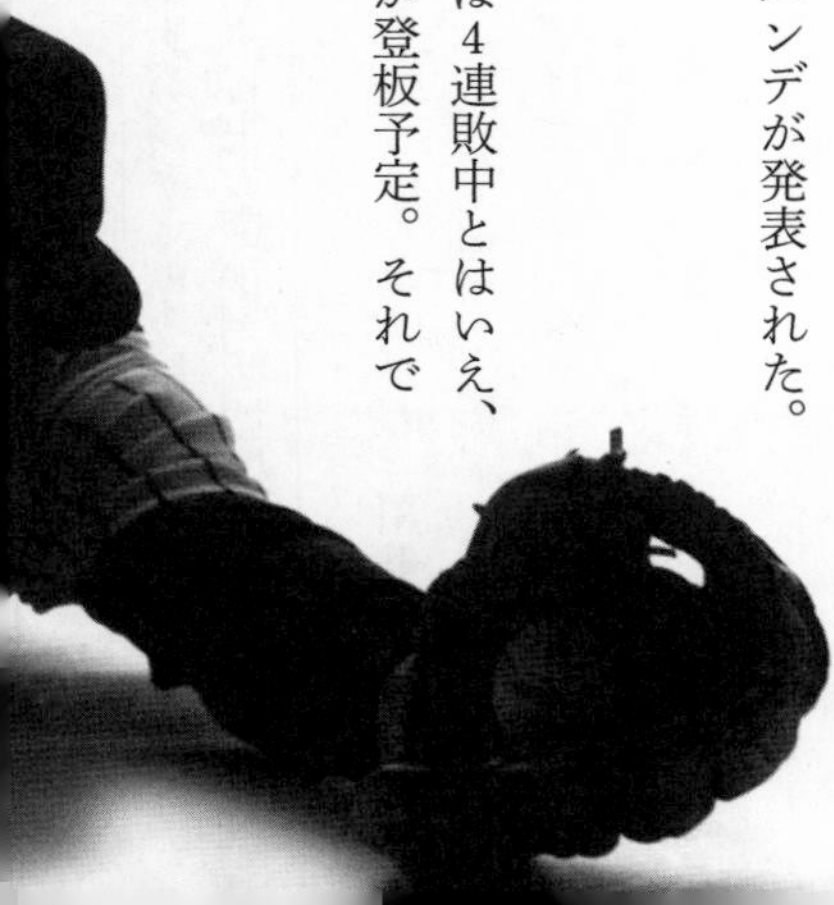

の秘密はこの言葉に隠されている。

張り子の中には、必ず「出し（ハンデの出た側）」を追う者や、いつも「バック（その反対）」に賭ける者など、いわゆる決め張りをする人間が少なくない。そこそこ当たるため収支も安定するのだが、胴元がそんなことをすれば収拾のつかないことになってしまう。そこで彼が大事にするのが「流れ」だ。

3

連戦の緒戦は取ったか、春からの調子はどうか、夏にピークを迎えるとすれば今はどうか。ペナントレースはそういうふうに考えて初めてものにできる。

今回なら、3連勝中のヤクルトと、4連敗中の中日という流れに沿えば、たとえノーヒッターが先発だとしてもやはりヤクルト有利と見るのが正解なのだ。

ちなみに張り子8人の中で、こういう考え方のできるのは、落語家1人だけで、トータルで勝っているのもやはり彼だけだそうだ。

夕方4時を回るころ、事務所の電話が鳴り出した。

今夜いちばんの注目は、横浜×巨人戦。夕方5時の締めの段階で、横浜に200万、巨人に700万という、ほぼ一本かぶり（一方に賭けが集中する）の状況だ。

ハンデは巨人から1・7。2点差をつけて勝たねばならぬ上、故障者が多く、前日のゲームを4―7で落としているこの状況でも、大方の予想は巨人有利と出ている。僕も同感だ。2点差うんぬんはともかく、巨人が横浜に連敗はしないだろう。

ところが渡辺氏は、口元を緩めながら言う。

「さあ、どうするかのう」

「へ？」

「ノんでもええんじゃないかのう」

「500万ですか？」

「ほうよ」

巨人2点差勝ちはないというのか。そういう流れなのか。ノミ屋の受付は5時半まで。決断は30分しかない。

「よっしゃ、ノもう。他の試合は流しや」

広島×阪神、ヤクルト×中日の2試合は、超過分をノミ屋に流し、巨人戦で勝負。なんとも大胆な策である。

500万のかかった大一番は、巨人ペースで始まった。2回には連打で先取点のチャンスを迎える。

（こりゃ決まりだろ）

氏が500万も失う姿を見るのはいたたまれない。僕は序盤で事務所を後にした。


20年前、岡山の強豪私立高校に、外野手として甲子園を目指す1人の少年がいた。3年の夏、県大会ベスト4で敗れた瞬間、彼はこれからいったい何をすればいいのかわからなかったと言う。

「あんときは、甲子園に行くことしか考えとらんかったからのう」

それが今や野球賭博の胴元とは皮肉なものだが、その心情はわからないでもない。彼は野球という魔物に魅入られたのだ。野球がなければ生きて行けないことに気づいてしまったのだ。

だからなのだ。金のためなら結果だけ知れば十分なはずなのに、あれほど熱心にテレビにかじりついてしまうのは。

東京に戻る新幹線の車中で、電光掲示板にオレンジ色の文字が流れた。

〈試合結果　横浜1－0巨人〉

巨人、まさかの完封負け。携帯から電話をかけると、浮かれた声が聞こえてきた。

「な、ノんで正解だったじゃろ。やっぱり横浜、調子に乗っとるからな」

上機嫌の声が続く。

「明日のハンデ出とるよ。智弁から4半5じゃ。どうじゃ、佐藤クンも張ってみるか。負けても…」

移動中のせいか電波状況が悪く、楽しげな声は途中で切れてしまった。

夏は始まったばかりだった。

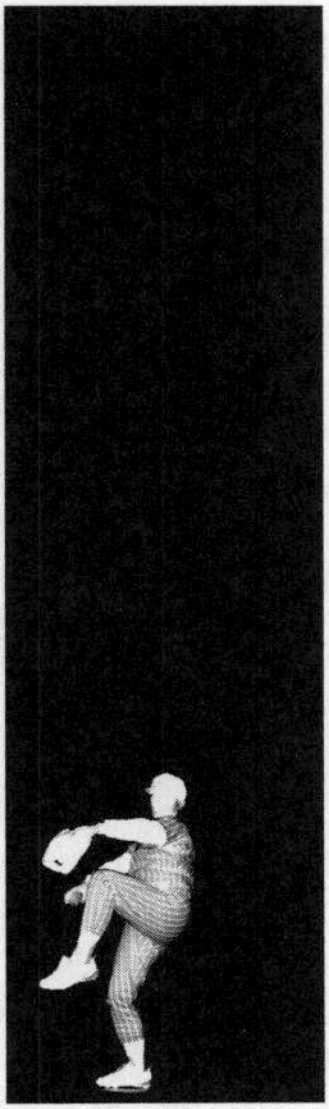

平成の裏仕事師列伝 BEYOND 03

盲目のSM嬢

一級障害者がムチで叩かれる束縛と自由

インタビュー＋文＝馬場竹千代
フリーライター

「裏モノJAPAN」2002年11月掲載

その女は全裸で上半身をベッドに伏せ、顔を上気させていた。白い肌に食い込んだ赤い縄が、完全に両腕の自由を奪っている。

中年男がスナップをきかせ、素早く鞭を振りおろす。うめき声をあげ身体をよじる女。

チリン、チリン。

乳首に付いたピンチの鈴が音をたてる。背中には赤い線状のミミズ脹れが次々と増え、やがて筋と筋が合流し、大きな赤い痣が広がっていった。

女の名は北川紫穂（仮名22才）。現在、僕と同じ大学の夜間部に通う女子大生だ。

今、彼女は僕の前でパートナーの山口高広（仮名46才）にバイブを挿入した尻を平手で叩かれ、痙攣している。

北川は両目が見えぬ一級障害者だ——。

お金もらって奴隷をやってるの

キャンパスで、あるいは駅に向う帰り道で、僕の視線はなぜか、白い杖で足元を確かめて歩く小柄な女生徒を追っていた。

とびきりの美人でもないし、派手な服を着て目立つタイプでもない。ワンピースが似合う、どこにでもいる女子大生。それが北川紫穂だった。

今年7月、僕は教室で講義が始まるのを待っていた。とっくに始業ベルが鳴ったのに、僕以外に生徒は1人しかいない。彼女は『白い杖』を持っていた。

「教授、遅いよね」

「もしかして休講かも」

「あーあ、ヒマになっちゃった。よかったらメシでもどう？」

「……別にいいけど…」

初めてことばを交わしたその日、僕たちは近くのファミレスに移動し、話を続けた。北川は僕に教えてくれた。右目が義眼なこと、左目は重度の弱視でルーペを使えば、かろうじて文字が読めること。僕は彼女の話をただ黙って聞いていた。

「こちら鉄板が熱いのでお気を付けください」

ウェイトレスが北川の注文したハンバーグをテーブルに置く。そして、まるで見えているかのように、ナイフで肉を切り口に運ぶ彼女。その姿は北川が障害と長く付き合ってきたことを雄弁に語っていた。

「北川さんは、卒業したらどうすんの？」

「たぶん教員かな」

「へー、エラいねぇ」

他愛のない会話。そこで北川がポツリと呟く。

「私さ、真性のMなんだ」

「えっ…」

「マゾ。しかも、お金もらって奴隷をやってるの」

意味を理解するのに時間がかかった。マゾ？　奴隷？

なぜ初対面の僕にそんなことを語り出すのか？

後に北川は言った。僕なら、自分の性癖を『引かない』で聞いてくれると思った、と。

ツーショットで出会った運命の人

昭和55年、北川紫穂は九州の小さな漁師町に生まれた。障害は先天的にあった。網膜芽細胞腫――。目の癌だ。

故郷のことを尋ねると、彼女は淋しそうに目を伏せる。

「私…あんま住んでないから知らないんだよね」

北川は、小学校3年生の頃から盲学校の寄宿舎での生活を余儀なくされる。物心ついたときに父は亡くなり、母の再婚相手とはわずか1年しか暮らしていない。

中学を卒業し、東京の高校へ入って間もなく恋をした。相手はやはり視覚障害のある先輩。初体験、デート…。青春の日々がそこにはあった。

成績優秀な彼女はその後、奨学金で夜間大学へ進み、昼は運送会社の経理で働き始める。が、薄給のうえ、障害で効率は一向にあがらない。辞表を提出したのは入社半年後のことだ。

ただでさえ不景気といわれる御時世、女性障害者は就職が想像以上に難しい。しかし、北川はすぐに仕事を見つける。

ツーショットダイヤルのサクラ。家にいて、男とおしゃべりするだけで時給1800円。視覚障害者にうってつけだった。

そこで北川は運命の人と出会う。現在、最も信頼をよせるパートナーの山口である。調教師と名乗る男が受話器の向こうで語るSMの世界。知らず知らず陰部を濡らしながら、彼女は思った。

——もしかしたらワタシはマゾかもしれない——。

「それで自分からやってみたいんです、ってお願いして。生まれて初めて縛られたとき、感激で涙が出た」

この日を境に何かが弾けた。数日後、彼女は4年間付き合った恋人に別れを告げていた。

優しい偏見は何の役にも立たない

きれいに平らげたハンバーグの鉄板をウエイトレスが下げていく。僕が抱いていた『白い杖の女』のイメージは、今や完全に崩れ去っている。

「じゃあ、しばらくはサクラで稼いでたってことか…」

「ううん、クビ。正確にはいられなくなっちゃたんだ」

『ムカつく話』だった。北川がツーショットダイヤルで働いていることが障害者の支援団体に漏れ、業者へ抗議がきたのだ。

「私が騙されてるって思ったみたいよ。そういう善意の人たちって障害者は弱者で、保護される身じゃなくちゃいけないんだよね。そんな仕事させられてカワイソ～、みたいな感じ。それって『優しい偏見』じゃん。何の役にもたたないよ」

北川の語気が荒くなる。

「ぶっちゃけ、障害者なんだから保護されれば生活できる。でもさ、私らにも自由はあるし、お金稼ぐ自由も…サクラをやるのも、ムチで叩かれるのも勝手」

まもなくサクラを辞めざるえなくなった北川は確信をもって『職業ＳＭ』の道を選択する。

「山口さんに50才ぐらいのオジサンを紹介してもらったの。月3回で20万の奴隷契約。なかなかいいでしょ」

しかし、この関係はわずか3ヵ月で終止符が打たれる。ホテルから出てくる現場写真を何者かに撮られたのだ。

「そのオジサン、超有名な企業の役員さんでね。興信所だか記者みたいなのがウロウロしてんのに、私みたいのが一緒にいたら怪しいじゃん。で、辞めさせてもらったの。やっかいなことに巻き込まれるのも嫌だし」

そして、次に北川が求めた働き口が、現在も続ける都内のSMクラブだ。

「仕事は週4日。2時から夜の10時まで。2時間プレイして4万ぐらいだけど、指名客も増えたから、契約のときより、ぜんぜん稼げるようになったね。かえってよかったかも」

本番はNGだけど、やっぱやっちゃうよね

僕は下世話な勘繰りを入れる。指名客が増して人気は上々という彼女。それは単に『目が見えぬ障害者』という物珍しさからではないのか。世の中、体の不自由な女を慰み者にする輩は決して少なくない。

「それはないって。ツーショットの件があったから、お客さんに目のことは話さないの。ああゆう団体がプラカードでも持ってやって来られたら困るもん」

「…でも、さすがにバレるだろ」

「ううん。店の構造は全部頭に入ってる。プレイルームは薄暗いし、目隠しもするじゃん。たぶん気づかれてない…と思うよ」

「そっか、それはよかったな」

「ありがと。心配してくれてるんだ。でも、ウチもかなりメチャクチャだからね。本番はするなって言われるけど、やっぱやっちゃうしさ。それが目当ての客は絶対やらせないけど、相性のいいご主人様とか、SMのたしなみが深い人なんかはいいかなって」

「……」

北川は僕の動揺を楽しむかのように話を続ける。

「昨日の夜もね、男3女3でSMパーティしたの。でも、好奇心だけの人が多くてさ。とりあえずやってみっか、みたいな。凄く嫌なんだよね、そういうの。叩いた後に大丈夫？　とか聞かれるともう幻滅だよ」

彼女にとってSMは、神聖でハードでなくてはならない。興味本位やセックス目的のプレイには軽蔑、あるいは敵意と置き換えてもいい感情を持っている。

ムチの痛みは北川の見えぬ目にどんな世界を映し出すのか？　無性に知りたい――。

店を出て、辺りがすっかり暗くなった駅へと向う道すがら、僕の願いは通じた。

「ねぇ…よかったら、今度アタシたちのプレイ見てみない？」

闇を見つめる彼女が呟いた。

尻を叩く度、鈴が「リンリン」と鳴る

9月某日、夜7時。JR池袋駅北口に、北川は白のポロシャツにスラックスという姿の中年男性を伴って現れた。

「どうも、紫穂の友だちだそうですね。今日は楽しんでってください」

彼女をこの世界へ入れた恩人・山口。差し出された名刺は、SMクラブの営業・広報担当と記されていた。

意外なことに、裏の世界で生きる者というより、平凡なサラリーマンのイメージ。ただ、眼鏡の奥の目だけが、鋭利な刃物のように光っている。

某シティホテルのツインルームへ入ると、2人はさっそくスペースを確保するため、テーブルと椅子を移動し始めた。

恥ずかしながら、SMを見るのは初体験。沈黙が緊張と不安を助長させていく。

山口が恋人のような優しい手つきで北川の白いワンピースを脱がし、想像以上に均整の取れたバストがあらわになった。赤い縄で手際良く縛られ、吐息を漏らす北川。乳首には山口手製の『鈴付きピンチ』が付けられている。

リンリンリン。

山口が平手で尻を叩く度、北川が大きく身体をくねらせ、鈴を鳴らす。

(もしかしたら、北川は虚言癖のある女で、僕をからかって喜んでいるんじゃないか?)

今まで密かに抱いていた彼女への疑念など、どこかに吹き飛んでいた。

「相手を苛めて悦ぶのがSと思ってたでしょ?」

北川の丹念なフェラチオを受けながら、山口が僕を見て言う。

「え、ええ」

「それは間違い。Sは相手を悦ばせることが悦びなんです。逆にMは貪欲に悦びたい。この子の場合、餌が欲しくて甘えてくる猫みたいなもんですね」

「そういう風にあなたが仕込んだってことですか?」

「とんでもない。こんな感性の強い子めったにいない。最初からイキまくるしね。彼女は天性の奴隷女ですよ」

教室で机を並べる北川、白い杖でキャンパスをたどたどしく歩く北川、そして中年男のペニスへ一心不乱に吸いつく北川。僕は完全に混乱していた。

しかし、一方で2人の関係はごくごく「自然」に見える。

恋人というより父娘。北川は遠い昔に失った『父性』を山口に重ねているのかもしれない。

「ほら、馬場さんに、オマエの恥ずかしい姿を見てもらえ」

首輪を付けた北川が、犬のように鎖を引かれ窓にへばりつかされる。彼女の赤く爛れた背中越しにネオンが輝いていた。

背中に手をかざすだけであえぎ、痙攣する

２時間近くが過ぎて、ようやく冷静さを取り戻した僕は、いくつかの疑問を山口にぶつけてみた。

「彼女の障害は、プレイにどう影響してるんですか？」

「うーん、僕はあまり意識したことはないですけどね」

そう断ってから、山口はボンレスハムのように縛られた北川をベッドに転がした。

「いいですか、よく見ていてくださいね」

山口が背中に手をかざす。触れてもいないのに、彼女はあえぎ、身体を痙攣させる。

「どういうことですか？」

「『気』なんです」

「は？」

「超能力とかじゃないですよ。気功ってあるじゃないすか。彼女は目に見えないものへの感受性が強いんです。誰でもこういうわけにはいきません」

昔、人間は五感のどれか一つを失うと他の四つで補うと聞いたことがある。視覚の代わりに、触覚が発達したとでもいうのだろうか。いずれにしろ、北川の悶え方はハンパじゃない。

「キミもやってみればいいじゃないですか」

「僕がですか？」

「そう、実際に」

ほーら、
おまえの緊縛姿を
世間の皆様に
見てもらいなさい

半信半疑、ボールペンで北川の背中を突くフリをしてみた。と、驚くことに、彼女はまるでその動きが見えているかのように、同時に身体をくねらせるではないか。

「ね、結局、何でも同じ。鞭でもロウソクでもペンでもね。未知なものに対する感受性と想像力が快感を生むんです。この娘はそういう意味じゃ才能がある。いい奴隷女になりますよ」

彼女にフェラチオされる相手は…

人と会う約束があるという山口を池袋駅まで送った後、僕と北川は居酒屋へ入った。

「なあ、北川から見たらオレはＳとＭのどっちだろう」

「う〜ん。多分どっちでもないんじゃない。Ｍの男ってマザコンっぽい人が多いのよ」

「んじゃ、Ｍ女はファザコンが多いんだ」

「かもね。私も年上の男性にしか興味ないし」

２杯目のジョッキを注文しようとしたとき、北川が何の脈絡もなしに言った。

「ねぇ、ちょっと買物に付き合ってくれない？」

「買物？」

「まだお店やってるはずだから早く行かなきゃ。ほら」

「あ、ああ…」

ビールを一気に流し込み、僕らは西武デパートの化粧品売り場へ向かった。

とあるブランドのカウンターに座り、北川が美容部員と話し始める。

「こちらだったらSPF8程度のUV効果もありますし…」

「そうだなぁ…でも似た色持ってるんですよねぇ」

手の甲にファンデーションを塗って商品を勧める店

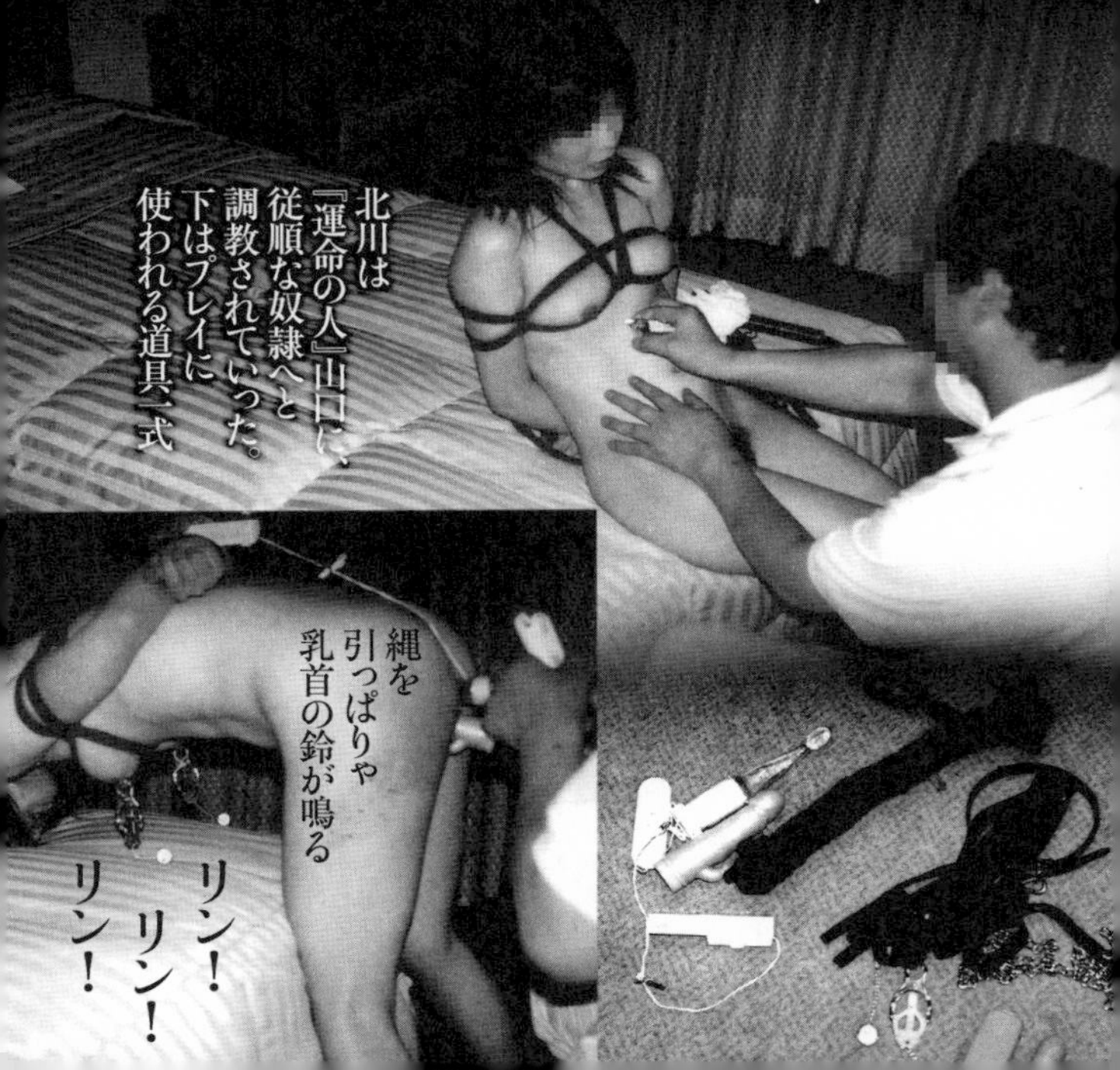

北川は『運命の人』山口に、従順な奴隷へと調教されていった。下はプレイに使われる道具一式

縄を引っぱりゃ乳首の鈴が鳴る

リン！リン！リン！

員。ルーペをかざして、目を細める北川。

「ねぇ！　どう？」

「えっ…な、何が？」

「色よ、色。アタシよりもよく見えるでしょ」

「あ、うん。ぇーと、右の方がいいんじゃない？　なんだか秋っぽいしさ」

「フフ、適当なこと言っちゃって。何もわかってないくせに」

　結局、北川は僕が選んでない方のファンデーションを購入し、そのままエレベータの前へ向った。

「今度は何さ？」

「雑貨売場。私、キティちゃんが好きなんだよね」

　鉄の箱には僕たちしかいなかった。北

川の唇が妙に紅く見える。

「馬場くん…」

「ん？」

「私のこと虐めてみたくなったんじゃない？」

「なっ…何言ってんだよ…」

「フフフ…」

悪戯っぽい微笑みに、赤い縄で縛られた裸体が重なる。僕の頭には、ついさっき見た光景が鮮やかに蘇っていた。柔らかそうな唇をすぼめて必死にフェラチオする北川。そこで満足気に彼女の頭を抑え込んでいる相手は、山口ではなく、この僕だった。

平成の裏仕事師列伝 BEYOND 04

インスタント僧侶

インタビュー＋文＝木村訓子 編集部

度牒さえありゃ誰でも年収ン千万！

※度牒（どちょう）＝僧尼であることの証明書

「裏モノJAPAN」2001年4月掲載

みなさんは、僧侶と聞いてどんなイメージを持つだろうか。

まさかいまどき《聖人君子》はないにしても、それなりに修行と鍛錬を積んだ、その道のスペシャリストと考えるのが一般的だろう。

だがここに、自分の寺も持たず、本来厳しい修行の末に手に入れるべき僧侶の資格を50万円で買った《インスタント僧侶》と呼ぶべき人物がいる。

松川惟一（仮名）、42才。3年前、13宗56派と呼びなわされる某伝統宗派の僧侶となった男だ。現在、彼は友人と『東日本僧侶派遣連合』（仮名）なる事務所を設立。宗派を問わず、相場の半額で通夜や告別式を引き受けているのだという。

「《坊主丸儲け》とはよく言ったもんでね。まさかここまで金になるとは思いませんでしたよ」

ラフな法衣姿でコーヒーをすする松川氏が、僧侶ギョーカイの裏側を語り始めた。

住職の家庭はお茶の味が違う

坊さんになる前は15年間、家庭教師の派遣業をやってました。大学生や教員経験のある連中を集めて、客の希望に合う先生を斡旋するのが仕事です。始めたころは第二次ベビーブーム世代の受験ラッシュと重なって、いくらでも稼げましたね。私も国語と社会を教えて、羽振りはいい方だったと思いますよ。けど、いまは少子化の時代でしょ。この10年間で目に見えて生徒の数が減ってきて、マトモに勉強を教えてるだけじゃ食えないんです。一時は、コネクションのある大学にルートを作って裏口入学の斡旋みたいなこともしてましたけど、あれもいろいろ気ばかり遣って大変でしてね。

で、3年前、いよいよ別の仕事口でも探そうかと情報収集してたとき、知り合いから

「いい話あるぞ」って声をかけられたんです。修行もせず、髪も剃らずに坊さんの資格が買える、と。なんでも、その宗教のトップクラスの人間にコネがあるらしいですよ。

ウサン臭い話でしょ。私だって他のヤツが言えば信じられないけど、話を持ってきたのが裏口入学の件で世話になった人でね。ものすごく顔が広くて、彼ならそんなことも可能じゃないかって、私、その場で「よろしくお願いします」ってアタマ下げましたもん。

家庭教師から僧侶に転身ってのは、あまりに唐突だって、そう言いたいんでしょ。わかりますよ。でも、私らの間じゃ前から話してたんですよ。「坊さんほど儲かる商売はないよな」って。

ほら、家庭教師で生徒の家に行くと、否が応でも家庭の事情が覗けちゃうんですよ。その中には寺の子供なんかもいるわけです。そうすると、生活のレベルが庶民と全然違う。周りを気にしてか、一見、質素に見えるんだけど、まず出てくるお茶が違うから。なんかやたら味がいいんですよね。

で、「お夕飯どうぞ」なんて寿司を取ってくれると、今度は醤油が違う。コクといい、まろやかさといい、スーパーで売ってるのとは明らかに別物。料理番組に出てくるようなこだわりの醤油なんですよ、これが。

ああ、こういう見えないとこに金使うのが本当の金持ちなのか。なれるもんなら坊さんになりたいって、そういう思いがずっと心のどこかにあったんでしょうね。

1時間話を聞くだけで免許が下りた

言うまでもなく僧侶は資格制で、その免許のことを仏教用語で〝度牒〟という。取得方法は主に次の二通りだ。

①志したお寺の信者（宗徒）となり、何年か通って勉強を積んだところで出家（得度）を許してもらう。

②大学の仏教学科を出た後、師匠（師僧）の元で2、3年修行した上で資格を得る。

いずれにせよ、身内に住職がいない限り、寺にコネをつけるのも難しく、ましてや修行もせずに度牒を得るなどありえない話。しかし松川氏は、その〝ありえない話〟を現実のものとし、伝統宗派の度牒を手に入れたのだ。

度牒をもらうのは本当に簡単でしたね。詳しくは言えませんが、実際にある山奥の寺

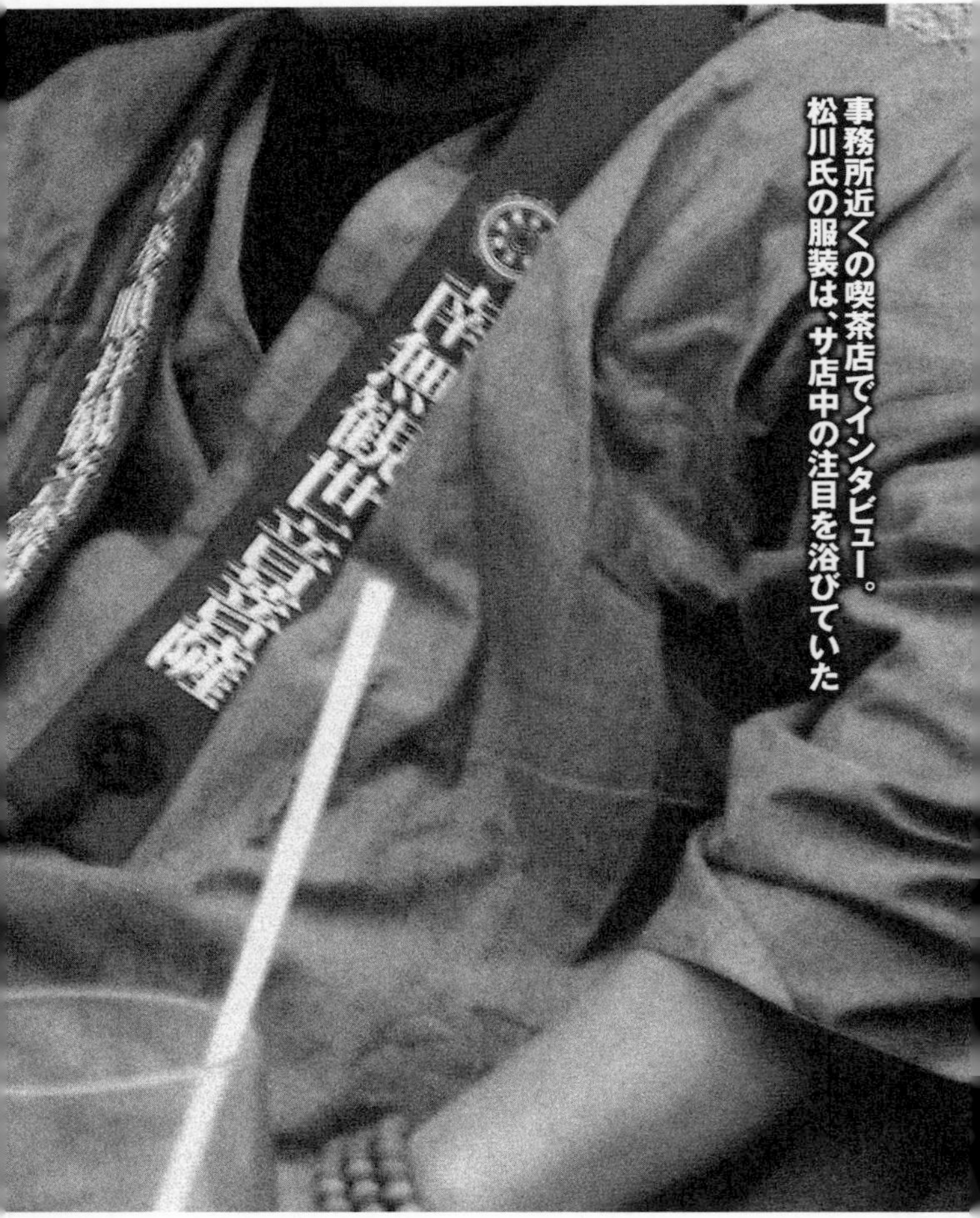

事務所近くの喫茶店でインタビュー。
松川氏の服装は、サ店中の注目を浴びていた

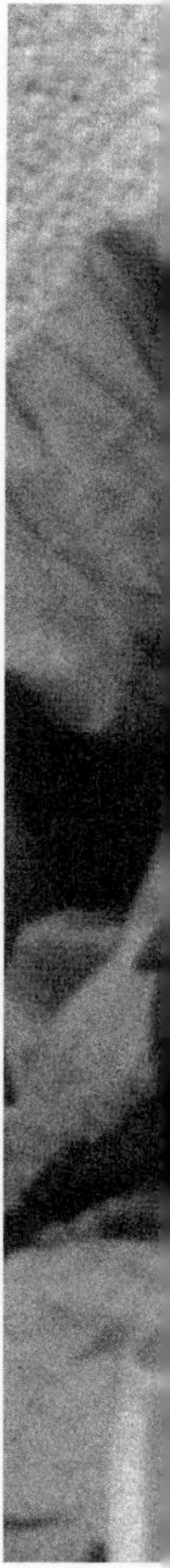

に行って、住職の話を1時間ぐらい聞くだけ。式に着る法衣も向こうが用意してくれたし、本番前にリハーサルもあるから作法も何も知らなくても全然、困らない。

いま私、柳沢（仮名）って男と一緒に事務所をやってるんですが、このときも2人で行きましてね。ところがこの柳沢ってのが、正座は苦手だからとケガもしてないのに右足に包帯を巻いて、イスを出してもらった。横着な男でしょ。

そこいくと私は真面目だから、冷たい床に1時間正座ですよ。でも10分ぐらいで足がしびれちゃって、坊さんが何を話してたか全然、記憶にない（笑）。

得度式には私たちの他に15、16人来てました。みんなそれなりの寺のご子息さんですよ。仏教大学出たり、小坊主として修行したり、まったくご苦労なことです。

実際、僧侶のシステムってのはおかしなもんですよ。マトモにいけば何年も修行した挙句、１００～２００万も喜捨しなくちゃいけない。お経の試験もある。

その一方で、私らみたいにウン十万円で度牒を買ってる人間もいる。でも、どちらも同じ僧侶。いいんですかね、これで。

もっとも各宗派とも、元を辿れば実にシンプルでね。信者のいちばん多い浄土真宗を興した親鸞上人なんか、「行《ぎょう》はない」って書いてる。しかも親鸞は肉も食うし嫁さんももらって、実に人間臭いわけですよ。

いわば、もったいぶった修行やしきたりとはいちばん縁遠いのが親鸞ですから、今のシステムは住職連中が自分たちの権威付けと金儲けのために考え出したもんだと思いますよ。

ま、そういう意味じゃ、動機が不純な私でも坊主の資格十分ってことですよね。

「料金5万」と広告しても20、30万は包んでくる

度牒をもらったその日から、私は僧侶なわけです。依頼があれば葬式もできる。

昔は、どの家も近所の寺に墓があって、そこで法要したもんですが、今は檀家制度が崩れて、東京近郊じゃ、お通夜や告別式を祭儀場でやって、遺骨は自分たちで霊園に納骨しちゃうのが普通でしょ。

坊さんだって葬式屋だか祭儀場だかに頼めば、予算に応じて派遣してくれますよね。

つまり私が言いたいのは、僧侶も家庭教師もシステム的には変わらないってこと。同じ派遣業なら、商売の仕方はお手のもんですよ。

まずは、浄土真宗と曹洞宗、天台宗に臨済宗といったメジャーどころの衣装や小道具を買いに行きました。といっても、正装用の法衣なんて、目玉が飛び出すほど高くて手が出ない。そんなものは各派の紋が入った袈裟だけ揃えりゃ、後は使い回しでいいんです。数珠なんか100円ショップですよ。

次に業界の人たちが目を通す『祭典新聞』ってのに〝低料金で僧侶を派遣します〟と広告を打ちました。ま、実際に派遣されるのは私と柳沢なんですけどね。

ところでいま、通夜と葬式をセットでやったら坊さんへのお布施っていくらかかると思います？　50万円ですよ。お布施に値段が付いてるのもおかしな話ですが、坊主によっちゃ「よそ様はこれだけ頂戴しています」なんて平気で言いますからね。

そこをうちは、思い切って「派遣料2～5万」ってやった。葬儀屋や祭儀場は客から斡旋手数料をピンハネして坊主に渡してますから、彼らも安い僧侶を捜しているんですよ。安けりゃ安いほど自分たちの実入りも大きくなるわけでしょ。

でも、さすがに「2～5万」じゃ安すぎると思ってるんじゃないですか。言うほど儲からないだろうって。

ところが、ここが面白いところで、「安すぎる」って思いは遺族も同じで、実際には20～30万って金を包んでくるんですよ。せめて人並みのことをしてやりたいって気持ちがどうしても働いちゃうんでしょうね。

わかります？　ここがこの商売の最大のウマミなんですよ。

ハッタリを利かせて意味ありげに振る舞えば…

僧侶の作法については、さすがに勉強しましたよ。死んだ直後に読む〝枕教〟に始まって、通夜に葬式、告別式。場合によっては出棺勤行や火葬場でお経を上げることもありますから。

宗派別のマニュアル本を読んで、お経はカセットテープ。浄土真宗はもちろん、浄土宗、真言宗、日蓮宗、天台宗、曹洞宗までカバーできるように練習しました。

ただ、ぶっちゃけた話、葬式の作法なんて誰も知らないんですよ。物の本によると、真宗は線香をあげるとき立てないで横に置くとか、清めの塩を使わないと書いてあるけど、そんなの聞いたことないでしょ。線香はどこでも立てて挿すし、葬式から帰れば塩をまくのが普通じゃないですか。

結局、坊さんがもっともらしく式を執り行えばＯＫなんです。そこがわかれば誰だって２週間も練習すりゃ葬式挙げられますよ。

最初の依頼は広告を出して1週間目に入りました。幸い、私がいちばん始めに練習した〝南無妙法蓮華経〟の日蓮宗だったから、これは受けられるな、と。

親族が40人ぐらいの小規模な葬式でしたね。亡くなったのは86才のおばあちゃんで、老衰だったんです。

悲しむっていうより、大往生をお祝いするような和やかな雰囲気だったんですが、なんせ初体験でしょ。そりゃ緊張しましたよ。

でも、座って15分もしたら

「あ、こんなもんか」って落ち着いてきましたね。お経は練習してたし、大きく平仮名で書いてある経典見ながらだから失敗の心配もない。それに少しぐらいフシがおかしくなっても、堂々と振る舞えば問題ないって自分に言い聞かせてましたから。

そう、とにかく堂々としてりゃ、たいていのことはOKなんですよ、坊主は。お経や法話は二の次。ハッタリを利かせて、いかにも意味ありげに立ち居振る舞ってさえいれば、客はそんなもんかって納得しちゃいますから。

だからめったなことじゃ動じないように心がけているんですが、ただ、始めた当初は若い人の葬式がイヤでね。

今でも覚えているのは、12才の男の子の葬式に呼ばれたときです。家族は泣き崩れるわ、クラスメイトはわんわん泣くわで、さすがに〈オレ、金儲けのために坊主なんかやってってバチ当たるんじゃねぇか〉なんて後ろめたい気分になりましたよ。ビジネスって言いながらも、どっか割り切れない部分がありましたから。

でも、そんな気持ちはあっという間になくなりました。他の坊さんたちと付き合いが出てきて改めて知ったんですが、なんせ、とんでもない連中ばっかですもん。愛人なんて当たり前で、飲む打つ買うのことしか考えてない。誰が死んだって、心は一つも入ってませんよ。

仕事を求める全国の僧侶を登録

松川氏たちが始めた『僧侶連合』は、ギョーカイにちょっとした反響を巻き起こした。広告を見た祭儀場や葬儀屋からの依頼電話はもとより、それ以上に本物の僧侶たちから問い合わせが殺到したのである。

「どういうシステムですか」

「葬式を斡旋してもらえるんでしょうか」

寺があっても、檀家が減りメシが食えない僧侶が思いのほか大勢いたのだ。

そこで松川氏は家庭教師派遣の経験を活かし、登録システムを始める。自分たちが出向けないときは登録した坊さんたちを派遣し、仕事の依頼をもれなくカバーしようと考えたのだ。

登録したいって希望者には、まず履歴書を送ってもらうんですが、ほとんどちゃんと修行した本当の坊さんなんですよ。次男や三男だと、長男が住職を継いじゃってるからウマミが少ないんじゃないですか。

あとは、修行中の小坊主とかもいますね。度牒をもらうにはまだまだ修行しなくちゃなんないけど、なまじ住職の生活見てるから「自分も稼ぎたい」って思うんでしょ。応募してきた人はとりあえず面接して、人がよさそうだったら登録します。坊主としての器量なんて私にはわからないから、ポイントは誠実そうかどうかだけ。いま現在、

50人ぐらいが登録してますかね。

仕事を優先的に回すのは、真宗の坊さんですね。っていうのも、真宗のお経ってかなり難しくて、慣れないと大変なんですよ。だから真宗の仕事が入るとすぐに登録坊主に回しちゃいます。

その代わりと言っちゃなんですが、私は法事につきものの法話が大得意でしてね。

「仏教用語に〝ドウジ〟と〝ダイジ〟という言葉があります。一つの事象に対し、否定的に見るか、それを受け入れて対応するかで人間の心は大きく変わるのです。親が死ぬかもしれないという状況になれば、子供として当然、助かってほしいという気持ちになります。そのとき、頑張れと励ますのが〝ダイジ〟で、ここまでよく頑張ったというのが……」

法話を始めると不思議なことに、いままでただのグウタラ中年にしか思えなかった松川氏の姿が一変した。ピンと伸びた背筋に、真剣な眼差し。どこか僧侶としての風格さえ漂う。

「これ私の十八番です。もう何回やりましたっけ。前列に座った親族の半分は涙ぐみますよ。本番じゃ、もっと感情込めますからね」

松川氏はソファに深々と座りなおすと、ガハハと笑い飛ばした。

シビレそうになったら早めに切り上げる

お経や作法はなんとでもなります。そんなことより、坊主にとっていちばん大事なのは正座なんです。いくらナマクラでも、修行した坊さんたちは2時間でも3時間でも正座できますが、私たちはそうもいかない。せいぜい30、40分が限度でしょうか。

けど、坊主が足をシビレさせて棺桶に倒れこんだらシャレにならんでしょ。そこで最初は〝しびれても立てる〟なんてアイデアグッズを使ってたんですが、これが役立たずでね。正座だけは〝行〟だと実感しましたよ。

徐々に背筋を伸ばして親指にグッと力を入れたり、前傾姿勢を取ればシビレないとか、コツはだんだんわかってきました。でも、未だに正座は苦手です。できればイスがいい(笑)。ですから、葬式の依頼が来たときは、どこでやるのかがいちばん気になります。祭儀場ならほとんどイス席だからラッキー。個人宅なら、わー耐えられるかなー。途中で倒れたらどうしようって、マジで心配になりますもん。

いや、聞いた話によれば実際、祭壇に頭から突っ込んでケガした坊主がいるそうですよ。まったく、ドリフのコントじゃないんだから勘弁してほしいですよね。きっと、忙しさにかまけてロクに修行もしていない半人前を送り込んだんじゃないですか。私はそんなのゴメンですから、ヤバイと思ったら強引に切り上げちゃいます。その辺はこっちの都合でどうとでもなりますから。

反対に、足もシビれず、お経の出来もよくて思わず長々読んじゃうこともたまにあります。これだけやれば仏さんも少しは喜んでるんじゃないかって、まあ自己満足なんですけどね。

やり甲斐？　ないですよ。もともと好きで始めたわけじゃないもんで、面白いわけがない。人から感謝されれば悪い気はしませんが、結構、冷めてますしね。ま、そのおかげで自分が偉くなったなんて勘違いしないで済んでるのかもしれません。

去年の3月だけでサラリーマンの年収2年分！

自分たちが法要にでかけ、登録の坊さんたちを派遣するだけでなく、実は『僧侶連合』では度牒を得たい人たちの手助けも行っている。といえば聞こえはいいが、要はコネクションを使った裏口取得の斡旋だ。

「こんな時代でしょ、毎日、ホームページを見た人から、坊さんになるにはどうしたらいいんでしょうって、問い合わせがあるんですよ」

見込みがありそうなら松川氏が面接し、人柄を判断した上で推薦状を出す。

「ヘタに信心深い人や、宗教はこうあるべきだなんて理屈っぽい方はお断りしてます。僧侶をビジネスと割り切って考えられる人じゃないと続かないですからね」

度牒を取得した後の稼ぎは本人しだい。人手がないときは頼むこともあるが、生活の面倒をみるわけじゃないと念を押した上で山奥の寺に行かせる。費用は締めて50〜60万円だ。

僧侶になった感想は、こんなラクにこんな儲かるのかってのが正直なとこです。しかも週休3日、いや4日ってこともある。

おまけに今年の冬は寒暖が激しかったじゃないですか。大繁盛なんですよ。明日は法事、あさっても朝は天台、夜は日蓮と2件も入ってます。今月の収入はウン百万はいくんじゃないですか。

1年を通して言えば、いちばん稼げるのは3月です。季節の変わり目のせいか、よく死ぬんですよ。私と柳沢じゃとてもさばききれなくて、この時期は登録坊主も総動員ですよ。去年は3月だけで同年代のサラリーマンの年収2年分は稼いだんじゃないかな。

やっぱり、狙いがよかったんじゃないですかね。事務所で依頼を受けてから坊さんを派遣するっていうのは、ありそうでなかったですから。

ま、事務所っていっても、自宅の電話回線1本なんですけどね。外出中は携帯に転送されるんで、時間と宗派、場所を聞いて柳沢と調整するだけ。これで30分20万円ですもん。

私、この3年、電車に乗ったことないんです。移動は全部タクシーで、仕事のない日は競艇に競輪。首都圏はもちろん、浜名湖まで行っちゃいますから。もっとも、勝っても負けても、昔ほど熱くはなれませんけど。

相棒はソープが趣味で、仕事終わりにどっかの便所で着替えて吉原に行ってます。「塩まくより、吉原行った方がお清めになる」なんて、とんでもないでしょう（笑）。

家族？　女房は喜んでますよ。家庭教師より僧侶の方が断然、収入はいいし、なんせ周囲の見る目が違う。女房も鼻が高いんじゃないですか。

けど、困るのはたまに近所の人から、なんで修行もせず坊主になれたのかって聞かれること（笑）。さすがに買ったとは言えず、成績がよかったんだなんてごまかしてますけどね。

トータルとしてはどうでしょうね。確かに好きに遊べるほど金がほしいって坊主になり、望みが叶ったわけですが、人間、金があってヒマだといけませんね。どんどん怠け者になりますよ。

やっぱり月に60、70万稼いで週に1回休むぐらいが理想じゃないですか。遊んでて金が入るとダメになっちゃう。

以前、新聞で読んだんですが、人間にとってちょうどいい金銭感覚は、焼き肉屋に行ったときに「もったいないと思わない」ぐらいだそうですよ。

そこいくと私なんか、何食べても値段なんか気にしませんし、痛風で焼き肉も食べられない。贅沢しつくして、いまは納豆とか質素なものがウマく思えますよ。

坊主に布施を払うなら生きてるうちに使え

修行をした僧侶と、裏ルートで度牒を得た松川氏が葬儀で読むお経は、一字一句同じである。違うのは、その後に支払われるお布施の額だけだ。

ホント、この仕事を始めてわかったことは、仏教ビジネスのえげつなさです。私は世間の人に声を大にして言いたいですね。「まだあんたらわはわかんないのか」って。

死んで極楽浄土にいくなんて、宗教家が作り上げた幻想。私も昔は神や仏を信じてましたが、いまはウソだと断言できる。神様がいるなら、真っ先にナマクラ住職たちにバチが当たってるはずですからね。

葬式で何十万も坊主に払っちゃダメですよ。どうせ同じ金を使うなら、生きてるうちに贅沢させてやらないと。なんせ、坊主なんて誰でもなれる、有難くもなんともない商売ですからね。

私は修行してないことで客を騙してるとは思いませんよ。やってることは他の僧侶たちと一緒。ヘタすれば、私たちの方が知識あったりしますからね。

いまはまだ具体的な将来設計はできてませんが、依頼がある限り、このまま坊さんを続けていきますよ。葬式に意味がないとしても、この風習がなくなることはないでしょうから。

本当は、コンピュータを導入して、営業マンを使って仕事をとればもっと稼げると思うんですが、バリバリ働くってのもねぇ。お金も、これ以上あっても使い道に困りますし。

たぶん、この記事を読んだらマネしたいって人が出てくると思うんですよ。でも、それはムリでしょうね。伝統宗派は戒律が厳しいので、私たち以外に度牒を出すなんて考えられない。ま、これも坊さんの言うところの仏縁ってやつじゃないですか。

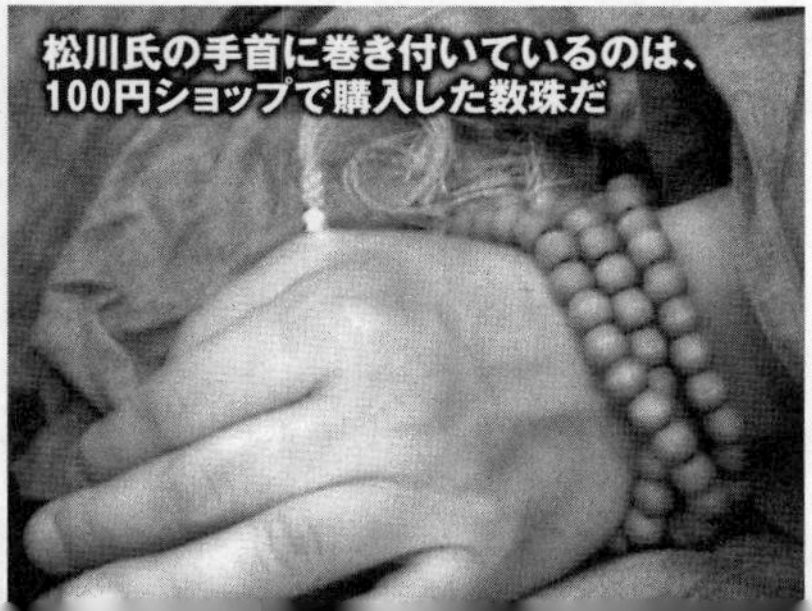

松川氏の手首に巻き付いているのは、100円ショップで購入した数珠だ

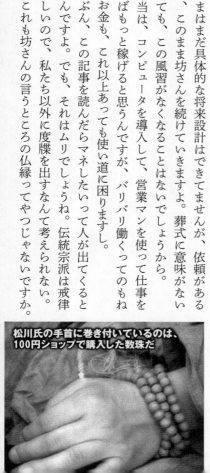

平成の裏仕事師列伝 BEYOND 05

ハメ売り師

なぜ人妻たちは間男（セールスマン）から35万の浄水器を購入するのか

インタビュー＋文＝佐藤正喜
編集部

「裏モノJAPAN」2002年6月掲載

まずは私事から。

今年3月下旬の花見の席で、結婚5年目になる27才の女性と話をする機会があった。子供はおらず、専業主婦として平凡な毎日を送っているという。

アルコールの力は、既婚未婚を問わず、人を油断させるのだろう。良家の奥様然としていたはずの彼女も、ほどなく夫婦生活への不満を漏らし始めた。旦那の帰りが遅い、会話もあまりない、どこにも連れて行ってくれない…。

それに、と彼女は言う。

「最近、全然（エッチを）してないし」

旦那の態度、わからないでもない。どれほど愛する妻であれ、共に生活をするうちに性の対象としての魅力は薄れていくものだ。

いやしかし、そんな感想を抱くのは同じ男だからこそなのかもしれない。ひとたび冷静になって夫婦の関係を見れば、そこにはある疑念が生じてくる。外に捌け口のある旦那はいい。が、彼女のまだ若い肉体に貯め込まれた欲求は、いったいどこに向かうというのか。

4月上旬、仙台。午前9時。

東京ではすっかり散ってしまった桜が、まだちらほらと色づく駅前で、僕は1人の男性と対面した。東北地方を中心に暗躍するハメ売り師、倉本学氏（仮名、30才）だ。

どうせ自作のハメ撮りビデオでも売ってる男だろ。字面からそんな連想をされた方もいらっしゃるだろうが、コトはそう単純でもない。いや、むしろもっと単純と言うべきか。

ハメ売りとは、訪問販売業界で使われる用語で、奥様方と懇ろになってローン契約を結ぶ手法を意味する。

「ハメ」て「売る」からハメ売り。仙台市内の某訪問販売会社に勤務する倉本氏は、この手口で1台35万円の家庭用浄水器を奥様方に売りさばいているという。歩合制とはいえサラリーマン、ウン千万の稼ぎにはならないが、成績は常にトップクラスらしい。

高価な商品でも、1度寝てしまえば心を許して買ってしまう。なるほど、と感心してしまいそうにもなるが、この説明だけではどうしても理解できない謎がある。

なぜ一介の営業マンに、奥さん連中は体を許すのか。浄水器の販売が、どういう経緯でセックスに結びつくのか。現実にそんな展開が起こり得るとはとても思えない。

「そうですか？　普通なんですけどねえ」

スーツ姿の彼はそう笑いながら、駐車場の車に乗り込んだ。

180センチ近くの長身、細面の甘いルックス。ここ4年間で、岩手から福島まで東北地方数百戸の水道水を清めてきた男は、今日も営業に向かう。

普通のセールスで35万の浄水器は売れない

B級小説さながらのハメ売りの世界。その実状はいかなるものか。

そこで今回の取材は、氏の回想をうかがうだけでなく、丸1日付きっきりで現場のやり取りを見せてもらうことにした。
都合のいいことに、彼の行動はいつも単独。僕が研修中の新入社員を装って隣にいても、奥様方に怪しまれる心配はないだろう。

では同行取材の前に、彼の会社が扱う浄水器販売の〈本来の〉流れをさらっと紹介しておこう。

業務開始は午前10時から。車で住宅街へ向かい、各家庭を飛び込みで訪問する。地域選びは各自の裁量に任され、東北一円どこを回っても構わない。今日は仙台市内、明日は盛岡へ、という具合だ。

家人が出てくれれば、社名を名乗った後、「調査結果」と書かれたB５判の用紙を差し出す。

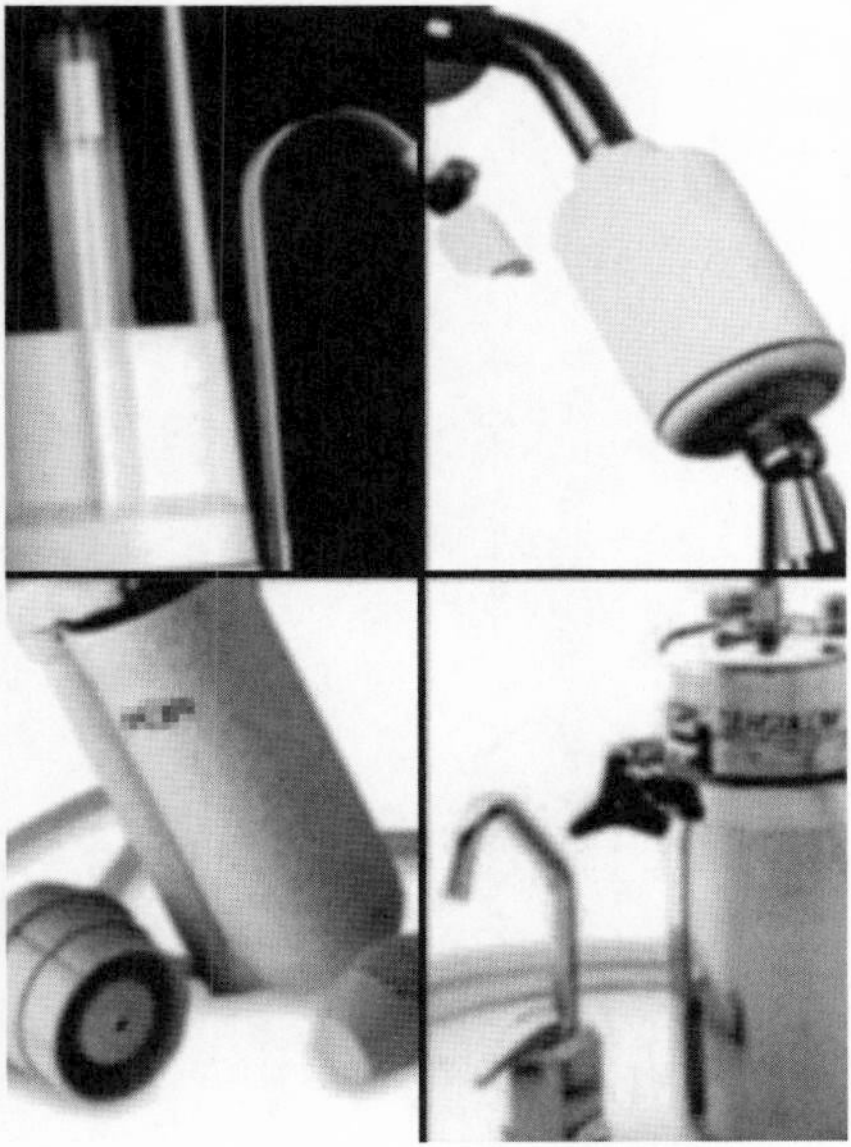

「先日の水質検査の結果です」

赤水の出た家が57世帯、出なかった家が22世帯。塩素反応のあった家は72世帯で、なかったのが…。

すべてデマカセである。検査など行われてはいないし、数値も勝手に書き込んだものだ。

「ということなんですが、奥さんの家はどうでした？」

「え、検査してませんけど…」

そりゃオカシイなと訝しがりながら、コップに水道水を1杯汲んで試験薬を垂らす。

これは塩素に反応して黄色く変わるオルトトリジンという薬品で、どんな家庭の水でも必ず変色してしまう。

「ああ、ずいぶん塩素を含んでますねえ」

こんな水を飲んでると脳梗塞になりますよ、浄水器を取り付けてきれいな水で健康に暮らしましょう、ご飯もおいしく炊けるし、ああだこうだ…。

以上、きっかけ作りに始まり、不安感を煽ってローンを組ませるまで。訪問販売全般に共通する基本戦略と言っていい。

しかしただこれだけの流れで売りつけるには、1台35万円という額はあまりに高すぎる。マニュアルから逸脱した行為、すなわち「ハメ」をかまして初めて、人妻の意志は揺らぐのだと彼は言う。

「普通にやってちゃ、あんなもの絶対売れませんからね」

あんなものをトランクに詰め込んだ車は市内を抜け、大きな集合団地に到着した。

ぬいぐるみのある家はハメやすい

「では、行きましょうか」

調査結果用紙とカタログの入ったバインダーを小脇に抱え、彼は歩きだした。

ちなみにハメ売りを信条とする氏は、常に団地かアパートにしか向かわない。田舎の一軒家には必ず老人がいて、ややこしいことになるからだ。

「奥さんも1人で決められないから、年寄りとあれこれ話し合うんですよ。オヨネ（おばあちゃん）相談って言うんですけどね」

もっとも、アパートであれ団地であれ、男性が出てきたときは、調査用紙を渡すだけでさっさと退散だ。オヨネや男相手にセールスしようなどという発想はハナからない。

集合団地の薄暗い階段を上りながら、彼が声をかけてきた。

いきなり成功するとは思えないが、もしトントン拍子に進んだときは、合図を送ったときに玄関の外に出てほしい。こちらが2人だとさすがにハメにくいから――。この男、すでに臨戦モードだ。

　最上階に着き、端の部屋のブザーをプッシュ。中から物音が聞こえる。

「はいー?」

「○○（社名）ですー」

「どういったことで?」

「水質調査の結果が出まして」

「結構ですー」

　あっけなく門前払い。が、沈むことなく、隣の部屋へ。こちらも同じようにドア越しの対応にまでは持ち込めるものの、カギは開かない。その隣は留守。その隣も。

「片っ端から回るしかないんですかね」

　幸先の悪さを心配する僕に、彼は答える。

「ドアが開くまではしょうがないですね。開けば雰囲気はつかめるんですけど」

「雰囲気?」

「ええ。まず最初に軽く笑わせて、乗ってくるかどうかが判断基準ですね」

「はいはい」

ぬいぐるみがあれば……

「あと、たとえば玄関にぬいぐるみの置いてある家なんかは、ハメやすいし」

「ほう」

「それと、散らかってる家もやりやすいですよね」

家の様子と下半身の緩みとの間にある相関関係。わかるようでわからない。

順番にブザーを押して回ること、十数戸。ようやく重い錠音と共にドアが開いたのは、2階の真ん中、小山さんのお宅だった。そっと中を覗く。ぬいぐるみはない。


販売に来たんじゃない。女を口説きに来たんだ

以下は、応対に出た小山夫人（推定30才）と倉本氏との間で交わされたやりとりである。


「おそれいります」

「はい」

「先日の検査結果が出ましたのでお持ちしました（紙渡す）」

「はあ（紙受け取る）」

「この前、僕より背の低い志村ケンみたいのが来ませんでした？」

「いえ…」

「アイーンとか言う男なんですけど（アイーンポーズを取りながら）」

「いえ…（少し笑み）」

「ああ、それは良かった。そいつ人気なかったんですよ。今度ホスト顔の僕に代わりましたので、よろしくお願いします」

「はぁ（少し笑み）」

「奥さん、前からここ住んでました？」

「2年前からですけど…」

「あ、そう？　日曜来たときはいなかったですよねえ。日曜はあまりいないほうですか？」

「いや…」

「買い物かな？　買い物はどのへんに行かれるんですか」

「駅前の…」

「ああ、あそこは僕もよく行くんですよ」

「そうですか」

「僕の顔、見たことないですか？」

「いえ、ちょっと…」

「今日、旦那さんは？」
「仕事ですけど」

最初にまず笑わせることが大事だと彼は言うが、それは必ずしも面白いことを言わねばならないという意味ではなく、「面白いことを言おうとしている男」でさえあればいい。つまりここは、敵の出方を探っているのだと考えればわかりやすい。有無を言わさず追い返すタイプなのか、くだらない話にズルズル乗ってしまうタイプなのか。

小山夫人を後者と踏んだ彼は、すぐさま強引に身辺調査へ入っている。まだ浄水器のジョの字も出てこない。

いつ本題に入るのか。横で耳を傾ける僕をよそに、この後、彼は自然な旋回を始める。再び、2人の会話。

「あ、仕事？　お昼とか戻ってくるの？」
「いえ」
「そう。僕、結婚して9年になるんだけど、奥さんとこは何年くらいなの？」
「3年目です」

「へえ。どう？　まだラブラブ？」

「え！（驚き）」

「ウチはマンネリなんだけど」

「そうですねえ」

「でしょ。どっちがマンネリ？　上？　下？」

「フフフフ（吹き出す）」


彼はよく、ハメ売りを志す後輩から質問を受けるらしい。どういう台詞からシモネタに持っていけばいいのか。くだけた席ならまだしも、営業マンという立場だと難しくないですか？

今回の場合、後輩への解答はこのフレーズになるだろう。

「結婚して9年になるんだけど、奥さんとこは何年？」

それまでの流れを遮るでもなく、私生活への突っ込んだ質問を開始する導入としても最適だ。

さらに大事なのは、途中からですます調を廃しタメロになっている点だと、氏は解説を加えた。

「どこかでなれなれしさを出していかないと、向こうも気を許さないですからね」

確かにそれは女性と近付く際の基本話術ではあるが、営業マンという立場をわきまえればなかなかできることではない。

販売ではなく女を口説きに来たのだと思い込めるか。ここがハメ売り師になれるか、凡百の営業マンで終わるかの分岐点のようだ。

玄関でチンチンを出し「ほら、触ってみて」

せっかくだが、あいにく途中で奥の間の電話が鳴り、小山夫人には体よく追い返される形となってしまった。

仕切り直しの意味を込め、いったん車に戻る。

「あの後、横に座ってボディタッチに移れば、ほとんど成功なんですけどね」

「ボディタッチ？」

「奥さん、いい腰だねえとか、おっぱい大きいねえとか言いながら、軽く触って」

「そんなことできますか？」

先ほどの小山家でのやりとりは、玄関のドアを開けたまま行われた。

アイーンも「上？　下？」も廊下からのアクションだ。

「でしょ。あのままでは向こうも隣近所の目が気になってるから、なんとか中に入らなきゃいけないんです」

そこでようやく本題に入る。ところで、と水質検査の話題を持ち出し、奥さんが水道水を汲みに台所へ引っ込んだ隙に、ドアを閉めてカギをかけるのだ。

2人きりになれば、さらに会話の品を落とし、軽いボディタッチを経て…。

「その場でズルッとズボンを下ろして、チンチンを出しちゃうんですよ。ほら、ちょっと触ってみてって」

んなアホな。あきれる僕に、彼はマジメな顔で断言する。そこまでの会話で相手が引かないことを察すれば、だらだら口説くよりも直接的な行動に移したほうがいいのだと。

「触ったときに、キャーッって反応すれば、まずＯＫ。顔が青くなったらアウト」

強引さオンリー。ハメるまでのプロセスはわかった。だが次なる疑問は、寝たからといって彼女らが簡単にローンを組むのか、という部分だ。欲求不満解消のお礼に35万は高すぎると思うのだが。

しかし彼は「なぜそれが疑問なのか？」と逆に不思議がる。甘えながらお願いするだけでいいじゃないか。男女の関係になったんだから。

「きっと金額の問題じゃなくなってるんですよ。僕を助けてあげたい気持ちになるっていうか」

女性心理の細かな部分までは定かでないが、彼の言葉の正しさは、現在までクーリングオフが一度もないという事実が証明しているかもしれない。彼女らはいっときの気の迷いではなく、確信を持って印鑑を押しているのだ。

タンスからバイブ。奥さん2人と3P

場所を移動しながら過去のエピソードを聞くうちに、僕には世の中の主婦が皆、男に飢えた獣のように思えてきた。

玄関でのフェラチオなど序の口。台所やベランダでヤリたいと希望する者もいれば、タンスの引き出しからバイブを取り出し、これを使ってくれと懇願する若奥さんもいたという。

「赤ちゃんの目の前でしたこともありましたよ」

もちろん成功の陰には、数限りない追い返しや門前払いがあったに違いない。ただそれでもやはり、間男を受け入れるばかりか、自ら積極的に求める人妻の存在には驚かざるをえない。

走る車の中から、彼はほぼ3分置きに指をさす。

「あのアパートもハメてますよ」

「あそこもほら、あの奥さん」

徐行して手を振れば、ベランダから会釈が返ってくる。

「あ、今のは、ハメたけど売らなかった子。そういうのもたまにあるんですよ」

事実彼には、売る手段としての「ハメ」ではなく、「ハメ」のための「ハメ」を純粋に楽しんでいるフシもある。

たとえば、たまたま訪ねた団地に、奥さんとその女友達が1人いた。本来なら、調査結果を渡して退散すべき場面である。

しかし、彼はハメてしまう。2人同時に。

なんでも、いつもと同じように2人相手に下ネタを展開し、玄関先で双方の

手を取りペニスを弄ばせ、そのまま3Pへ突入したのだそうだ。

「で、浄水器は？」

「売れません、売れません」

「そりゃそうですよね」

すぐ逃げられるよう全裸になってはいけない

倉本氏のハメ売り師としての経歴は4年。その前は、学習教材を扱う、ごく普通の訪問販売員に過ぎなかった。

教育熱心な奥さんがターゲットとなる以上、ナンパな態度を取るわけにもいかず、そもそもハメて売るという発想すらなかったという。営業成績もそこそこだったようだ。

ところが4年前、羽毛布団を扱う会社に転職して状況は一変する。布団業界では、誰も彼もがハメ売りを基本戦術としていたのだ。

「僕も最初はそんなことありえないと思ってたんですよ」

ところが試しにやってみれば、実にすんなり契約に漕ぎ着いてしまう。まだ営業の口上すら覚えていないというのに。

慣れとは恐ろしいもの。「ハメて売る方法もある」と知ったその半年後には、「ハメなければ売れない」とすら感じるようになったという。

ちなみに彼はこの布団屋時代に、一つの教訓を学ぶきっかけとなったある事件を起こしている。

とある家庭で、行為の最中に旦那が帰ってきたため、半裸のままあわてて窓から飛び出し、プロパンガスボンベの陰に隠れて夜を明かすという失態を演じたのだ。

「やっぱりいつ旦那が帰ってくるかわからないから、すぐにゴマかせるようにしておかないと」

以来、肝に銘じ続けることになる教訓を、彼は笑って口にした。

「ハメ売りでは、決して全裸になってはいけない」

携帯電話の向こうからアッ、アン、アッ！

最後に、本稿の肝ともなるべき出来事に触れておこう。

夕方になって車は、仙台市内にあるＦ通運の社宅に到着した。ここは、福島県・Ｋ町、宮城県・Ｔ団地と共に、もっともハメ売りしやすい地域らしい。

長距離トラック運転手を旦那に持つ彼女らは、いつも暇を持て余し、しかも飢えている。普通なら子供連れで賑わうはずの団地前の公園が、あまりに閑散とするのを目にすると、その説明もあながち的外れでないように思える。

社宅で僕たちを玄関口に招き入れてくれたのは、まだ20代前半と思しき奥さんで、化粧っ気はなく、服装はジャージ姿。来客の可能性など微塵も予期していなかった様子だ。

倉本氏のトークに変化はなかった。志村ケンに始まって、下ネタへ。まんまと水質検査に持ち込み、玄関内へと入り込む。

「ほら、黄色くなるでしょ。だいぶん汚れてますよ」

ごく自然にジャージ妻の横に座った彼は、すぐさま目で合図を送ってくる。

（いきますよ！）

「あ、それでは私は社に戻りますので」

小声で挨拶をし、僕は外に出た。ドアに耳を押しあてたい衝動を抑え、廊下に立ち尽くす。

横に座ってボディタッチ。あの言葉どおりなら、この後、彼は…。

ポケットの携帯電話が震えたのは、足元に煙草の吸いがらが5本ほど溜まったころだった。まさかと耳をあてる。

アッ、アン、アッ！

思えば、玄関口での応対ぶりにも、どこか隙のようなものを感じさせる女性ではあった。彼が隣に座ったとき、身を寄せるような素振りをしたのも僕は見ている。でもだからといって、こうスムースに進むもんなのか。

アエギ声に混じり、倉本氏のフザけた呼びかけが聞こえてきた。

「聞こえますかー、佐藤さーん」

ほぞを噛む思いでさらに3本の煙草を吸い終えたとき、ようやく彼は顔を出し、トランクから35万円の商品を取り出すと、また同じ部屋へと戻っていった。

人妻たちの欲望はどこへ向かうのか。答のひとつはこうして明らかになった。

そして僕は、桜の下で出会った27才に想いを馳せる。彼女の家の蛇口からは、今ごろキレイな水が流れているのだろうか、と。

平成の裏仕事師列伝 BEYOND 06

裏取り屋

事件の真相、調べましょうか

インタビュー＋文＝中山明夫
フリーライター

「裏モノJAPAN」2000年2月掲載

日々、当たり前のように起こる殺人事件。その中には、ワイドショーやニュースバラエティで取り上げられる事件も少なくない。いわゆるワイドショーネタと呼ばれるこのテの報道で、制作サイドが何を一番オイシイと考えているかは言わずもがな。警察発表に出てこなかった〝新事実〟や〝関係者の証言〟だ。

しかし、事件関係者の口は当然ながら重い。被害者や加害者に近しい人間であればあるほどその傾向はなおさらだ。

こうした場合、テレビ局は往々にして金を積み事件関係者を口説くらしい。人間やはり金には弱い。ン万、ン十万の現金を出されれば、重い口も開こうというものだ。

だが、時にはいくら金を積もうが、関係者が一様に口を閉ざす事件もある。箝口令が敷かれているのか、取材はことごとく拒否。視聴率命のテレビにとっては、まさに絶体絶命だ。

このように、局側が本当にニッチもサッチもいかない状況に追い込まれたとき、事件の真相究明を金で請け負う人物がいるという。その男、金沢孝彦（仮名、31才）は、業界内で〝裏取り屋〟と呼ばれていた。

一番のノウハウは他人を引き付ける魅力

あなたもフリーライターなら一度はこんな経験があるんじゃないですか。肩書を明かさずに誰かとしゃべっていたら思いもかけず良いネタを耳にした。当然、「記事にさせていただけませんか」って聞きますよね。でもその途端、相手が口をつぐんじゃって結局記事にはならなかった…。

それと同じ。本当は金なんか払わずに、近所の人間のフリでもしてさりげなく近づいた方がよっぽどオイシイ話が飛び出してくるんです。

けど、テレビ局の人間にはそんな取材の仕方はできないんですよ。べつに潜入取材がバレてモメるのが怖いからじゃありません。単純な話、あの人たち、他人から話を引き出すのが下手なんです。

相手がしゃべりたくない話をしゃべらせる、しかも場合によっちゃ、テレビ出演までしてもらわないといけない。それがどれほど難しいことかはわかりますよね。

その点僕は、口八丁手八丁でいくらでも相手をソノ気にさせられる。もちろん出演交渉だってお手のものです。実際、これまでにこの仕事で失敗したことは一度もありませんしね。

どうしてそんなにうまくいくのかって。そりゃノウハウはいっぱいありますよ。ただ、いくら話がうまくても、相手に不快感を与えるようなキャラクターだったら、引き出せる話も引き出せないじゃないですか。自分で言うのもナンだけど、一番のノウハウは、僕に他人を引き付ける魅力があるってことなんですよ。

普通の人間なら嫌味に聞こえそうなことばも、金沢氏が口にすれば不思議と何の抵抗もなく耳に入ってくる。

「ほら、大勢で飲み会なんかすると必ず輪の中心になる人間っているじゃないですか。

僕、昔からそんな感じなんですよ」

人なつっこい笑顔、不躾ながら憎めない口調…。確かに氏が相手なら、ついつい言いたくないことまで話してしまいそうだ。

とはいえ、そもそもテレビ局に知り合いがいなければ仕事自体が発生しない。いったい氏は、どんな経緯でこの仕事を始めたのだろうか。

きっかけは今から5年前。六本木のキャバクラで、なぜか隣のボックスで飲んでた男と意気投合しちゃって。その人がたまたま某ニュースバラエティのディレクターだったんです。

それから付き合いが始まったんだけど、今考えれば、向こうには最初から〝コイツは何かに使えるかも〟って腹があったのかもしれない。話がうまいヤツだってのは、キャバクラでのナンパトークを聞いてわかっていただろうし。ホラ、そういう人間ってのはなにかと潰しが利くじゃないですか。

で、それから3カ月ほどたって、このディレクターから電話がかかってきたんです。

「清瀬で若い女の子が中年の男に殺された事件は知ってるよね。あの取材がうまくいってなくてさ。ことごとく関係者の取材拒否にあってるんだよ。なんとか調べられないかな」

ダメで元々、上手くいけばラッキー。向こうも、最初はそれぐらいの気持ちで頼んできたんだと思いますよ。

聞けば、成功報酬は50万円出すっていう。決して悪い金額じゃないですよね。べつに金には不自由しちゃいなかったけど、ヒマもあったし、面白そうだなって引き受けてみることにしたんです。

被害者に対してどんな感情を持っているか

この清瀬の事件で警察は2人の関係について発表しなかったんですよ。いわゆる死者への配慮ってやつね。被害者の印象が悪くなるようなことをマスコミに公表するわけにはいきませんからね。

ということは、その女と男の間に〝隠さなければならない何か〟があったってことでしょ。それを探るのが僕の役目です。

ただ、ディレクターから教えられたのは被害者と加害者の名前、住所、電話番号だけ。そこから先はすべて自分で調べなくちゃならない。

といっても、この事件に関して言えば、加害者側を調べても時間のムダ。殺人事件の加害者側は、被害者についてアレコレ言ったりしませんからね。それより被害者サイドの〝実はあの子は…〟って発言の方がずっと引き出しやすい。

そこで、まずは彼女の通っていた中学校の卒業名簿を入手して、幼なじみの女のコを当たってみることにしたんです。名簿は、その学校が提携してる写真屋に「1冊売ってくれませんか」って頼んだら、事情も聞かずに7千円で売ってくれましたよ。

そうして同級生に片っ端から電話をかけまくったんですが、「テレビ局の者です」なんて口が裂けても言わない。メディアが大きければ大きいほど相手のガードも固くなりますからね。「週刊誌に記事を書かせてもらっている者」ぐらいがちょうどいい。

被害者をよく知るA子さん
男関係は派手な方
だったんじゃないかな

相手と話すときは、その人間が被害者に対してどんな感情を抱いてるか瞬時に判断しなければいけないんです。好意的なら「○○ちゃんに悪い噂がたってるんだよ。本当のことを報道しなくちゃ可哀想でしょ」って正義感をあおるし、あまりよく思ってなければ「なんだ、○○ちゃんってすげえヤなヤツじゃん」てな具合に話を盛り上げる。

もっとも、いきなり〝核心の人物〟に出くわすことなんてまずないんですよ。特に清瀬の場合は学校を卒業して5年以上も経ってますからね。最近まで付き合いがあるほど仲の良いコなんてそうそう見つかるわけがない。

それでも、「あの人なら詳しく知ってるかも」「××って会社に勤めてたみたい」みたいなこぼれ話は出てくるんです。それを手がかりに、数珠つなぎに連絡を取っていけば、必ず核心を握っている人間にぶつかりますから。このときは確か、被害者の〝親友〟まで辿り着くのに8人ぐらいツテを介したんじゃないかな。

ギャグで笑わせながらキーワードを散りばめる

翌日の夕方、待ち合わせの喫茶店にいたのは、本当にどこにでもいる大学生って感じの女の子でしたよ。美人でもブスでもない、服も地味な恰好でね。

最初の10分ぐらいは世間話しかしませんでした。向こうも「ヘンなことを言わないように気をつけなきゃ」って身構えて来ますから、まずはそのガードを取り払わないといけない。

もちろん、敬語なんか使いません。友達同士みたいな錯覚を起こさせた方が断然話が引き出しやすくなるんです。

だからって事件についてまったく触れないのもマズイんですね。「コイツ何しに来たんだろう」って思われちゃったら元も子もありませんから。このあたりの微妙なさじ加減が難しいんですよ。

彼女は隣町の中学校の生徒だったんですよ。被害者とは同い年で、もう5年来の付き合い。月イチぐらいのペースでショッピングとかに行っていたらしい。

彼女が被害者に対して好意を持っているのはすぐにわかりました。ということは当然、コッチが聞きたいような話はなかなか出てきそうにない。

こんなときは、ヘタに突っ込んだ話をするのは逆効果なんです。相手がますます構えちゃいますからね。ついポロッと口にしてしまったみたいなシチュエーションが一番いい。

そこで、ギャグで笑わせながら場を盛り上げつつ、話題の中にさりげなく若い女の子と中年男がモメそうなキーワードを散りばめておいたんです。例えば、「不倫」「彼氏」

「お金」「水商売」「ストーカー」って具合にね。

案の定、「水商売」ってことばに引っかかりましたよ。「そういえば○○ちゃんはね…」って口にし始めたんです。

実はこの被害者、ランパブで働いてたんですね。で、何人かの客に金やブランド品を貢がせていて、そのうちの1人が逆上して殺してしまったらしい。

この時点でそんな報道は一切されてなかったから完全なスクープなんですけど、僕の仕事はまだ半分しか終わっていないんです。

彼女には〝被害者をよく知る友人〟としてテレビ出演してもらわないといけない。ただ、アセって出演交渉なんかしたらせっかくの苦労も水の泡。帰る間際に、あくまでついでという感じでこう付け加えておいたんです。

「何か協力してもらうかもしれないけどいいよね」

「えー、そんなのヤダよー」

ほとんどの人間がこの反応ですよ。最初から二つ返事でオーケーする人間なんていない。とりあえずここは話さえ振っておけばいいんです。

そして後日、「実は知り合いのディレクターが話を聞きたいって言ってるんだ」って切り出す。「え、困るって言ったじゃん」「うん。わかってるって。でもそれじゃオレの顔が立たないんだ。ディレクターが電話してきたときに断ってよ。ね、お願い」

この後、ディレクターに連絡を入れさせれば、なぜか不思議とアッサリ出演交渉がまとまっちゃうんですね。

僕との会話は完全に友達ノリだけど、ディレクターは非常に事務的なビジネス口調で話をすすめるでしょ。この落差が利くんです。つい断り切れなくてウンって頷いちゃう。実際この子も、音声を変えて顔にモザイクかけるっていう条件でテレビ出演してくれましたよ。

拉致寸前で非常階段から逃げ出す

この成功をきっかけとして、裏取り屋・金沢氏の存在はテレビ業界に広まっていく。テレビ局内に出入りする制作会社の人間が、まるで花粉を触媒する蜂のように、その噂を他局から他局へと伝えっていったのだ。

日本テレビ、ＴＢＳ、フジテレビ、テレビ朝日…。気が付くと主要民放４社の名刺が全て揃っていた。

僕が仕事を請け負っているのは全部で5番組。いちばん依頼が多いのはやっぱりワイドショーかな。その次がニュースバラエティ番組。10分20分の特集枠で一つの事件を掘り下げるときとかね。

純粋なニュース番組からの依頼はないんですよ。僕が裏を取るのは三面記事っぽい事件ばかりでしょ。ニュース番組でそのテの特集を組むことってまずないじゃないですか。

だいたい1件につき30万から50万もらってますね。もちろん経費も使い放題。さすがにテレ

ビ局は金を持ってますよ。

ただ僕の場合、本業を持ってるんで、ソッチの方が忙しいときは、せっかく依頼が来ても断らざるを得ないんです。ワイドショーなんかを賑わす事件ってアッという間に消費されちゃうでしょ。動きが遅いと裏を取る前にネタそのものが腐ってしまいますからね。

どうだろ、これまでに仕事の依頼は50件以上あったけど、実際に引き受けたのはその5分の1ぐらいなんじゃないですか。

請け負った仕事の中で一番ヤバかったのは、あるホテトル嬢が殺された事件ですかね。被害者が勤めてた業者から女の子を呼びまくってたら、店側にマスコミの人間だってバレちゃったんです。

そのとき僕、たまたまラブホテルの窓から出入口を見てたんですよ。と、一発でそのスジの人間だってわかる男が3、4人ホテルの中に入ってくるじゃないですか。こりゃヤバイって慌てて非常階段から逃げましたよ。もうちょっと気付くのが遅かったらたぶん拉致されてたでしょうね。

けど実は僕、このテのトラブルに関してあまり心配していないんです。僕自身はカタギだけど、スジ関係の知り合いならいっぱいいますから。いざってときはケツ持ってもらえばいいやって。

イマドキの不良少年も群れからはぐれりゃ素直なもの

事件自体は解明されているんだけど、テレビ出演してくれる証言者の頭数が足りない。どうにか揃えられないかって依頼もあります。

4年前、国分寺である主婦が息子の恋人と口論になって刺殺された事件がまさにそうでしたね。

被害者の女性は、商店街の中で床屋を営んでいたんです。その商店街の店主たちのコメントを取ってきてほしいと。

ただ、僕に頼んでくるぐらいだから当然、取材拒否に遭っているわけですよ。「テレビに出ていただけませんか」なんて正攻法でいったんじゃうまくいきっこない。

そこでまずは、商店街の中で一番ウワサが好きそうに見えた金物屋のオバチャンに、「この前ここで事件あったじゃん。あれどうなってんの」みたいな感じで近づいたんです。

さすがに僕が見込んだだけあって、そのオバチャンは嬉しそうに事件のことをペラペラしゃべり始めましたよ。で、一通り話を聞き終えたところで、「ソレをもっとくわしく聞かせてくれない」って取材の約束を取り付けたんです。

こうして1人オトしちゃえばあとは簡単。このオバチャンの口から近所の人を説得してもらえばいい。ああいうところは横のつながりを大切にしますからね。お隣さんの頼みはなかなか断りづらいでしょ。結局、芋蔓式に7、8人を出演させることができました。

その他だと、1年ぐらい前に町田で起こったテレクラ強盗事件の出演交渉もやりましたね。これは僕が引き受けた仕事の中で唯一人が殺されてない事件です。

女子高生がテレクラに電話して援助交際を持ちかける。指定された場所に行ってみると男子高校生数名が待ちかまえていて金を取られた上ボコボコに…。裏モノ読者ならこの事件のことを覚えている人も多いんじゃないですか。

テレビ局は加害者たちの人物像に迫りたかったんだけど、学校の前で不良っぽそうな生徒にインタビューを試みたら、軽くあしらわれちゃったみたい。ま、不良グループってのは結束が固いからムリもない話ですよね。

そんなときは、自宅に電話かけて個別にオトした方がいいんです。あのテの連中は、普段は虚勢張ってても群れからはぐれると意外に素直だったりしますから。

確か5人ぐらいに連絡をとったところで加害者たちとよく遊んでたっていう男の子にヒットしたのかな。結局、学校の帰りに町田の喫茶店で会おうということになったんです。

次の日の夕方、その男の子は友達3人と一緒に喫茶店にやってきましたよ。メッシュの入った髪の毛、ヒップホップ系の恰好…。いかにもイマドキの不良って雰囲気の子たちでしたね。

「おまえら事件のことなんか隠してんだろ、そのぐらい目を見りゃすぐにわかるんだよ、いいから本当のことゲロっちゃえって」

ほら、不良ってのは仲間意識が強いでしょ。「昔はオレもワルをやってたんだ」っぽい口調で話した方が親近感を抱いてくれるんです。

タバコを吸っていた、授業はサボリ気味だった…。べつに目新しいネタは出てこなかったけど、僕の仕事はあくまで連中をテレビ出演させること。「シャレのつもりで出てみりゃいいじゃん。仲間うちで笑いがとれればオイシイだろ」ってクドいたら「それもそうっスよね」って喜んで引き受けてくれましたね。

『娘のことはマスコミに一切話さないでほしい』

今年10月26日、JR桶川駅前でA女子大2年生のIさんが刺殺された事件を覚えておられるだろうか。

現場に居合わせた目撃者の証言によれば、実行犯と見られるのは身長160センチぐらいの男性。路上で堂々と犯行に及んでいるその手口から、当初は通り魔的事件ではないかとの憶測が流れたが、その後、Iさんの自宅付近に中傷ビラが撒かれていたり、3人組の男性にしつこくつきまとわれていたなどの事実が発覚。にわかにストーカー犯行説も浮上してきた。

現時点で報道されているのはそこまで。この原稿を書いている12月4月現在、犯人はまだ捕まっていない。が、裏取り屋・金沢氏はこの事件の真相を探るべく密かに行動していた。

僕のところに仕事の依頼が来たのは事件発生の3日後。テレビ局が中傷ビラの件を突き止めたときですね。

そうすると当然、この事件には何か裏がありそうだってことになるでしょ。それで僕が動くことになったんです。

例によって局側からもらった情報は被害者の本名、住所、大学の学部名だけ。そこで名簿屋から被害者の通っていた大学の名簿を買って、同級生の家に片っ端から電話をかけまくったんですよ。

けど、大学ってのは必ずしも周囲の人間をよく知ってるわけじゃない。ようやく「○○ちゃんだったらIちゃんと仲がよかったよ」って情報が出てきたのは15人目の女の子と話したときでした。

でも、その子の家に連絡を入れると、「お話することは何もありません」ってえらくガードが固い。だからってそこであきらめたら振り出しに戻っちゃうから、「お願いだから教えてよ」って必死に

粘ってみたんです。

「『娘のことは報道関係には一切話さないでほしい』ってIちゃんの両親から連絡があったの」

どおりでガードが固いはずですよね。

「へー、どうしてそこまで隠す必要があるんだろうね」

「うーん、たぶん水商売とかで働いてたからじゃないかな」

この時点でそんな報道はされてないから完全にスクープですよ。でもあえて「ふーん」って興味ないフリして、しばらく別の話題に逸らした後、「そういえば水商売ってどこで働いてたの？」ってさりげなく聞いたんです。

「…絶対に内緒だよ」

で、とりあえずそこまでの成果をディレクターに中間報告したんですね。そうしたら向こうが焦っちゃって。僕に断りもせず、被害者が勤めていたキャバクラに乗り込んで、「○○テレビですけど」ってやっちゃった。

当然、全部ブチ壊しですよ。そんな風に正面切って取材したって、店も女の子も正直に答えてくれるはずがないじゃないですか。

「先走ってすいませんでした。もう一度力を貸してください」

結局その後、ディレクターが詫びを入れてきましたよ。謝るぐらいなら最初から僕に任せておけばいいのにね。

「この事件から手を引け」TV局にオドシの電話が…

被害者が勤めていたという大宮のキャバクラに行ってみると、まあまあ流行っているらしくて10人ぐらいの女の子が全員客に付いていました。

このときはまず、横に付いた女の子にどのコが一番の古株か探りを入れたんです。新人なんかじゃ大したことを知ってるはずがないですからね。とはいえ、「この店で一番古い女の子は誰?」なんて露骨に聞いたら一発でヘンに思われちゃう。

「あの子ライターの付け方がぎこちないね。最近入ったの?」

「そうねえ。たしかまだ2週間ぐらいしか経ってないんじゃない」

そんな感じで遠回しに探りを入れていけば、しだいに店の人間関係が浮き彫りになってくるでしょ。で、3時間ほど経ったころかな。ようやく目を付けていた古株の女が僕の席に付いたんです。

「なんだよ、この店にもこんなカワイイ子がいたじゃん」

もうとにかくナンパトークを繰り広げました。アフターで1対1になりさえすれば、話なんかいくらでも聞き出せますから。

もちろん、連れ出しには成功しましたよ。居酒屋で2人切りでメシ食って。仕事じゃなかったらホントはホテルに直行してるとこなんですけど（笑）。

彼女によれば、このキャバクラの従業員全員に箝口令が敷かれていたらしい。それと、Iちゃんと同じ時期に働いていたコたちは今は系列店で仕事をしてるとも言ってましたね。ま、これだけなら大した情報じゃない。

けど、「そのとき一緒に働いていた仲の良い女の子を知ってるよ」って話で。とりあえずその子の連絡先を聞いて、次の日、会いに行ってみることにしたんです。

そこから先の話は、まだ犯人が逮捕されてないから勘弁してほしいんですけど、実を言うと容疑者の目星はついているんです。その男の住所や電話番号も知っていますしね。

といっても、男は事件以来行方をくらましていて、今どこにいるのかがわからないんですよ。そこで何か手がかりが見つけられないかと、NTTの知り合いに頼んで自宅の電話番号の発信履歴と着信履歴を調べさせてみたんです。

と、一部の職員しか情報が引き出せないようにコンピュータにロックがかかっていたんですね。これは警察や公安から依頼された場合にのみ取る特別な措置らしい。さすが警察、目をつけるべきところはキチンと目をつけているんですよ。

しかも最近、「この件から手を引け」ってディレクターのところにオドシの電話が入りましてね。それってきっと僕が事件の核心部分にまで足を突っ込んだからなんじゃないのかな。ホント、ますます面白くなってきましたよ。

一説によれば、組関係者まで関わっているというこ

の事件。氏がヘタに深入りすれば命を狙われる可能性だって十分にあるだろう。

が、いかにも楽しげなその語り口からは、まったくと言っていいほど危機感を感じない。氏に恐怖はないのだろうか。

「いや、僕だって身に危険が迫れば手を引きますよ。趣味で命まで取られたらシャレにならないですからね」

しかしその一方で、「このスリルがたまらないんですよね」とも笑う。どうやら氏は、この事件をトコトン追いかけるつもりでいるようだ。

「べつにジャーナリスト魂なんて堅苦しいものは持ち合わせていませんけどね。ただ、一度引き受けた仕事は最後までやり通さないと気がすまないんですよ」

もしかしたら、氏が調べた事実がお茶の間に流れる日もそう遠くないのかもしれない。

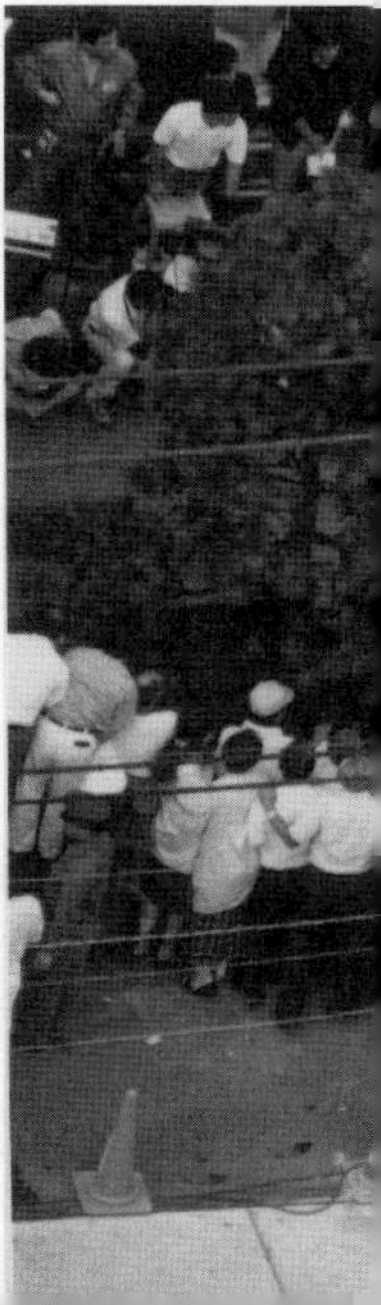

平成の裏仕事師列伝 BEYOND 07

オンラインカード詐欺師

超簡単ハッキングで年間1億をパクる

インタビュー＋文＝株山 栄
フリーライター

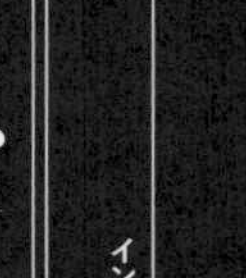

「裏モノJAPAN」2002年4月掲載

本誌でも幾度となく取り上げられてきたカード詐欺。架空の人物になりすまして新規カードを作ったり、カードの名義人とグルで商品をパクったりと手口は様々だが、いま現在、もっともポピュラーなのがスキミングである。スキミングとは、他人のクレジットカードから専用機械で読み取った磁気データを生板（データや持ち主の名前などの表記が何もないまっさらなカード）にコピー、偽造カードを作成する手法だ。そのカードで購入した宝飾品や金券、電化製品などを売り払い金にするのだが、このスキミング犯罪、すでにアジア系マフィアのドル箱と化し、年間の被害額は１００億円以上とも言われている。

　さて、今回ご登場願う裏仕事師、朽木哲司氏（仮名、34才）の生業もカード詐欺である。ただし、その手口は流行のスキミングではない。

「あんな外人さんらのマネなんか、恐くてできませんわ。人様のカードをどうこうしようなんて考えたこともない。もっとカンタンで、儲かる手を見つけましたからね」

　朽木氏の「カンタンで儲かる」手口とはこうだ。まずカード会社のシステムに侵入し、データ上に架空のカードを作成。で、そのデータをカードに詰め込み、CD機（キャッシュディスペンサー）で現金を下ろす――。

　マユツバだな、こりゃ。取材前、担当編集者から話を聞かされたとき、私は反射的に思った。

　カード会社のシステムに入るだと？　もしそれが本当なら他人のカードからデータを盗むリスクも無ければ、限度額も設定自由。そんな話が現実にあるワケがない。

「信じられん気持ちはようわかります。私も最初はムリやと思いましたもん。でも、同じ人間の作ったもんなら必ずどっかに穴があるハズでしょ。それを見つけたっちゅうだけの話なんですな」

　果たして、この男の言葉をどこまで信じたらいいのだろうか。半信半疑のまま、インタビューはスタートした。

ログイン成功の瞬間、パソコンから後光が

もともと警備会社で顧客のデータ管理を担当していた朽木氏がハッキングに興味を持ち始めたのは今から約10年前のことだ。

「ちょうどそのころ、パソコン通信が世間に普及しだして、ハッカーなんて呼ばれる連中が出てきた。自分も仕事柄関心があったんで、自然にハマりましたわ」

一口にハッキングと言っても、単に他人のパソコンへ侵入する軽度のモノから、システム自体を破壊する行為まで手口は様々。なかでも氏のお気に入りはデータ窃盗だった。

「昔は通信料もえらい高かってんけど、人のパソコンのパスワードを盗んでソイツになりすませば自分に課金されへんのです。ただ、そのころはカネや料金云々というよりはイタズラ感覚でしたけどね。本格的に研究し出したんは、上司とケンカして4年前に会社を辞めてからですわ」

出社の必要がなくなった氏は、それ以後、自宅にひき込もり1日の大半をパソコンの前で過ごすようになる。ハッキングはすでに彼の生きがいとなっていた。

「だってそうでしょう。他人の日記を盗み見るようなマネや嫌がらせができるんですよ。ハマるな言う方がムリですわ。必死に研究して技術も覚えたし、ハッカー仲間と情報交換もやった。で、そのころちょうど話題になってたのが、カード詐欺なんですよ」

当時は一部マスコミでようやくスキミングの手口が報じられ始めたころ。だがネットの闇社会ではもっとレベルの高い話題で持ちきりだったという。

「スキミングの原理はすでに仲間うちじゃ常識やったし。ああいう自分の手を汚すマネをハッカー連中はやらないんですよ。カネに色気のある奴らはネットからカード会社のシステムにハッキングすることばっかり考えてた。上手く進入できりゃ契約者のデータを改ざんするどころか、存在しないカードをデータ上で作り出すことも可能やからね。金儲けし放題やと…。ただ、成功したヤツは1人もおれへんかったけどね」

それでも朽木氏は毎日、狂ったようにログイン（システムへの侵入）を試みる。

「もう頭の中、ハッキングして金掴むことしかあれへんからね。親からも半分見放されかかって、自分の食費をトモダチから借金してたくらいやから」

周囲の冷ややかな反応を無視し、孤独な作業に精を出す毎日。これが徒労に終われば、単なる愚か者に過ぎないが、果たしてその日はやってきた。

1カ月後のある日。突如彼のパソコン上に、見慣れぬ画面が現れたのだ。ログインの成功である。

「あんときの感激は一生忘れんやろね。ファイナルファンタジーを初めて終わらせたときの感激×100倍ゆうかね、パソコンから後光が指してたゆうか。思わず、ハッカー仲間に自慢したろか思ったもん、オレ。さすがにヤメといたけど」

データ上に架空のカードを仕立て上げる

難攻不落と思われたセキュリティシステムの網の目を朽木氏はどうやってくぐり抜けたのか。

「まず、カード会社とか銀行のホームページにアクセスしてから侵入するのはほとんどムリやった。さんざん試したけどさっぱりアカン。で、思ったんです。目先を変えて、イントラネットを叩いたらどうやと」

イントラネットとは、インターネット同様、電話回線を使用した企業内情報システムのことだ。金融機関に限っていえば顧客情報の管理に使われているケースが多く、原則として内部の端末からしかアクセスできない。

「つまり、外部からのアクセスは絶対不可能やと。でもね、そんなアホな話はない。社員が出先で顧客データを調べなアカンときは？　第一、個人情報なんてものは漏洩防止のため、組織の人間でも端末に保存できない。だったらなおのこと、イントラにアクセスするしかないんですよ」

作戦が決まれば、あとは行動あるのみ。自分のモデムに反応する電話番号（サーバへのアクセス専用番号）を探し出せばよいのだ。

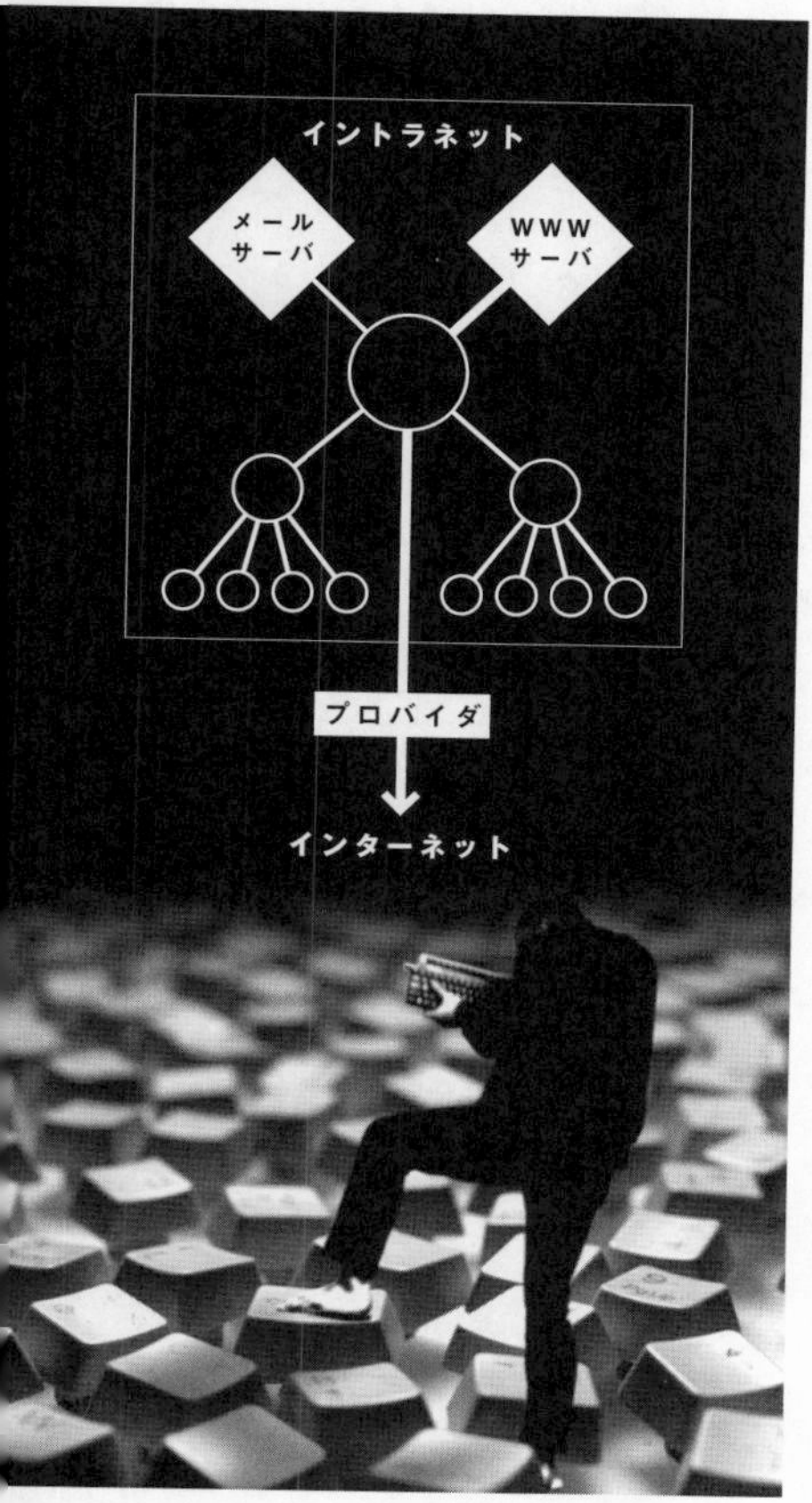

「まずは基本的なところから攻めることにしました。企業って1つの代表番号から何本も回線を引いてますわね。で、さらに各々の回線には親番号（代表番号）と子番号（ダイヤルイン）があって、数字も連なってること多いやないですか。で、その周辺からモデム電話番号の有無を確かめようと思ったんですよ。まあ、常識的に考えて、そんなわかり易い場所にあるなんて期待してへんかったけど」

しかし、モデム番号はあっけなく見つかった。大代表、総務部やシステム管理部などの番号周辺を順々にアクセクしていった氏がお客様相談センターに取りかかったとき、モデムがピーガーと反応したのだ。

「信じられないでしょうけど、一番驚いたのはオレですよ。まさか、こんな基本の理屈で侵入できるとは思ってもなかった。危機管理ちゅうことば知らんのかいってなもんですわ」

氏は同じ要領で他のカード会社にもアクセスを挑む。と、これが面白いように成功してしまう。さすがにパスワードが必要なところもあったが、ネットで出回ってるパスワード破壊ソフトに少し手を加えるだけで、ほとんどの認証を突破できたという。

「いくらネットからのハッキング対策が完璧でも、身内しか使わないシステムのセキュリティなんてチョロイもんです。とにかく海外と比べるとホンマにハッカーに対する警戒心が甘いですよ、日本の会社は」

険しいジャングルをかきわけ、やっとたどり着いた新天地には金の成る木がそこかしこに植わっていた。朽木氏は、野で遊ぶ子供のように、木々の中でひとり甘い果実をほおばりだす。

「いっぺん入ってまうと、ヤリ放題なんですよ。まず、すぐわかるのは契約者の名前や住所なんかの個人情報。他にも、暗証番号とかブラック情報もすぐ見れるし、簡単な操作で真っ黒けを真っ白に変えたりも可能です」

ただ、むやみに他人のデータを改ざんすると本人が気づいて騒ぎ出す可能性が高いし、システム管理者も怪しむ。いや、もっと根本的なことを言えば、そのカードを入手しなければ1円にもならないのだ。

が、そんな面倒な手続きは無用。データ上に架空のカードを仕立て上げればいいのだ。

「まずログイン後、データ内に新規の客を作るでしょ。まあ、テキトーに自分とだいたい同年代の男性で、職業は会社員っていう具合に書き込んで。ただ住所は存在しない番地を記入せなアカン。本物のカードが誰かの家に届いたらさすがにマズイでしょ」

肝心のショッピングとキャッシング限度額は前者を50万、後者を30万に設定。むろんいくらでも可能だが、途方もない数字だとすぐ怪しまれる。

「でまあ、あとはデッチあげたデータを実際のカードに書き込めばええと」

専用の端末機に生板を差し込み、パソコンからデータを送信。それにエンボス（立体文字）加工器具でカード表面に名前などを刻印すればＯＫ。いずれの道具も秋葉原で簡単に入手可能だ。

そこらの学生風に「金を下ろしてくれんか」

問題はいかに現金を引き出すか。素人考えでは、さんざん換金率のいい品物をショッピングしまくって、その後にＣＤ機でキャッシングすりゃいいんじゃないかと思えるが。

「いや、使うカードが生板やったらそうするかもしれんけど、オレはいちいちエンボスは入れん。正規に作ったカードを使い回してるから、ショッピングはやらへんのですわ」

通常、カード詐欺の偽造団などは、カード会社のロゴマークが入った生板を用意する。だが朽木氏の目的はキャッシングのみ。わざわざロゴ入りのカードを使う必要もない。正規に作った自分のカードに、いろんな会社のデータを入れては金を引っ張り、データを消してはまた別のを入れるという作業の繰り返しなのだ。

しかし、だからといってキャッシングが決して安全なわけではない。ＣＤ機の上には必ず監視カメラが見張っている。

「いや、そんなの自分で下ろしに行かんでも、人を使えばええですやん。よう使う手は、病院の前で杖ついて待ってて、前を通った若いヤツに声をかける。カラダが悪くて外に出られへん。1万円お駄賃あげるから、このカードで30万円キャッシングしてくれんかって。そう言われたら株山さん、どうします？　断らんでしょうが」

アンタは怪しいから断るね、と言いたいが、やっぱり首をタテに振りそうな気もする。

「もちろん、いかにもゴロつきいうかヤンキーみたいなガキには声かけませんよ。でもほら、根っからのパシリ体質というか子分肌のやつというか、いくらでもおるからね」

危ない目にも遭っている。以前、学生風の若い男に金を下ろしに行かせたが、なかなか戻ってこない。心配になって見にいくと、学生風が立ち往生していた。

「オマエいったいナニやっとんねんって聞いたら、カードを機械に飲み込まれたって言いよるんですわ。幸い、たまたまそのときは生板の偽造カードを使ってたからこっちの身元がバレる心配はなかってんけど、ソイツ、インターホンで警備員呼び出そうとしやがって（笑）。さすがにもうエエわって万札握らせて追いやりましたよ。ヒヤヒヤもんでしたわ」

締めの日の隙間を突けば、不正データはバレない

ここでもう一度、朽木氏の手口をおさらいしておこう。

まず、お客様相談センターの周辺番号からカード会社のイントラネットへ入り込む。次に、データ上に存在する「新規申し込み」のフォーマットに、あらかじめ用意したデタラメな名前&連絡先を書き込み、限度額を設定。

あとはそれとそっくり同じデータを自前のカードに書き込み、パシリを使ってCD機からキャッシングさせるだけ。仕事が終われば、データを消し、また新たなデータを入れては同じ作業を繰り返す。

…活字にすると実にシンプルな作業だが、当然、疑問は残る。

果たして、彼のハッキング方法はどのカード会社でも通用するのだろうか。

「それは心配いらん。だいたい今まで12、13社くらいからパクったけど、アメリカンエキスプレスだけやね、どうにもならんかったのは。何重にもセキュリティがかかってまったくアカンのですわ」

次にわからないのは、データ改ざん時に生ずる矛盾である。申し込み書（契約書）がないのにデータがあるのはおかしいのではないか。書類とデータを照らし合わせれば一発アウトだろう。

「正規契約の場合を想像してくださいよ。クレジットカードってどこで作ります？　最近はカード会社の窓口以外でも可能ですよね。デパートに行けば出張営業所があるし、銀行でも提携会社のカードを発行してくれるでしょ。例えばＪＣＢやったら、新規の申し込み書類はまずＪＣＢの本店に送られ、担当者がこれをデータ入力するんですわ。同時にブラッ

クなのかどうか情報センターに確認もしますわな。だけど、毎日書類が本店に届くわけじゃない。そこにタイムラグが発生するんです」

つまりこういうことだ。新規申し込み書類は、月2回の締め日にしか本店に郵送されない。逐一発送するより、はるかに作業の効率がいいからだ。要は、締め日から担当者の入力作業が終わるまでの期間を避ければ、危険は少ない。当然、朽木氏は主だった社の締め日をすべて調べ上げている。

「だいたい締め日から1週間かな。それが過ぎれば一気に侵入、ドカンとキャッシングですわ。で、次の締め日直前にデータをすべて抹消して証拠を消す。カンタンな話でしょう」

ことあるごとにカンタン、カンタンという言葉を口にする朽木氏。実際、カード1枚分のハッキングに15分かからないと豪語する。

てことはナニか。ニセのカードをずっと作ってるだけで、懐にカネが転がり続けるっていうのか。

「いや、さすがにしょっちゅうできる代物やないからね。ま、でも去年は1億くらいは儲けたな。それだけあれば十分。カネがあり過ぎる生活も困りもんや」

人生、誰しも一度は憧れるセリフを、目の前の地味な小男がサラリと口にする。クソ、意地でもアラを探してやれ。底意地の悪い気持ちがムクムク湧き起こってきた。

カード会社は被害届を出さないんですよ

いいだろう。仮にまんまとカネをパクったとしよう。しかし、さすがにカード会社もバカじゃない。データが改ざんされ、毎月ウン百ウン千万の金を取られれば黙ってる法はなかろう。

予防線はガッチガチに張られてるだろうし、実際に損害を受ければ被害届を提出するなり、あるいは自分たちで犯人を追跡するなり、なんらかのアクションを起こすのが普通ではないか。

「要は、私のセキュリティはどうしてるのか、ということですよね。まずアクセス用の端末はすべてトバシの携帯。これで相手にログを取られないから絶対追跡は不可能。もっともそれ以前に、カード会社がマトモな対策取ってると思います？　あり得へんあり得へん」

対応策にコストをかけてたらもったいない。不景気のせいで逆に十分儲かってますから、と当たり前のような表情で朽木氏は言う。

「ダメ押ししましょうか？　実はカード会社ってのは被害届をほとんど出さないんですよ。必要がないから」

そもそもカード会社が簡単に顧客情報を漏らすようでは信用問題にかかわる。ために恥を忍んで口を閉じる。しかも、彼らは保険をかけており、痛くも痒くもないから警察の世話になる必要もないというのが彼の主張だが、どうだろうか。

よほど捕まらない自信があるのか、それとも犯罪意識が希薄なのか、やけにポジティブシンキングな詐欺師である。

にしても、年間1億近くの金を稼いでいったい何に使うのだろうか。着ているセーターも田舎のスーパーのワゴンセールで買ったようなシロモノだし、喫茶店に乗り付けたクルマも古い軽自動車だし。

本人は「将来の投資や、投資」とお茶を濁すが、何を考えているのかまったく得体が知れない。あるいはこのふてぶてしさがハッカー詐欺師の本道なのかな。

取材を終えた日からちょうど2週間後、編集部に朽木氏からこんな手紙が届いた。

『今、私はちょっとした事件を起こしてしまい、××県警○○警察署に逮捕されております。〜中略〜私には前科があるために、間違いなく別荘（刑務所）に行くことになるのです』

一瞬、我が目を疑う。あれほど自信マンマンだった人が？　しかし、彼がどんな容疑でパクられたのかについては一切書かれていない。やはりカード詐欺なのか。もしそうなら新聞ですぐさま報道されるはずだが、該当する見出しは見あたらない。いったい何が起こったんだ。

しかし文面はこちらの心配をよそに次第に緊張感を失ったものとなっていく。

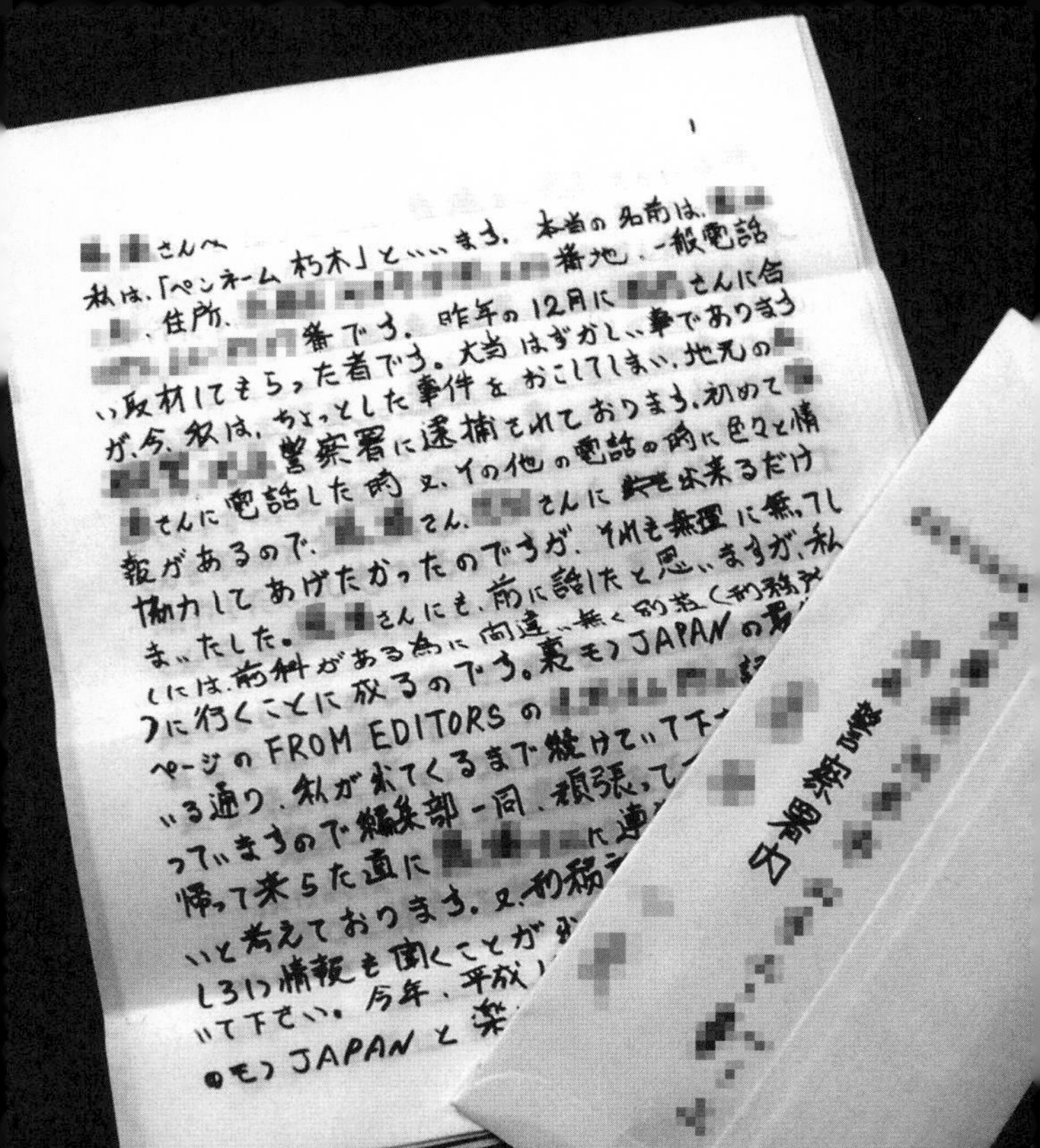
[redacted]さんへ
私は、「ペンネーム 朽木」といいます。本当の名前は、[redacted]
[redacted]、住所、[redacted]番地、一般電話
[redacted]番です。昨年の12月に[redacted]さんに会
い取材してもらった者です。大当はずかしい事でありますが
が、今、私は、ちょっとした事件をおこしてしまい、地元の[redacted]
[redacted]警察署に逮捕されております。初めて[redacted]
[redacted]さんに電話した時、又、その他の電話の時に色々と情
報があるので、[redacted]さん、[redacted]さんに出来るだけ
協力してあげたかったのですが、それも無理に無ってし
まいました。[redacted]さんにも、前に話したと思いますが、私
には前科がある為に間違い無く刑務所
に行くことに成るのです。裏モノJAPANの
ページのFROM EDITORSの[redacted]
いる通り、私が出てくるまで続けていて下
っていますので編集部一同、頑張って
帰って来た直に[redacted]に連
いと考えております。又、刑務
しろい情報も聞くことが
いて下さい。今年、平成
のモノJAPANと楽

朽木氏が警察署から郵送してきた手紙。追伸と題し『編集部の皆さんのケータイ番号を教えていただければ幸いです』とあったが、怖いからイヤです。すんません

『裏モノJAPANは刑務所でも購入できますので、毎月読むようにしたいと思います』

もっと他に書くことあるだろうに。なんで捕まったのかとか、儲けた金はどうしたとかさぁ。

今、この本を別荘で読んでいる朽木氏へ。ぜひシャバに出たら再取材させてください。編集部にはページを空けてもらえるようお願いしときます。あしからず。

平成の裏仕事師列伝 BEYOND 08

スキャンダル製造屋

裏金、女、クスリ。ネタがなけりゃ作ればいい

インタビュー＋文＝北野ナツヲ
フリーライター

「裏モノJAPAN」2008年2月掲載

光熱費がタダの議員会館で『なんとか還元水』を使い500万円以上もの光熱費を計上した挙げ句、献金疑惑まで突っ込まれた松岡元農水大臣の自殺に始まり、後任の赤城前農水相も9千万円に上る事務所費付け替え疑惑で辞任。さらには安部前首相までが3億円を脱税するため自分の政治団体に父親の遺産を寄付した疑惑が浮上。そして防衛省の巨大利権に群がる政治家たちの姿が透けて見えた《守屋汚職事件》等々、今年07年は、政界スキャンダルが噴出した年と言えよう。

いまどき、政治家が清廉潔白な人間だと信じる国民など皆無に等しいだろうが、あま

りに醜すぎやしないか。

「考え方が逆だよ。もともと政治家は利権争いしてるようなものなんだ。国家だってそうだろ。世界平和は大義名分で、オイルマネーを取り合って戦争してるのバレバレなんだから」

辰巳啓之（仮名）45才。政治家の私設秘書を15年ほど務め、現在は経営コンサルティング会社社長の肩書きが付いた名刺を持つ人物だ。しかしその実態は、秘書時代に築いた人脈を元に、政治家たちの利権争いを裏からサポートしているのだという。

「オレの専門は、ターゲットを失脚させるために金や女にまつわるトラブルを起こすこと。ネタがあれば証拠をつかみ、なければネタ自体を作る。陥れ屋なんて呼ぶヤツもいるよ。しゃべれないことも多いし、月日も場所も明確にしてもらっちゃ困る。それでいいなら話してやるよ」

華やかな政治家たちの裏に横たわる闇の世界で暗躍する、

大学3年のときから秘書見習いに

西日本の田舎町で生まれた辰巳は、小さいころ、近所に住む県会議員の叔父が自慢だった。町の人たちに『センセイ』と呼ばれ、学校行事では町長より先に挨拶する姿を誇りに感じ、自然、政治に関心を抱くようにもなる。

長じるに連れ、地元の土建屋に威張り散らす叔父に嫌悪感を抱くこともあったが、大学は政治経済学部に進学。政治の本質を学ぼうと考えた。

「その頃には叔父も国政に出て、息子がいないもんだからオレに後継者になれってうるさいほど誘ってきた。けど、政治家自体になる気はない。何となく胡散臭さを感じてたんだけど、それじゃあ理由にならない。だったら、論破できるようになってやろうかと」

大学では、政治評論クラブに入部。政治家や新聞記者を目指す学生たちと語り合ううち、政治も経済活動のひとつと理解するようになった。公約でいくらキレイごとを並べても、裏に回れば金がモノをいう世界。汚いと思いつつも、そこに魅力を感じる自分がいた。

「そんなとき、現場の生の声を聞こうって、自分たちで講演会を企画して、佐山さん（仮名）って代議士秘書さんを呼んだんだ」

当時、衆議院に当選4回を数える自民党の中堅代議士の私設秘書だった佐山は、大学OBだったこともあり気軽に依頼に応じてくれた。

講演は『政治を志すキミへ』という軽い内容だったが、突っ張っていた辰巳らはひねくれた質問をぶつける。それに対し、怒りもせず誠実に答えてくれる佐山。懐の深い人柄に惹かれ、その後、辰巳はたびたび佐山を訪ねては議員会館へ出入りするようになる。

「大学3年のときから秘書見習いみたいな形で佐山さんの後を付いて回る様になり、卒業後もそのまま私設秘書として雇ってもらった。最初は運転手兼カバン持ちみたいなもんだけどね」

秘書になった翌年、仕える代議士先生が入閣した。辰巳はいきなり政治のド真ん中に潜り込むことになる。

ゼネコンの手土産から100万の札束を抜く

その年の4月初旬、晴れた午後のことだ。東京は九段での花見会を終えた先生が、辰巳にお重を手渡しながら言った。オレは神楽坂で一杯やっていくから、これを持って先に帰れ――。

「風呂敷で包んである3段のお重が、やけに重くてさ。もしかして、と思ったらやっぱり。議員会館に着いて開けてみたら1段に3つずつ100万の札束が入ってた」

　当時は地元選挙区で総工費1500億とも2千億とも言われる大規模公共工事が予定され、その受注を巡り、連日、ゼネコンの担当者が事務所に日参しては『土産』を置いていった。が、先生は中身を確認することもなく、銀行にも預けず、ただ秘書に命じ金庫に放り込むだけだ。

「帯封付きの100万の束がバサバサ集まってくるもんだから、少しくらい抜いてもわからないいんじゃないかって、気にもなる。ただ、100万の束から5万10万と抜いたら

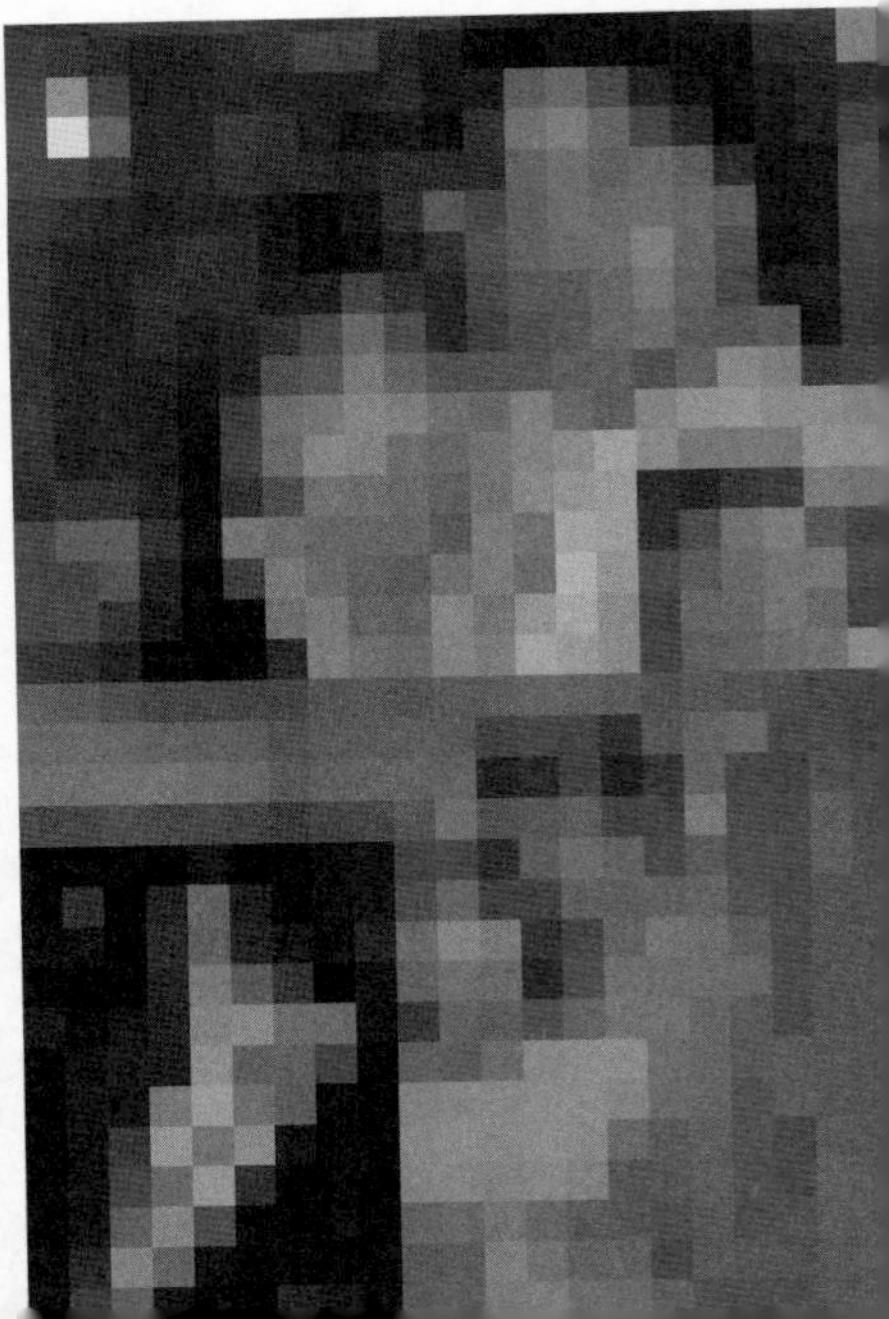

バレバレなんで、1束頂いた。さすがにドキドキもんだったけど、先輩秘書も先生も気づいた様子はなかったよ。100万って言えば大金なのに無頓着でいられる政治家って凄いなと」

そんなある日、先生から『お前に会わせたいヤツがいるから行ってくれ』と指示が出て、上野のスナックに出かけた。待っていたのは、50過ぎの恰幅のいい男である。

「聞けば誰でも知ってる有名財団法人の役員だよ。いきなり『いやー、お若いのに』って話が始まって金の話をし出すんだ。うちの売り上げは年間何兆円で、その中から青少年育成事業にいくら投資してて、例えばある施設を作るのに予算30億と計上したら10億は財団にバックしてもらい、その大半は政治家にバラまかれる、とかね」

ポカンとする辰巳に男は続ける。あんたにこんな話をするのは、素質があるからだよ。仕事のことは口外しないし、金にも聡い。先生は、あんたが《パイプ役》になれる人材だから面倒を見てくれと言ってる――。

「先生はオレを試したわけだ。で、合格した。つまり、オレが抜いたことは知ってたんだ。逆に、あの状況で抜かないようなヤツは金に鈍感だし堅すぎて使えないって判断したんだな。実は政治の世界は験担ぎが多くて、偶数は割れるから使わないのよ。確かに持ってくるのは300とか500とか奇数ばっかりだった。100万抜けば、そりゃバレるよな」

この人間を500万で黙らせてくれ

以後、辰巳はパイプ役を自覚し、仕事に精を出す。

例えば、先生とゼネコンA社との金銭授受が外部に漏れたとする。A社の幹部は否定しても、内部告発者がいれば厄介なことになる。政治家として、関わり合いがないことを証明しなければならない。

そんなとき、辰巳が動く。先生に指示された場所に出向き【実行役】に伝言を言付けるのだ。

『A社の総務課の○○って人物を5本でお願いしたいそうです』

意味は、この人間を500万で黙らせてくれ――。該当者の顔写真と身上書を手渡せば、辰巳の役割はお仕舞いだ。

「実行役は、裏組織の人間もいればカタギもいた。余計な話はしないから実際のところはわからないけど、色々だったね。写真や資料は先生が、『A社の○○ってどんなヤツだ』って電話1本するだけで警察ルートから集まってきた」

結果、対象者がどうなったのか知らないが、その後、二度と先生の前に顔を出さなくなったそうだ。

「パイプってのは一方通行なんだよ。オレは先生から実行役へのパイプで、実行役から先生へは別のパイプがいる。間に何人か挟まってる場合もあるし、先生のパイプ役だってオレだけじゃない。結果なんか教えてくれないし聞きもしない。それが暗黙のルールだから。よく政治家がらみで秘書が証人喚問に呼ばれて知らないとか答えてるけど、あれはホントなんだ。だいたいは予想つくけどね」

政治家の世界は見かけより厳しい。どんなに鉄壁と思えても、蟻の穴ひとつでも開けばそこを突かれ崩れてしまう。パイプの1本でもやり甲斐はあった。

秘書5年目には別の仕事も任されるようになった。裏金作りだ。

例えば、某地方都市の空港建設でのこと。先生の口利きで受注した建設会社に、国と県から出た予算は2500億円。このうち地権者へ持参する菓子折代や近隣住民への説明会費用など、活動資金となるのは200〜300億ほどだ。

「実際はそんなにかからないんだけど、有力地権者へのお車代やら何やら表に出せない入り用もある。だから、裏筋の人間から500万円分の領収書を100万円で買うとか細工が必要なんだ。その点、空港はある意味、世話ない。整備用のダンプは1回で通常の7、8台分積める特殊なもので、1台4千万する。それが2台壊れたことにしたらどうだ？」

いずれは保険金でカバーできるが、それまで工事を止めるわけにはいかない。とりあえず予算から支払って、話のわかる修理工場に転売すれば相応の金が入る。

「平たく言えば保険金詐欺だけど、オレたちの用語じゃマネーロンダリング、だよ」

パイプと裏金作り——。政治の裏側で暗躍するうち、辰巳は様々な人脈を得る。

「大事件が起きると、伝言先にオレのようなのが何人も待ってたりするんだ。口が堅いのは自認してても、何度か顔を合わせれば、××先生のとこの方でしたよね。なんて話もするようになる。そのつながりが今も役立ってるよ」

中でも飛びきり得難いコネクションは、いわゆる【フィクサー】と呼ばれる政財界の大物と知己を得たことだ。

先生の送り迎えをしていた頃に物怖じしない性格が気に入られたらしい。本来なら挨拶さえ叶わないはずが、宴席に呼ばれ、何かあったら連絡してこいと名刺を渡された。ちなみにその人物は、誰もが知ってる超有名企業のオーナーである。

「いまの福田首相が国会での選挙を待たず決定したように、善し悪しは別にして、政治家より力を持った人間が存在するんだよ。昔は思想家がもて囃されたけど、今は論より金。金を持ってないと話にならない。例えば衆院選にしても、億単位の金をバラ撒かなくちゃ勝てない。それをポンと貸してくれる人間がいたらどうだ。頭が上がらないよな。当然、入閣にも彼らの意向が働く。うちの先生だって千万単位の金を渡して票まとめを頼んでたしな。とにかく金がなくなったら、政治家はお仕舞いなんだよ」

秘書を辞めて1年。【実行役】にならないか

首相経験者の闇献金問題に、現職自民党議員の逮捕事件など、政界を揺るがす現場に居合わすも、秘書生活15年目に、大きな転機が訪れた。先生が閣僚を辞め、政界を引退

したのだ。

「選択肢は2つあった。叔父の後継者として政治家になるか、声をかけてくれた別の事務所に移って秘書を続けるか。でも、オレはどっちも選ばなかった。政治から足を洗ったんだ」

辰巳は地元に戻り、経営コンサルタント会社を設立する。元代議士秘書の肩書きがモノをいうギョーカイと聞いたからだ。

あちらで頭を下げ、こちらで根回しをするうち、徐々に顧客が付き始めた。先輩秘書の佐山から連絡が入ったのは、辞職して1年、ようやく人並みに稼げる様になったころだ。

「佐山さんは某首相経験者の事務所に移って、分単位で動いてた。そんな人が、お願いしたいことがあるってわざわざ足を運んでくるんだ。何かよほどのことだよな」

翌日、現れた佐山は、隣県の某市長の資料を手渡しながら言った。こいつを失脚させてくれ。

「つまり、オレに【実行役】になれってことだ。二つ返事でOKしたよ。話を聞くうち、血沸き肉躍るっていうか、政治の世界から身を引いたのを後悔し始めてたし、ある程度の予想もあったたし。オレの仕事のことも先刻承知で、たぶん、地元にネットワークを作るのを待ってたんじゃないかな」

依頼主は、政界とつながりのある大手ゼネコンの役員だった。市長が大規模公共工事の落札を匂わせ、ゴルフに酒、女とねだった挙げ句、フタを開けたら別のゼネコンが受注したのだという。

ありがちな話ではある。しかし、長年にわたり持ちつ持たれつでやってきたゼネコン側にすれば『裏切られた』と怒るのも無理はない。相談された政治家にとっても無視できない事案だろう。

「いわば資格試験だ、気合い入ったよ。スキャンダルになり得るネタは金に女、クスリ。それに不倫や男色などの性癖だろ。ターゲットを徹底的に洗ったよ」

市長を接待した店の女達を中心に話を聞いたところ、次々とネタが割れた。女との飲み食いはゼネコンの名前を入れた領収書を取り、旅行に誘うのも出張ついで。中にはもらった小遣いの領収書を書かされたコもいた。が、依頼主自体がゼネコン。これを公にすれば、迷惑が及ぶとも限らない。

辰巳は一計を案じた。好みの女をあてがい、公費横領の証拠を作れば——。

「知り合いの県連役員を介して、ご挨拶を名目にオレが市長を訪ねたんだ。で、クラブに誘った。もちろん店にはヤツが好きな気の強い巨乳女を仕込んである。席に呼んだら後は女の腕の見せどころ。お世辞を言うでもなく、いつの間にかその気にさせちゃった

よ。さすが成功報酬50万は効いたね」

何度か店外デートに応じさせ、私を口説くならそれなりの場所を用意してよと、水を向ける——。

鼻を伸ばした市長は、慌てて温泉地近くの視察を決め、公費で1泊2日のお忍び旅行へ出かけた。

「こっそり付いて行って、写真を撮ったり領収書をコピーしてさ。後は市長が役所に出した精算書のコピーを同封して市のオンブズマンに送ってやったんだ。3カ月もしないうちに病気を理由に市長を引退しちゃったね」

局部にシャブを仕込みターゲットとセックス

敏腕実行役の誕生は、すぐさまギョーカイに広まる。佐山を介し、あちこちから声がかかるようになった。

自民党のある県連のトップに頼まれた案件は、衆院選でのライバルを蹴落としてくれというものだった。相手は親の地盤を引き継ぐ二世議員で、実績もないのに県連で要職に就き、迫る衆院選でも当選確実視されているボンボンだ。

辰巳が探ると、二世議員には過去、薬物の噂が流れたことが判明。地元繁華街の聞き込みで、愛人だったという3人の女も出てきた。

「全員がヤツとシャブセックスしてたって言うんだ。イメージ最悪だけど、議員になる前の話なんでネタとしては弱い。ただ、3人ともポイ捨てされて、みんなヤツを恨んでる。ならば協力してもらおうと」

3人それぞれに二世議員に連絡させると、一番若いコだけが本人と話せた。

『店変わったんだ。よかったら電話してね』

過去のことに触れず、屈託ない様子でしゃべる彼女に、案の定、食指を動かすターゲット。すぐさま呼び出しがかかった。

「会えば、当然エッチって流れになるよな。だから、彼女のアソコにシャブを仕込んでもらったんだ。経験者ならすぐわかるよ。ヤツも、やっぱりいいなって、すぐに元の黙阿弥。選挙遊説中も、彼女を呼んでやったたっていうんだから凄いよな。後は警察に言うだけだ」

選挙候補者にクスリ疑惑が浮上すれば、警察も動かざるを得ない。ある夜、事務所に警官が出向き、事務所の人間を外に出したうえで二世議員に切り出した。

実は、警察に密告があったんですよ。内容が具体的すぎるんで先生の身の潔白のためにも検査させてほしい――。

「きっちり陽性反応が出たよ。とりあえず地位を尊重してその場では逮捕せず、翌日、出頭させて通常逮捕。そいつ、今も元衆議院議員って肩書きの付いたHPをアップしてるけど、完璧に表舞台からは消えたよ」

ハメ撮り画像をウイニーに流出

パソコンが趣味の辰巳ならではのスキャンダルもある。インターネットを利用した事案だ。

06年1月、某地方で県議選に立候補した元政治家秘書のパソコンがウイルスに感染、winnyを通じ支援者の個人情報や、2人の愛人とのわいせつ画像を流出させた事件があった。本人は最初こそ、写真は合成だと強気な態度を通していたが――。

「あれにも裏がある。写真が出た2人以外に子供まで産んだ女性がいたわけ。それが政界に影響力のある財界人の娘なんだけど、ヤツは認知もしない。訴えて表沙汰になれば娘が可愛そうだしって、オヤジが依頼したらしい。誰にとは明言できないけど」

当の女性によると、裏金関連の情報も得られたが、証拠をつかむのは難しい。それより元秘書にハメ撮りの趣味があることが判明し、私用車にデジカメとパソコンが乗ってることもわかった。ならば、作戦は一つしかない。

「ヤツがゴルフ場でプレイしてる隙に、そいつを車から頂いたらしいよ。で、winny に流した。依頼人の娘の写真は抜いてあるし、パソコンに取り込んでないデジカメのデータまで流れたから、本人は真相をわかってるんじゃない。でも、言えないよな」

元秘書は政界から姿を消し、ウワサでは福祉施設で働いてるとか。

「あと話せるのは、政治家と結びつきの強い民間人の依頼かな。例えば、大手製作会社のＩＴ関連会社の一件とかさ」

依頼人は、社長の後釜を狙う取締役だ。現行社長は仕事もできるが、女にも手が早い。海外出張には愛人を連れていくのが常で、またすぐ中国の天津に行く。せひそれをネタに失脚させてほしい——。

「そこまで話が詰めてあれば楽勝だよ。一緒の日程で天津に飛んだら、確かに女連れ。

カメラが趣味らしく、あちこちで撮って回ってる。その様子を撮影した写真で十分だったけど、念のため、2人が食事に出てる間にボーイにチップをつかませて『ボスのカメラが必要なんだ。ちょっと鍵を開けてくれ。けどサプライズプレゼントだから内緒だぞ』って、デジカメのデータをオレのパソコンに取り込んだんだ。ハメ撮りが出てくるとは期待以上だったよ」

データは怪文書風に仕上げ、投稿掲示板に【こんな社長ってどうよ?】というスレッドを立ち上げて画像を貼った。

ネットユーザーからの通報ですぐさま会社は大騒ぎに。愛人が社長の元秘書だったから、ねつ造と言い逃れることもできず社長は退任に追い込まれたという。

「けど、後釜に付いたのは依頼してきた人間じゃないってのがこの一件のミソなんだ」

某民放の女子アナが同僚の男子アナとお忍びで出かけた混浴写真が地方の画像掲示板に流出し、さらには某女性県議会議員候補者のわいせつ画像が流れた事案も、辰巳の息がかかっているらしい。

スキャンダルを製造し始めて約7年間の取材は長時間に及んだが、聞いても書けない事ばかりだ。それも、我々が認識している『事実』と、なんとかけ離れていることか。テレビで連日、報道されている永田町の騒動は、いったい何を映しているのだろう。

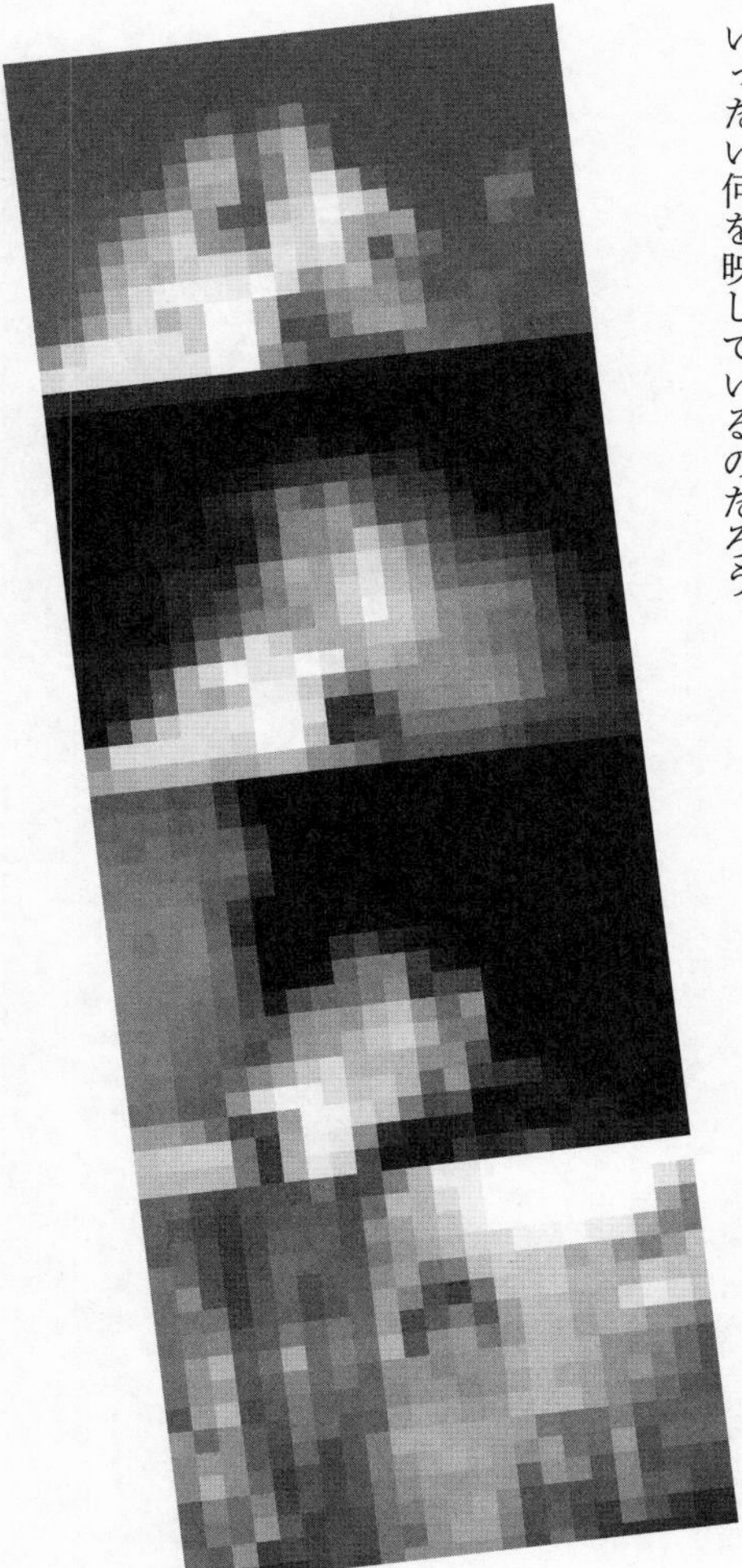

平成の裏仕事師列伝 BEYOND 09

洗脳タクシードライバー

宗教！ マルチ!! 夢を見させて地獄で下ろす

インタビュー＋文＝窪田順生
編集部（当時）

「裏モノJAPAN」2003年7月掲載

深夜、1台のタクシーに乗ったあなたは運転手から話しかけられる。

「お客さん、ジャイアンツファンですか？」

野球に始まり、天気、小泉政権の批判まで。たわいもない話題に延々と付きあわされ、あなたは思う。この男、まるで沈黙を避けているようだ――。

そう、彼はあなたが怖いのだ。想像してほしい。見ず知らずの他人に背を向けてハンドルを握るリスクを。あなたが善良な一市民であるという保証など、どこにもない。

この関係は、裏を返せば日本のタクシーの安全性を物語っている。世界の常識では、乗客が運転手から強盗や詐欺の餌食になるケースが多い。我々は、客が後部座席で安心して居眠りのできる数少ない国に住んでいるのだ。

しかし、そんな客の過信はひとたび不良ドライバーの手にかかれば、ひとたまりもなく崩れる。遠回りをし、運賃を水増しする輩などまだかわいい。中には、ルームミラー越しに言葉巧みに囁き、新興宗教への洗脳を試みようとする運転手も存在しているのだ。

例年より短いGWが終わり、汗ばむ日が多くなった都内某所。X駅前のロータリーで、僕は1人の男を待っていた。

知り合いのタクシー運転手から彼のことを聞いたのは1週間前のことだ。

「同僚で〝客引き〟をやっている男がいるんだけど、ちょっと変わっててね。そいつが客を連れて行くのは宗教団体やマルチ商法なんだよ」

ありえない。少なくとも僕の常識では信じられなかった。

街に精通したドライバーが風俗や飲み屋などの〝夜遊び〟を指南するというなら話はわかる。が、連れていく先がマルチや宗教だなんて聞いたこともない。

「本人に会えばわかりますよ。そいつ、もう何人も口説いて引っ張りこんでますから」

タクシー運転手には口達者が多い。しかし、だからといって、乗車中のわずかな時間で、そのような場所へ送りこめるものなのか？

もし可能なら、それはもはや勧誘などという甘っちょろいものではない。〈洗脳〉だ。

いや、しかし…。

駅前であれこれと考える僕の前に、イエローキャブが横付けされた。開いたドアから、その同僚と思ぼしき年配の男が顔を覗かせる。

「お待たせしてすいません。とりあえず乗ってください」

ぽっかり空いた後部座席。僕にはそれが、なぜか地獄への入口のように見えた。

普通に流しててもベテランには勝てない

「そんな大袈裟なことをしてるわけじゃありませんよ。客を斡旋しているだけですから」

その男、大宮拓也氏（45才、仮名）はハンドルを操りながら、こけた頬をゆるませた。

白髪まじりの髪、目尻の皺。先入観がなければ、ごく平凡、ごく小市民的な印象を受ける細身の中年男だ。このページに登場する〝裏仕事師〟の大半がそうであるように、彼もまた、客をマルチや宗教に引き込む怪しい人物を思わせる外見は持ち合わせていない。

「タクシーに乗り出したのは5年前ですね。この業界じゃまだペーペーですわ」

　こちらが口を開く前に、大宮氏は語り始めた。

「失礼ですけど、その前は？」

「いろいろありまして…会社も潰しましたし…」

「社長さんだったんですか。何の会社を？」

「ま、いろいろですよ」

　口調は穏やかだが、その拒絶には強い意志が感じられる。

「最初は普通に〝客引き〟をやってらしたと聞いたんですが」

「そう、単に流してもベテランにかないませんから。私、道は知りませんけど、飲み屋街にはちょっと顔がきくんですよ。ま、自分がかなり好きなもんで…」

　それとなく酒の話題をふり、喰いついたら馴染

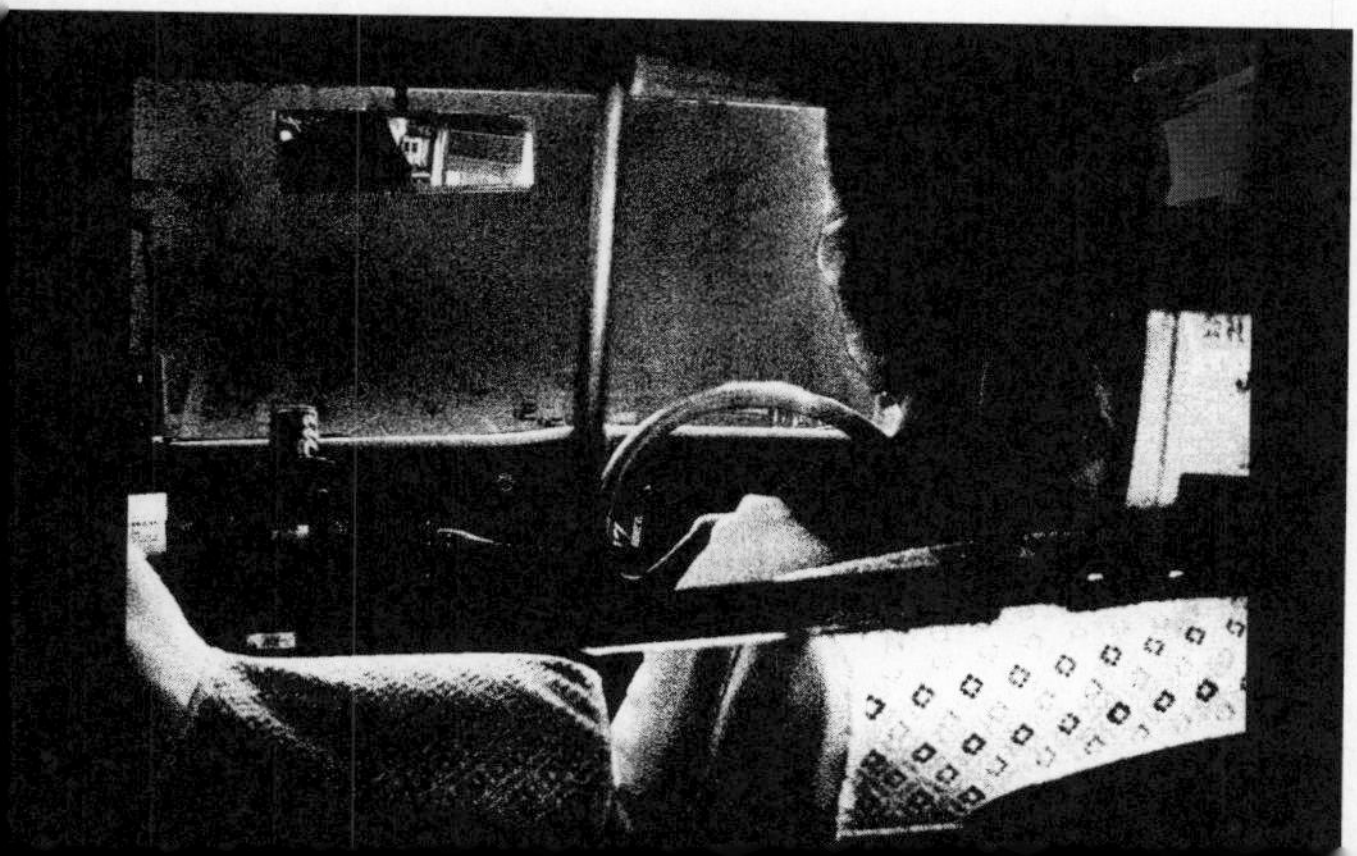

みのスナックや寿司屋へと案内する。アフターケアとして自分の連絡先を渡すことも忘れなかった。

「いやあ、頼りにされましたよ。やっぱり運転手って街のことは何でも知ってるイメージなんすね。もし、別の店がいいとか言っても、あそこは最近評判悪いから、とか難癖つけちゃえば簡単に丸め込めましたね」

当初は、店にマージンなど要求せず、飲み代を負けてもらう、土産に一升瓶をもらう程度だった。が、連れてくる客の数が増えるにつれ、店側も態度を変えざるえなくなった。ビール券、商品券…気がつくと金の匂いが強まっていたという。

「金券ショップに行けば、月で10万ぐらいになったかな。みんなパチンコや競馬の軍資金で消えましたよ。ま、この程度のことなら誰だってやってますがね」

大宮氏が〝この程度〟で済まなくなった事情。そこにはある女性の存在があった。

客引きも布教活動もそんなに変わらない

ドライバーになって3年目。氏は久しぶりに郷里の福島へと里帰りする。小学校の同窓会に出席するためだった。

『よう、大宮、ずいぶん老けたじゃねーか』

『うるせー、オマエなんかツルツルじゃねーか』

再会に肩を叩き合っていると、旧友の1人が座敷の隅を指差した。

『あれ、見ろよ。瀬尾もすっかりオバさんだな』

瀬尾淑子（仮名）。その名を聞いて、氏の心はざわめく。初めて異性を意識した相手だった。

お下げ髪と、はっきりした目鼻立ちのクラス一の美少女が脳裏によみがえる。が、友人たちの視線の先にいたのは、その面影すらない肥えた中年女だった。

『そういや、先月ダンナが亡くなったらしいぜ。まだ若いのにかわいそうに』

『へえ…』

うなずきながらも、氏は違和感を覚えた。淑子の目に、喪に服す者の暗さはなく、逆に強い輝きを放っている。どこか妙だ。

『大宮君！　久しぶり〜』

声をかけるまでもなく、淑子が氏に気づき、ビール瓶を片手に近づいてきた。

『聞いたよ。旦那さんのこと…』

『そんなこといいじゃない。それより、今、あなた東京に住んでるのよね。私もよく行

くの』

『…へぇ…仕事？』

『うん。心を浄化しに行くの』

『え？　どういうこと？』

　意外な答えに思わず聞き返せば、淑子は宗教団体「Ｎ」の熱心な信者で、月に一度は参拝のために上京しているという。

『よかったら、大宮くんも一緒に行ってみない？　話を聞くだけでもいいのよ』

『え、うーん…』

　変わり果てたとはいえ、恋焦がれた女からの誘い。断れなかった。

「で、東京に戻って彼女と一緒

に〝勉強会〟に出席したんですけど、コレがとんでもないインチキでした。金を搾り取ろうっていう魂胆が見え見えでね。淑子はそのことに気づいてない。じゃあ私がわからせてやろうと」

氏は参拝を終えた淑子を東京駅へ送る車中で、教団を辞めるようにそれとなく諭す。が、彼女の抵抗は意外なほど激しかった。

「同じ空気を吸うのも嫌だってヒステリックに叫んで、走ってる車から下りようとするんです。さすがに怖くなりました」

触らぬ神に祟りなし。もう関わるまいと思う一方で、氏の頭に悪魔が囁きかける。

「彼女の頭は宗教一色でしょ。理解を示して、手助けをしてやれば私になびくんじゃないのかなって思ったんです」

ベッドを共にしたいという下心ではない。かつて遠くから見つめることしかできなかった女を、征服する快感。己の中にいる内気な少年がそれを求めた。

淑子の信仰するN教において、信者が評価される方法は2つ。布施と、さらなる信仰の拡大。つまり布教活動である。

「ちょろいと思いましたね。だって、客引きも布教活動もそんなに変わらんでしょ。要は相手をその気にさせて引っ張りこめばいい。毎日、私がやってることじゃないですか」

派手なお水系女は精神世界の話に弱い

こうして、大宮氏は自分の車に乗せた客に、怪しい勧誘を始める。むろん、誰もがターゲットになるわけではない。狙うは、真面目、神経質、意志薄弱…すなわち〝勉強会〟で多く見かけたタイプだ。

「客引きにのる人ってのは隙があるんですよ。感覚的なもんだからうまく説明できませんけど、自分の話術をもってすれば簡単に落とせると思ってましたね」

しかし、事は簡単に進まない。宗教を口にした途端、大半が煙たがり、時には怒って下車してしまう客までいた。ある意味、当然だった。

そこで氏はアプローチに工夫を加える。最初は、ひたすら宗教色を隠し、病気や事故を克服した人のエピソードから人生訓を諭し、相手がのってきたところで、ようやく本題を切り出すという手法だ。

『私の幼なじみの女が鬱病で自殺未遂しましてね』

考えた末のファーストワード。この言葉に客が強い関心を示せば〝勉強会〟を勧める。自信はあった。

「でも、のってくるのは50人に1人。大きなお世話だって怒られましたよ。会社にクレームを入れるぞって脅す客もいてね」

数多の客を手玉に取った男のプライドはズタズタになった。もはや淑子の事など関係ない。意地でもN教に入信させてやる――。

「で、試行錯誤を繰り返すうち、私、あることに気づいたんです。お客さんは『あまり知らないけどいいらしい』ぐらいの話に食いつきがいい。『すごくいい』なんて話には逆に身構えちゃうんですよね。何だかわからないけど楽しそうだと思わせればいいんじゃないかってね」

例えば、こんな調子である。

『でね、そのサークルに参加した途端、彼女急に若返ってさ。ホントだよ。今じゃ20も下のボーイフレンドとアツアツだもん。私はよくわからないけど、あんたも一度

聞いてみたら？』

あくまで無責任な第三者という視点。この冗談まじりの勧誘トークで客が面白いように落ち始めた。

「8割が若い女性です。といっても、地味で世間知らずの娘なんかじゃない。大半は派手なお水系です。苦労人が多いから、意外と精神世界の話に弱いんですよ」

淑子に会わせると3割弱が入信した。罪悪感はない。自分がやらなくても、この手の連中はいつか誰かにカモられるのだ。

「もちろん淑子は喜んでくれましたけど、そのころはもう彼女のことより、自分で入信させる喜びの方が大きくなっていましたね」

ある日、淑子からの電話で教団施設に出向くと、見知らぬスーツ姿の若者が待っていた。N教の布教活動を統括する幹部らしい。

『私どもの活動を支援してくださってありがとうございます。これは先生からのほんの心づけ。お収めください』

小さな茶封筒の中には、ピン札が3枚入っていた。この瞬間から、氏の勧誘はサイドビジネスに変わった。

1人紹介して1万円入信したらプラス3万円

1人紹介すれば1万。入信すると成功報酬としてプラス3万円。教団が提示した報酬に、氏は以前にも増してヤル気になった。

勧誘の合間にタクシーを流し、1カ月目で18万。2カ月目で22万。もはや副業と本業は完全に逆転していた。

そして半年後、転機が訪れる。淑子に紹介した女性から入った1本の電話がきっかけだった。

『いい会を紹介していただいてありがとうございました。お礼といっては何なんですけど、R社のスーパーバイオ（仮名）って知ってます？』

バイオ工学を応用した新素材の高級布団、その個人代理店をやらないか――。早い話がネズミ講の勧誘である。マルチのデパート・R社。その悪名は氏も耳にしたことがあった。

「すぐに思いつきましたね。N教に入信させ損ねたヤツらにいいんじゃないかって。せっかく口説いたのにもったいないでしょ。宗教もマルチも基本的には一緒じゃないですか」

話は簡単だ。勉強会には出たものの、ふんぎりがつかぬ者にこう囁けばいい。

『やっぱりこういうサークルは暗いよね。若いんだから、もっと冒険しないと。あ、そうだ。副業なんか興味ある？』

読みは的中した。連中をR社の商品説明会へ連れていくと、面白いように契約書へとサインする。一度口説き落とされた彼らはすでに氏のロボットになっていたのだ。

契約の見返りとして手にしたのは、R社と繋がりのある大物演歌歌手のコンサートチケットやクオカード。紹介者が10人を超すと、10万円分の国内旅行クーポンまで付いてきた。

「笑いが止まりませんよ。一度の勧誘で二度おいしいんですから。収入も20万円はアップしましたね。それに、勧誘する幅も増えた。若い男です。ヤツらは軽い。儲け話をちらつかせれば、すぐになびきますから」

ウソを指摘してやったら懐へ飛び込んでくるんです

大宮氏が、類い稀なる話術をもって、乗客を〈洗脳〉する仕事師であることはわかった。が、僕はまだ実感がわかない。いくら高度なテクニックを労しようとも、話はマルチや宗教ではないか。なぜ、それほど多くの人間が氏に籠絡されるのか。何か、氏がまだ語ってない秘密があるのではないか。

どうにも釈然としない僕は、テープレコーダを差し出し氏に頼み込んだ。目的はもちろん、勧誘時の生の会話を録音してもらうためだ。それを聞くことで、〝カモが落ちる〟理由がわかるかもしれないと考えた。

「かまいませんけど、うまく録れるかどうか…」

そして1週間後、氏から連絡を受けた僕は再びX駅へと足を運ぶ。

「20代前半のサラリーマンで気弱そうなヤツですよ。でも、一方的に押してるから、参考にならないかもしれませんね」

以下は、車内での、氏と若者の会話である。

『松井はどうだろうね。20本はいって欲しいけど』

『……』

『でも、内角攻めを克服しないとな。いいとこ15かな』

『さあ、野球あんまり好きじゃないんで…』

『あ、サッカー派？　私、あんまり詳しくないいんですけど、中村ってのはいいね。なんかけなげで応援したくなるよね』

『すいません、そっちもあまり詳しくなくて…』

〈中略〉

『お客さん、この布きれ、何だかわかります？』

『さあ』

『これね、友だちにもらったんですけど、体の悪玉菌をやっつけてくれるんですって』

『へえ、そうすか』

『私、腰痛持ちなんですけど、これを運転席に敷いてるだけでずいぶんラクでね。不思議なもんですよ』

『……』

『ところで、お客さん、●●●●ってのは有名なアニメですか？』

『ま、そうですね』

『その原作者も愛用者なんですって。これで作られた布団を、自分のエッセ

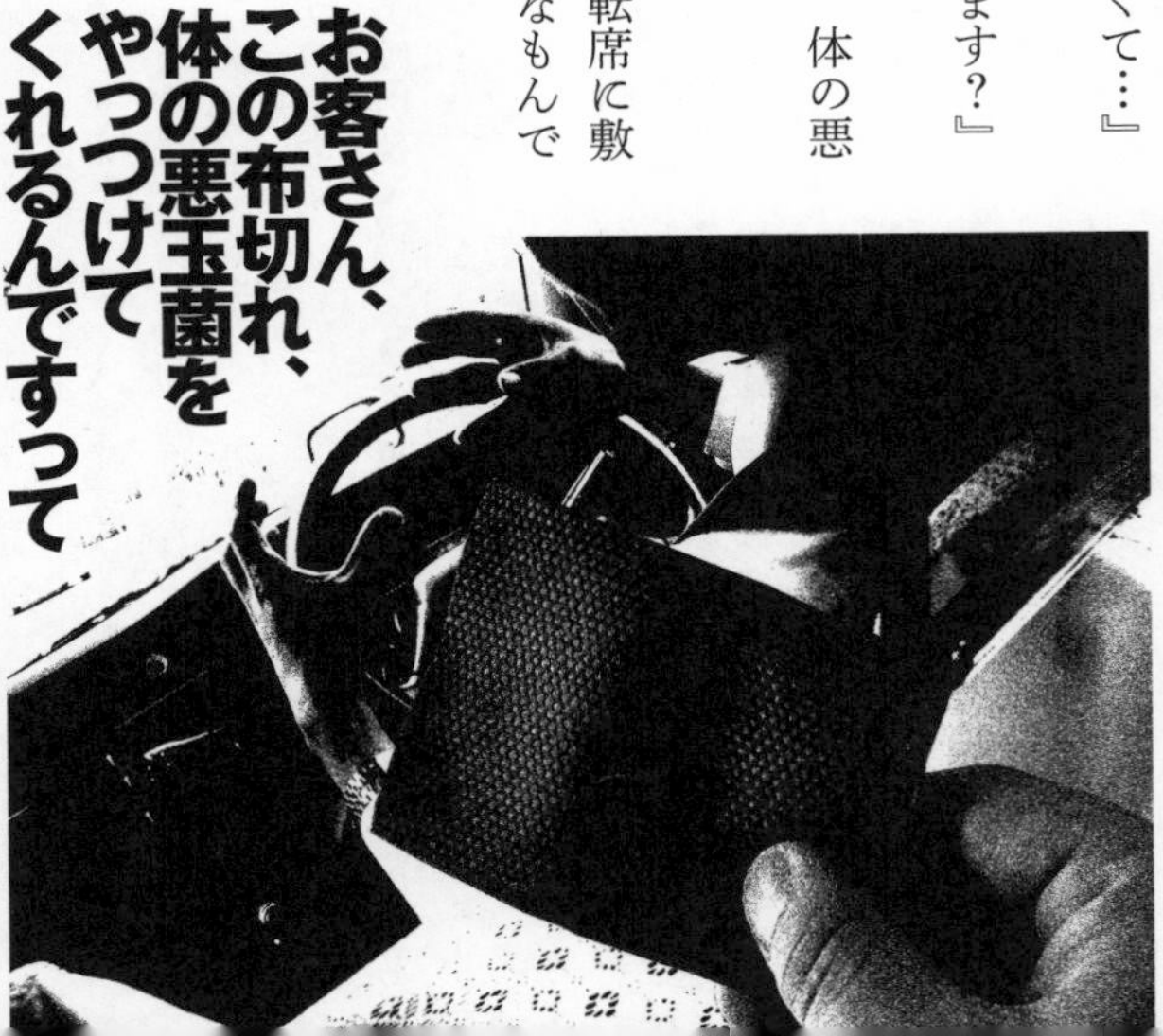
お客さん、この布切れ、体の悪玉菌をやっつけてくれるんですって

イで紹介してるそうですよ』

『へー。あの人がねぇ…』

『そうだ。パンフレットもらったんですよ。ご覧になります？』

（R社のパンフレットを渡され、目を通す若者）

『え！　この布団、30万もするんですか！　たけー！』

『高いですよね。それを買う人間がたくさんいるってことの方が驚きですよ』

『ですよねー』

『でも、これってすごいチャンスですよね』

『は？』

『いくら不況といっても、体にいいことにはみんな金を出すってことじゃないですか。現に、これをくれたヤツなんて、子供を大学までやれる学費を貯めたっていってましたよ。まだ小学生の子供のですよ』

『すごいなぁ…』

『ヤツは別に健康オタクとかじゃなくて、サイドビジネスのノリで始めたんですよ』

『そういう人も結構多いんですね。へえ、10万人も会員なんだ』

『あ、その数字はウソらしいですよ』

『え？』

『ほら、こういうのはたいがいオーバーじゃないですか』

『なんだ…ま、いくらなんでもいすぎだとは思いましたけど』

『実際は半分でしょう。でも、勢いがあるから2年でそれぐらいに達するらしいですけどね』

『なるほど…』

『お客さんも興味あるなら紹介しましょうか？』

松井のホームランにもなびかなかった青年は、R社を訪れる約束を交わす。座席に着いてわずか20分の出来事だ。

まずはスキャンダルで関心をひき、欲望を刺激。成功への具体的なビジョンを見せる――。

実に模範的な〈洗脳〉だが、特筆すべきは後半。会員数について、パンフレットの虚飾を指摘している点だろう。

「人間、ウソを指摘してくれた者は信用するでしょ。懐に飛び込んでくるんです。でも、勧誘しちゃダメ。あくまで助言を与える〝人生の先輩〟を演じるだけでいいんです。この青年なんか、車が走り去るまで、深々と頭を下げてましたからね」

「まだ納得できないって顔に書いてありますよ」

「いえ…」

「無理もないですよ。正直、私もよくわかりませんから…そうだ、今度、私が勧誘した娘たちと話してみたらどうですか」

「え？」

「心配しないでください。宗教やってても普通の子ですよ。ついでに相談にのってあげてください。中には人間関係とかで悩んでいるキャバクラ嬢もいますよ」

「……」

素晴らしいアイディアだ。彼女たちと腹を割って話せばきっと〈洗脳〉の秘密もわかる。うん、きっとわかる。

「それじゃ来週、勉強会にご案内しますから」

「じゃ、来週」

走り去るタクシーに、僕は深々と頭を下げた。

乗務員証
作成番号
乗務員氏名
事業者の氏名又は名称
運転免許証の有効期限
年 月 日
作成年月日
年 月 日
年 月 日撮影

平成の裏仕事師列伝 BEYOND 10

原発ジプシー

原子炉の真下に「金」と「死」が落ちている

取材+文＝平林和史 編集部

「裏モノJAPAN」2002年8月掲載

99年9月、原子力発電所で有名な茨城県『東海村』で起きた臨界事故を覚えておられるだろうか。ウラン取り扱いの過程で核分裂が発生した挙句、2名の行員が死亡。まさに背筋が寒くなる事件である。

放射能が人体に及ぼす危険性については今さら言うまでもなかろう。普通の神経の持ち主なら、原発になど近づきたいと思わないはずだ。

しかし世の中には、原発の仕事を求め、全国各地を渡り歩く『原発ジプシー』と呼ばれる人がいるらしい。作業現場は原子炉の真下。放射能を浴びることも覚悟の上だという。

もちろん、彼らも好きこのんで原発作業に従事しているわけではない。目的は１日３、4万という破格の報酬。言わば、自らの肉体を金儲けの道具として使っているのである。

２０００年9月半ばの昼2時。私は原発の町〝東海村〟の最寄り駅、ＪＲ東海駅に降り立った。

ロータリーにあるのは、郊外型の大型スーパーのみ。あたりでジャージ姿の女子高生たちがキャッキャと戯れている。一見、何の変哲もない田舎町だ。

「いやあ、遠いところわざわざすいませんね」

金子祐介（仮名、42才）氏は、約束どおりキヨスクの前で待っていた。人なつっこい笑顔、少しうだつの上がらなそうな風采は、過去に会った〝裏仕事師〟たちとまるで雰囲気が違う。

「今日はお休みなんですか」

「ええ。というか、今はちょうどオフでしてね」

原発の仕事は3カ月から5カ月がワンクールで、一仕事終わると、１カ月ほど休暇になるらしい。

「ま、とりあえず場所を移しましょうか」

彼の案内で寂れた街並みを歩く。原発はここから5キロほど離れた海岸通り沿いにあるそうだ。

「発電所のあたりは電柱が全部可動式になってるんですよ。じゃないと原発の部品工場の馬鹿でかいトレーラーが通れない。それでも通れなけりゃ電線ブッタ切って平気で停電させちゃいますしね」

「近所の人は怒らないんですか」

「ええ、こういう町ってのはモノ事がぜんぶ原発を中心に回ってますからね。文句を言う人間なんか1人もいませんよ」

間もなく我々は近くのカラオケボックスに到着。ウーロン茶が部屋に運ばれたところで、インタビューが始まった。

3カ月でサラリーマンの年収は稼げる

金子氏が原発で働きだしたのは今から5年前、37才のとき。勤め先の寮のルームメイトにダマされたのがきっかけだった。

「ソイツ、私の保険証を使ってサラ金の金をつまみやがったんですよ。12社から都合5

00万借りて次の日にドロン。ひどい話でしょ」

むろんそんな金を返すいわれはないが、「犯人が捕まるまでオマエが払え！」と督促は会社にまで及び、結局、「迷惑だから」とクビを切られてしまう。

「そのあとは金もなくて、廃校の小学校で寝泊まりしてました。メシはパン屋からパンの耳をもらってきたり、畑の大根を引っこ抜いたり。私、親が両方とも死んでて帰るところがないんですよ」

1カ月後、彼に社会復帰のチャンスが訪れる。職安に通ううち、〈原子力発電所の軽作業員求む〉の求人票を見つけたのだ。

「条件は1日8時間労働で月給20万円だったかな。けど、本当はもっと稼げるはずだってピンときて。原発の仕事が良い金になるって何かの雑誌で読んで知ってたんですね」

翌日、さっそく交番で交通費を借り、京都から大阪の事務所へ出向く。面接の担当者はヤクザ風の男だった。

「いきなり、『3カ月でサラリーマンの年収ぐらい稼げるぞ』って（笑）。聞いたら、職安に『給料が良すぎるのは困る』って言われて、求人票にはわざと安く書いたみたいなんですね」

3カ月でサラリーマンの年収と言われれば、確かに心は動く。が、あまりにハイリスクな仕事。放射能を浴びることへの抵抗はなかったのだろうか。

「そりゃなくはなかったですけど…。なんせ今日のメシにも困ってるような状態でしょ。背に腹はかえられませんよ」

こうして3日後、彼は、新潟県柏崎市へ向かうことになった。

「まず宿舎に入れられましてね。そこで原発作業員になるための手続きを済ませなきゃいけないんですよ」

宿舎は原発にほど近いビジネスホテル。50過ぎのオッサンからハタチそこそこのヤンキーまで、10人ほどの〝お仲間〟がいた。

「入所にはIDカードと暗証番号が必要なんだけど、それをもらうには病院の健康診断と〝ホールボディ〟と〝放管教育〟を受けなきゃいけない」

健康診断は何となく想像できるが、残り二つはどんな内容なのか。

「ホールボディは、体内の線量等量（被爆している量）を調べる検査ですね。入退所時の線量等量の計測が法律で義務づけられてるんですよ。つまり、それまでどのぐらい放射能を浴びてきたか事前に計っておこうってわけ。ちなみに、原発で働く人間は、年間50mSvまでしか被爆しちゃいけないことになってます（一般人の被爆量は1mSvほど）」

一方、〝放管教育〟では、電力会社の社員から、徹底的に放射能に関する知識を叩き込まれる。

「要するに安全教育なんですけど…。『中性子』だの『核分裂』だのってやけに難しくて。授業中は居眠りばっかりでした（笑）。ただ、自分の身に関わることだけは頭の中に残るんですよ」

彼によれば、発電所の中は、放射能汚染の度合いによって「A」「B」「C」「D」の4段階に分かれているらしい。「A」がほとんど汚染されていない安全なゾーンだとすれば、逆に最も放射能を浴びる恐れがあるのが「D」ゾーン。

彼が入るのは他ならぬ、この「D」ゾーンだった。

放射性物質が付けば皮膚麻酔で皮膚を焼く

翌日、朝7時に叩き起こされた彼は、ワンボックスカーに乗り初仕事に出かける。

「発電所に入る前にも、ウンザリするぐらいチェックを受けるんですよ。金属探知機からIDカードのチェック、人相の確認まで、全部で4、5回はあるかな」

作業員の装備も厳重だった。特にDゾーンの場合、ゴム手袋と作業着を二重に着込み、ゴム長を履いた上、ヘルメットと防護マスクを着用する。

「けどその作業着、布製なんですよ。しかも、洗濯して何度も使い回す。電力会社の人間は安全だって言ってたけど、ちょっとヤバイんじゃないかなって」

着替えが終われば、発電所内を奥へ奥へと進む。同じ会社の10人が〝1チーム〟だ。

「途中でも色々な作業場で人が働いてましてね。電力会社の人間は全部で3千人ぐらいいるって言ってたかな」

原子炉に突き当たった後は、エレベータと階段でDゾーンへ。そこは壁に無数のコードが張り巡らされたSF世界の工場のような部屋だった。

「いやあ、初めて入ったときはさすがに体が震えましたね。なんせ目に見えない放射能がいっぱい舞ってるんですから」

作業員の仕事は壁のネジの点検である。一回ハズし、もし壊れていたら新しいネジに付け替える。誰にでもできる単純作業だ。

「やり始めて5分ぐらいたったころかな、首から下げたアラームメーター（1日の基準の放射能を浴びたことを知らせる機械）がピッて鳴ったんで、すぐに作業を中断して、別の人間と交代しました」

作業が終わった後は、〝退室モニター〟と呼ばれるゲートで、体に放射性物質が付着していないかどうか検査を受ける。

「実は私、一回コイツに引っかかっちゃったことがあって。放射能が手首に付いているって言うんだけど、石鹸で洗ってもどうしても落ちないんですよ。こういう場合、皮膚麻酔で問題の箇所を焼かなきゃいけないんです」

ずいぶん荒っぽいやり方だが、電力会社からすれば、放射性物質を「外」に持ち出すわけにはいかないのだろう。

ちなみにDゾーンで1日に浴びる放射能は0・35mSvほど。週5日、3カ月間働けば20mSvをラクに越す計算だ。年間被爆量が50mSvに制限されていることを考えれば大変な数字である。

「ただ、毎日毎日Dゾーンに入るわけじゃなくて、B、C、Dってローテーションが組まれてる。B、Cあたりの1日の被爆量は0・01ぐらいだから、まあ、ひとまず安心なんですよ」

臨界事故の夜は一晩中、放射能を浴びていた

仕事以外の時間は宿舎でボーッと過ごした。他の者は風俗やパチンコで散財していたが、借金を抱えた身じゃそうもいかない。

「もっとも連中には小銭をずいぶんタカられましたけどね。やれ酒買ってこいだのタバコ買ってこいだの。この業界、完全なタテ社会で新入りはパシリ扱いなんですよ」

　そして迎えた給料日、彼は50万の金を手にする。が、喜ぶ間もなく親方からこう言われたという。

『もっとDゾーンに入れば給料あげてやるぞ』って。悩みましたけど、結局、金の魅力には勝てませんでした」

　翌月は半分ほどDゾーンに入って100万円、その次の月は毎日Dゾーンで150万円を稼いだ。

「金が貯まるのは嬉しいんだけど、Dゾーンで働き過ぎたおかげで被爆量が20mSv近くになっちゃって。これはヤバイなぁと」

前記したように、原発で働く人間は50ｍSvまで被爆が許されている。ところが、電力会社は、独自の基準で年間被爆量を制限しており、実際に被爆可能なのは20ｍSv程度。つまり、彼はその時点で向こう1年作業ができなくなったのだ。

「ま、仕方ねーかなといったんはあきらめたんです。けど定期検査の後で〝放管手帳〟を受け取って驚いた。なぜか被爆量がゼロって書かれてたんですよ」

この放管手帳には、どこの原発でどれだけ働いたかが細かく記されている。いわば、原発を渡り歩くために必要なパスポートのようなものだ。

「なんでゼロなのかはよくわからないけど…。ま、私はそんなの関係ない。原発で働ければいいんですから」

その後、彼は全国の原発を渡り歩く。1年間で平均2～3カ所。最近は柏崎→福島→東海村がパターンになっているらしい。

「面白いのは、行く先々で必ず見覚えのあるヤツと出くわすこと。『よう、あんた東海村にもいたよな』って。やっぱりみんなこの仕事のオイシサに辞められないんでしょうね」

ただ、体は確実に蝕まれていた。入所した途端、顔色は青くなり、体重が10キロ近く落ち、オフになるやいなや元に戻るのだという。

「血の止まりも悪くなりましたね。歯の治療とか受けると1日中血が流れっぱなし。実際、今じゃ白血球が25パーセントも増えてて」

「いままで、死への恐怖とか感じたことはないんですか」

「うーん。それがあんまり感じないんですよねえ。まだ大丈夫だ、まだ死なないはずだって。きっとどっか麻痺しちゃってるんでしょうね」

実は、彼は冒頭で述べた東海村の臨界事故現場にも居合わせていた。仕事はオフだったが、たまたま訪れた友人の家が現場のすぐ近くだったのだ。

「あの晩は飲み過ぎて車の中で寝ちゃって。気づかずに一晩中、放射能を浴びちゃったんですよ。同僚の話じゃ、3キロ離れた発電所の警報装置が一斉に鳴ったらしいですからね。あのときばかりは『死ぬんじゃないか』って真剣に思いました」

ホールボディ検査を受けた結果は、とりあえず〈異常なし〉だったらしい。

「誰にも知られず発電所に入れるんです」

インタビューも半ばを過ぎたころ、私は、「原発を見せてもらえませんか」と申し出た。ここまで来て〝本物〟を見ないで帰るのも惜しい。

「ええ、かまいませんよ。一般の見学コースは終わっちゃってるけど、煙突ぐらいなら眺められるところがありますから」

10分後、我々を乗せたタクシーは、原発近くの松林に到着。この並木道を抜けたところに発電所があるらしい。

「行きましょう」

並木道にできた大きな水たまりを避けながら歩く。

「あ、そうだ。せっかくだから面白いものを見せましょうか」

「面白いもの？」

「ちょっと来てください」

彼の後に続き、松林の奥へ分け入っていくと、〈立ち入り禁止〉のフェンスが現れた。見れば、直径50センチほどの大きな穴が補修されている。

「何です、コレ？」

「山菜を取りに来た連中が、穴をあけて発電所の敷地に入っちゃうんですよ」

「え、でも監視カメラがついてるじゃないですか」

「ええ。でも誰もモニターなんか見ちゃいません。ウソだと思うならちょっとカメラに近づいてみてください」

言われたとおり近づいてみると、確かにレンズはピクリともしない。

「でもまあ、これだけなら大したことじゃない。実はここから、誰にも知られず発電所の中に入れるんですよ」

「え!?」

金子氏が、その方法を得々と語り始めた。

まず、この穴から敷地内を真っ直ぐ歩けば、最初のゲートのチェックを受けずに発電所の前に出られる。その後、作業員になりすまし（事務所でテキトーな作業服に着替える）、発電所の入り口で入所に必要なＩＤカードを入手（この発電所の場合、全員のＩＤカードを入り口の下駄箱のようなところに集めておくらしい）。暗証番号はカードに記された数字の下4ケタか上4ケタを打ち込めば必ずヒットする（番号の打ち間違いは3回まで認められている）ので、あとは自由に出入り可能――。

「どうですか」

「……」

「実際、私自身、うっかり他人のＩＤカードで中に入っちゃ

ったことがあるんだけど、誰も気づきませんでしたから」

何十キロ先の海岸まで魚の死骸が…

さらに金子氏は、こちらの心の内を見透かしたようにこう切り出してきた。

「もっと怖い話、聞きたいですか？」

「…何です？」

「この原発、実は放射能を漏らしてるんですよ」

彼は言う。原子炉には、汚染された部品を運び出すための大きな二重構造の扉がある。これを使う際は、1枚目の扉を開け、いったん密室状態にした後、2枚目の扉を開ける決まりだ。

が、この原発では、単に面倒臭いという理由で、両方の扉を同時に開けてしまう。結果、原子炉が外気にモロに触れ、放射能が外に漏れ出すのだ、と。

「…信じられませんねえ」

「そうですか。けどそんなのまだ可愛い方ですよ。どことは言えないけど、大事故寸前まで行った原発もありますからね」

「というと？」

「冷却パイプの内側にヒビが入ってたんですよ。しかもそれに気付いたのが原子炉を動かす1日前。シャレにならないでしょ」

「…もしも動いてたらどうなってたんですか？」

「何十キロも先の海岸まで魚の死骸が浮かんだでしょうね」

彼の話では、その原発は半年以上稼働を見合わせたらしい。


松林を抜けた瞬間、急に視界が開け、広大な海が拡がった。その向こうに、紅白の鉄塔が見える。あれが原発か。

見ると、原発の前の海から温泉のように蒸気が立ち上っている。いったい何だろう。

「ああ、原子炉を冷やした水が出てるんですよ」

「大丈夫なんですか」

「どうなんですかねえ（笑）。一応、薬品で処理されてますけど、あそこの魚はカラスも食わないんですよ」

排水溝まで近づくと、不自然に美しいマリンブルーの水が流れ出ていた。グレーの海に1点、絵の具を垂らしたように見える。

「魚、釣ってる人がいますね」

「ああ、排水溝の前は魚が異常に大きく育つんで、結構、釣り人も多いんですよ。あんなところの魚を取って食おうってんだから、バカもいいとこでしょ」

そう笑う彼の姿を見て、「あなたの体もあの魚と同じなんですよ」と喉元まで出かかる。が、死を恐れぬ者には何の意味もないことばだろう。もしかしたら金子氏は死ぬまで原発で働き続けるのかもしれない。

《それから》

『おかけになった電話番号は、電波の届かない場所にあるか電源が入っていないためかかりません』

連絡すると、金子氏の携帯からはいつもこんなアナウンスが返ってきた。

「いや、別に電源を切ってるわけじゃないんですが、原発の中にいると放射能のせいで電波が届かないんですよ」

　取材の合間に聞くと、なんでもない顔でそう答える。

　携帯の電波を邪魔するほどの放射能とは、いったいどれほどの量を言うのだろう。

「またまたぁ、ボクを怖がらせようと思って。放射能に関係なく、施設内の壁が厚いからでしょ」

「うーん、どうなんでしょうね。みんな放射能のせいだって言ってますけど」

　別に私をからかおうという意図はないようで、金子氏は困ったような表情でクビを傾げる。恐らく人のいい彼は、同僚たちの自虐的ジョークをすっかり信じ込んでしまったのだろう。

　言い換えれば、そんな冗談がまかり通るほど、原発作業員たちにとって放射能は身近な存在ということか。

　記事ではあえて触れなかったが、金子氏の顔色はドス黒くくすみ、明らかに体調の悪さを物語っていた。死への恐怖はないが血が止まりにくくなったと笑う様子に、以前、ある原発関係者から聞いた話が頭をよぎる。

〈死ぬ前の労働者は、歯茎から血を流すんだよ〉

白血球が増えて抵抗力をなくした体は内出血だらけになり、赤い斑点が現れたら2～3カ月で終わりだと断言した。身近で何度も体験したが、厳しい箝口令が敷かれ表に出ることはない話だと。

一瞬、金子氏にそのことを言おうか迷ったが思い止まった。部外者の私が口にせずとも、彼は知っているに違いない。我々が想像もできない恐怖の実態を。

「くれぐれも体だけには気をつけてくださいね」

それだけ言って東海駅の改札で別れたのが、2年前の夏。金子氏は、子供のようにいつまでも手を振って送ってくれた。

以降も規模は小さいながら炉心冷却装置の水漏れやパイプの亀裂など、日本各地で事故が発生し、ニュースを見るたび、金子氏の困ったような笑顔を思い出した。

あれからどうしているのか。この夏、改めて携帯を鳴らすと、アナウンスが。

『おかけになった電話は、ただいま使われておりません。番号をお確かめになって…』

今年の正月に確か44才になったはず。死ぬにはまだ早すぎる。どこかの原発で、笑っていてほしい。

平成の裏仕事師列伝 BEYOND 11

出会《ドッキング》い工作人

責任をもってラブゲットまでお手伝い！ 万一失敗すれば報酬はいただきません

インタビュー＋文＝蓑田ケイジ フリーライター

「裏モノJAPAN」2003年1月掲載

11月某日午後6時30分、ＪＲ荻窪駅前。俺はどうにも落ち着かない心持ちで男を待っていた。

（まるで合コンの直前だよな。こんなの何年ぶりだっけ。てゆーかホントに来るのか、あのネーチャン？）

ブツブツ独り言を繰り返していると、目の前に1台のセダンが止まり、中から茶色のコートを着た男が現れた。

「あ、待ちました？　すいません。他の案件でちょこっと手こずってたもんで。どうぞ乗っちゃってください」

男の名は天野成良（仮名）。都内で小さな興信所を営む29才である。この年齢で探偵といえば最近はホストくずれの優男が多いが、茶髪にピアスの彼も例外ではない。口を開けばどこかナンパな雰囲気が漂ってくる。

「今日はイタリアン風の居酒屋なんですけど大丈夫でした？」

「ええ、もうどこでもお任せしますよ」

車は中杉通りを抜け、青梅街道を都心方面へ。片手でハンドルを握りながら天野氏が言う。

「あのコなかなかイイ女ですね。結構苦労したんですよ。割とマジメだったんで」

「まあ、遊んでる風のルックスじゃないですからね」

「でも簑田さん、今日はせっかくだから、仕事を忘れて思いきり口説いちゃってくださいよ」

セッティングじゃなくてドッキングなんです

話は1カ月前、とある青年誌でこんな広告を目にしたことから始まる。

〔出会いのチャンスが欲しいキミに、プロの探偵がセッティング〕

早い話、気になる異性がいたら出会いのきっかけを作ってあげましょうというものだ。

実は、この手の業務を行う探偵事務所はさほど珍しくなく、インターネットで検索をかければ、結構な数の業者がヒットする。ここ数年「別れさせ屋」などがマスコミで頻繁に取りざたされたせいか、多くの興信所が男女関係を取り持つ仕事に目をつけたのだろう。

ただし、それら業者のほとんどは、知り合う機会、つまり依頼者とターゲットが顔を合わせるまでのセッティングを仕事のフィニッシュとしている。いわば、お見合いオバサンのような役割だ。

対し、俺が見た広告は、それらと明らかに異なってい
た。後半に書かれたこのフレーズを読んでほしい。
〔責任をもってラブゲットまでお手伝い！
万一失敗すれば　報酬はいただきません〕
なんちゅう面倒見の良さ。必ずお付き合いにまでこぎ
つけさせてくれるというのか。ちょっとコレ、誇大広告
なんじゃないの。

さっそく電話をかけてそのあたりを聞いてみると、天
野と名乗る男は自信満々に答える。
「厳密にいえば、ウチはセッティングじゃなくてドッキ
ングなんです」
調子のイイやつだ。思わず、成功例はあるんですかと
聞けば、男は「バカにしないでくださいよ」と笑った。
「いいですか、知り合いたいってのは、要するにエッチ
したい恋人になりたいってことでしょ。だけど出会う機
会を他人に頼むような人間が、出会った後に自分の力だ

けで恋人になれると思います？　なれないでしょ。だからウチは最後まで面倒見るんです」

自信ありげな口調。もし本当ならば、かなり興味深い裏仕事師だ。すかさずインタビューを申し込むと、社名を明かさないという条件でＯＫが出た。その手腕、聞かせていただこうじゃないか。

が、単に取材するだけでは味気ない。いっそのこと俺自身が客となり、実際にそのドッキングとやらを成就させてもらうってのはどうだろう。

「アハハ、おもしろそうじゃないですか。まあ、料金は特別奉仕価格にしときますよ。で、どういう女のコにします？　あんまムチャな依頼はやめてほしいな」

かくして俺のラブゲット作戦は幕を開け、１カ月後の本日、いよいよターゲットとの対面式にこぎつけたのだ。

憧れの彼女は遠距離恋愛中だった

目的地の渋谷を目指して、車は走り出した。天野氏が口を開く。

「あのコ、やっぱりずっと狙ってたんですか？」

「ええ、まぁ」

依頼にあたり、俺がターゲットに選んだのは、××自動車ショールームの受付嬢だった。クルマ雑誌の仕事をしている関係でよく訪れる場所なのだが、いつも遠くから見るだけで声をかける勇気はなく、名前すら知らなかった。新山千春に少し似たあのコとうまくやれるなら万万歳だ。

「へえ、そうだったんすか。でも勤務先がハッキリわかってたんで助かりましたよ」

俺の依頼を受けた天野氏は、まず彼女の職場へ足を運んだという。

そこで名札から名前が「吉川」であることを確認すると、夕方、ショールームの閉館時間に合わせ、尾行を開始した。

「ウチの女性スタッフにやらせました。怪しまれにくいですからね。男女のカップルのほうがもっと安全なんですけど」

たどり着いた先は世田谷区某住宅街の小じんまりとした一軒家。表札には吉川とだけ書いてある。築20年ほどの外観は、サラリーマン生活でやっと建てたマイホームという印象で、いわゆる金持ち、良家のイメージはない。

その時点で、吉川嬢が独身で親と同居していることは判明したものの、下の名前や携帯番号、カレシの有無まではまだわからない。

「やっぱりフルネームと携帯番号あたりから押さえるわけですか」

「いや、とりあえず尾行を何日か続けてみるのが先だから」

出勤日は退社後に職場から、休日なら自宅から。行動チェックは約2週間も続いたという。

「誰だって半月くらい尾行してりゃ、だいたい私生活は丸裸に出来ちゃうんですよ。趣味とか、人間関係とか、金の使い方とかね」

吉川嬢はほぼ毎日が家と職場の行き帰りだったそうだ。情報入手のチャンスは、彼女が一度、女友達と青山の和風カフェで夕食を取ったときに訪れた。

「スタッフが真後ろの席で聞き耳を立ててたんですね。そしたら、相手の女が聞いたんだって。最近、カレシからメール来てる？　って」

「…やっぱ彼氏いるんですか」

「いやいや、まだ続きを聞いてくださいよ」

盗み聞きしたスタッフによれば、どうも事情が普通じゃなかったらしい。「向こうには日本語のソフトがないんだって」「英語がイマイチだから授業がツライみたい」といった会話が聞こえてきたというのだ。

「てことは、カレシは海外留学中？」

「そうです。遠距離恋愛ですよ。これはチャンスだと思いましたね。寂しいって顔に書いてるようなもんですからね」

え、○○駅？ 私の家もすぐそばです

そこから今日の会合のセッティングまではどう進んだのか。

「まずセオリーは、同性の工作員を知り合いにさせることですね」

男性には男性、女性には女性を近付ければ警戒心を持たれにくいと彼は言う。とはいえそうそう簡単に知り合いになんてなれるものか。ならば俺も女友達を使って片っ端か

ら…。

「ですよね。でもそんなことに協力してくれる友達っていますす？　尾行までしてくれる子なんて」

「難しいすよね…」

「ウチにお金払う人って、やっぱりそこに価値を認めてくれてるんですよ。毎日毎日最大限動きますからね」

最大限。たとえば今日の相手、吉川嬢と近付くために使った手はこうだ。

まず、女性工作員が彼女の勤めるショールームへ赴き、受付で荷物を預かってもらう。その後、忘れたフリを装っていったんショールームを出て、外から電話をかける。そちらで預かってもらったモノを忘れてしまった。今日中に取りに行きたいが、どこかで受け渡してもらうと非常にありがたい。ウチは世田谷の××駅が最寄りなので…。むろん、駅名は尾行情報からデッチ上げたもの。そんなこととは露知らず吉川嬢は工作員に答える。

「え、××駅？　ワタシの家もすぐそばなので、帰りがけにお渡ししますよ」

必然的に「念のため携帯番号を」となり、荷物の受け渡し後工作員が「お礼を」とお茶に誘った。

「忘れた荷物の中には、海外留学のための書類を入れさせてたんですよ」

「それを見た彼女が、彼氏も留学してるんですと口にして…」

「ええ。で、それなら今度相談に乗ってくれないかって具合に持って行ったわけです」

「2人きりじゃなく4人で」

「そうです。でも勝負はまだこれからですよ。ガンガン攻めちゃってください」

2人は車中で打ち合わせを進めた。天野氏は女性工作員のカレシで、俺はその友人。そして吉川嬢の趣味は…。

車は山手通りから国道246号に入り、目的地の渋谷にさしかかった。コインパーキングに車を停め、宇田川町のイタリアン風居酒屋へ。

木製の重厚な扉を開けて奥に進むと、4人掛けのテーブルに女が向かい合って座っていた。1人は、ショールームでしばしば制服姿を見かけたあの笑顔の持ち主だ。マジ？ホ、ホントに来ちゃってるよ…。

2次会でイケちゃうかもしれませんよ

「あ、先に来てたの？　ちょい待たせたかな。ゴメンゴメン」

天野氏がカノジョ役の女に向かって、つっけんどんな声で言う。

「ええと、こいつが彼女のメグミ。で、えーと…」

「あ、彼女はこないだ知り合ったの。吉川さん」

「吉川です。初めまして」

「よろしく。簑田です」

すぐに4人席は、天野氏とメグミ、俺と吉川チャンが並んで座るフォーメーションとなった。口説きの基本は隣り合わせ。この辺り、ソツがない。

乾杯をした後は、とりあえず4人でワイワイ。といっても、天野&メグミコンビは適度にネタを振ってくれるだけで、過剰な煽りはない。あくまで自然な出会いを演出し

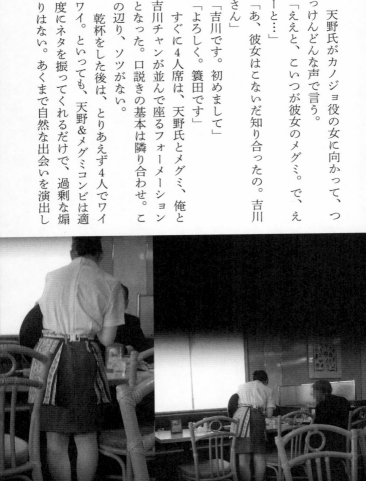

ようというのか。そんな作戦で大丈夫か？

　このような2対2の飲み会の経験は、誰しもお持ちだろうとは思う。友人とその彼女、そして彼女の女友達。紹介などを受けるときにありがちなシチュエーションだ。そういった場合、友人の彼女は、中立かやや女友達寄りのサイドに立っているもの。自然、無茶なことはしにくい。

　しかし今日は違う。天野&メグミコンビは全面的にこちらの味方なのだ。もっと何か策があってもいいだろうに。

　流れに従うしかないか。幸い、連中コンビは2人だけで頻繁に会話し、両方ともほぼ同時に電話やトイレに立つことで、俺たち2人が話しやすい状況を作ってくれている。

「あれ、あそこのショールームってもしかして……××の？」

「え、ウソ、来たことあるんですかぁ？　アタシ、受付やってるんですけど」

「俺、仕事でよく行ってるよ。メチャクチャ偶然じゃん」

他にも、彼女が本屋でデービッド・ベッカムの写真集を立ち読みしていたこと、インテリアショップで1人用のソファを物色していたこと、旅行代理店の店頭でアジアンリゾート系のパンフレットをいくつか持って行ったこと等々、2週間の尾行で得られたデータはすでにインプット＆予習済み。適した話題を出すことなどたやすいもんだ。

ふと、俺がトイレに入ったとき、後ろから天野氏の声がした。

「ションベン、ゆっくりでいいですよ。今、メグミが簑田さんのこと必死で立ててますから。今日、2次会でイケちゃうかもですよ」

「マジで？　こんなんでイケちゃいます？」

俺はビビってチビりそうになっている我がムスコを、ズボンの奥に仕舞い込んだ。

女は強引に落とせるが、男はソノ気にさせないと

ここで天野氏の過去の工作実績について触れておこう。

彼が探偵業を始めたのは今から3年前。六本木のホストクラブを辞め、某大手興信所で2年働いた後、独立して事務所を開いた。

スタッフは、正社員兼社長の彼1人。昔の後輩や、ホスト時代に知り合ったキャバ嬢をバイト扱いで雇うことにした。

ただこのご時世、単に「探偵やってます」では、客は集まらない。選択は2つに1つ。少々キワモノ的な個性を打ち出してニッチな線を狙うか、あるいはすっぱり事務所を閉めるか。

氏は前者を選んだ。ホスト時代に、男女関係の機微は学んだつもりだ。そいつを生かして「出会い工作」ってのはどうだろう。しかもどうせなら最後まで面倒を見てやるってのは？

果たして、氏の元には男女を問わず依頼が集まって来た。毎日顔を合わせる人妻をなんとかモノにしたい、好きなコがいるんだけどどうしていいか悩んでいる、不倫でもいいから憧れの先輩を振り向かせられないか…。

どれもこれも、勇気さえあれば自分でアプローチできそうなものだが、できないからこそ彼らは真剣に相談を寄せてくる。

初めて受けた仕事は、女性からの依頼だった。フィットネスクラブのインストラクターとして働く27才の彼女は、月に2、3度、プールに来る外国人男性が気になってしょうがないと氏に告げた。

自分の持ち場はプールじゃないので接点はゼロ。英語もロクにできないため、自分から話しかける勇気もない。どうにかならないか。

氏に策はなかった。ターゲットが女ならダマすなりいきなり寝るなりで強引に落とせても、男は本人にソノ気がなければ前に進まない。ホスト時代の体験から、彼はそう読んでいた。

それでも彼女を助けてやると決めたのは、他の依頼者があまりに無茶な注文ばかりつけてきたからという、消極的な理由に過ぎない。

彼女の相談を聞き、彼が出した条件は手付け金40万、成功報酬20万。決して安くない額だが、本人は二つ返事で承諾した。

この金額設定について、彼は解説する。

「料金は言い値ですけど、手付けの方は成功しなくても返さないんで、割合高めに取っちゃいますね。でも変な話、ある程度高い方がみんな納得するんですよ」

ちなみに以後も値段交渉の際に彼は、必ず次のように説明するという。とりあえず30万で動くだけ動く方がいいか、50万かかるけど確実に結果を出す方がいいか。相手のことで頭がいっぱいになり判断力を失った依頼人は、必ず50万を選ぶそうだ。

さて件の外国人男性だが、工作法は、今回の吉川嬢とまったく同じ。1週間の尾行による身辺調査からスタートし、企業向けの英語教師と判明したところで、男性工作員を同じフィットネスクラブに送り込んだ。

あとは友達で英語が勉強したいコがいると彼女本人を紹介するだけだ。実際にご対面までこぎつけたのは、依頼からわずか2週間後のことだった。

そしてここからいよいよドッキングと相成るわけだが…。

「それが相手の男、日本人のカノジョが3人いるような軽いヤツでね。勝手にウマクやってくれたんですよね」

わずか2週間で60万円。当てずっぽうで始めた仕事は、幸先のいいスタートを見せた。

チャットの女を一晩30万で

が、その後も同種の依頼をこなすうちに、やはり対面まではうまく運んでもその先に進めないパターンに悩むこととなる。

それだけで十分満足する者、すなわち個人的に展開をスタートさせる客もいるにはいるのだが、これでは普通の出会い工作屋と変わらない。調査力を誇る他社にいずれ敗れるだろう。

術は一つしかなかった。依頼人が女性なら、まずその容姿によって仕事を受けるか受けないかを決める。つまりは「逃げ」だ。そして依頼人が男性ならば、ある手段を用いて…。

たとえば金融系に勤めるサラリーマンからこんな依頼があった。毎日、某ライブチャットのサイトで話をしている女のコを落としたい。なんとかしてくれ。

そのサイトは、過激さよりアイドルっぽい女のコが出てくるのがウリで、せいぜいブラチラ、パンチラくらいしか拝めない。男が恋焦がれている相手はミーナという女だった。

「俺、最初は断ったんです。だってその男、全然かっこよくないし、女のコはアイドルみてーだし」

が、どうしても男は引き下がらない。考えあぐねた彼は、あるアイデアを提示した。

「付き合うのははっきりいってムリです。だけど、一発ヤリたいっていうんなら努力してみましょう。手付け30、成功報酬50でどうですかって」

天野氏が取ったのは、なんとも強引なやり口だった。

まず、チャット事務所から彼女を徹底的に尾行。といっても、通いで働いていたため、出番が終わった段階で待ち伏せすればいいだけである。

住所がわかれば、今度は毎日、彼女の留守を狙って郵便物をあさりまくる。と、数日後に同じ名字の男性からの郵便物が入っていた。父親だ。

「これがビックリしたんですけど、彼女のオヤジが東北の県議だったんですよ。検索サイトで試したらポーンとヒットしたから」

賢明な読者ならその後の展開は察しがつくかもしれない。そう、彼は直談判を仕掛けたのだ。

お願いだ、ある会社の御曹子があなたのことをいたく気に入っている。が、事情があって恋愛はできないので30万で一晩付き合ってほしい。

彼は頼み込んだ。ネット上で彼女が披露するパンチラ姿と、父親の当選写真を見せながら。

「最初は渋ってたけど、結局はオーケーしました。金が欲しかったんでしょうね」

こうして、金に物を言わせるオドシ作戦がメニューに加わった。

恋人としてではなく、あくまで一晩のお付き合い。女性依頼者ならば考えられない願望も、男性には受けた。

が、むろんこれは異端戦術。「最後まで面倒」メニューのメインは他にある。そしてそれは、俺の目の前で展開されることに…。

ダメ押しですよと、取り出したのは

時計を見れば夜の10時。居酒屋を出た我々一行は、とあるバーへと向かった。

1次会でさんざん飲んでしゃべったせいか、吉川嬢もずいぶんリラックスしたようで、ときおりプライベートな話も漏れ聞こえてくる。

一方、天野氏はメグミと完全にイチャイチャモード。吉川嬢のさみしさをわざと煽ってくれているかのようだ。

と、彼女がトイレに立った瞬間、目の前で信じられないことが起きる。天野氏が上着から小さなカプセルを取り出し、飲みかけのマンハッタンに白い粉をたらしたのだ。

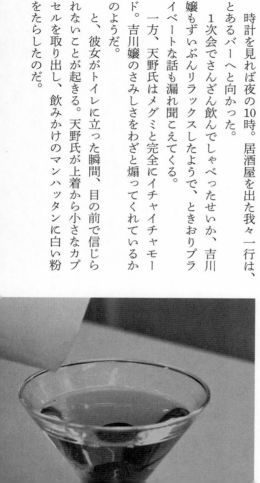

「ミンザイですよ。大丈夫、酒と飲んでも気分悪くならない薄いヤツだから」

「でも…」

「ダメ押しですよ、ダメ押し」

「いつも使ってるんですか」

「ええ、最初は客のアイデアだったんですけどね」

なんでもその依頼人に頼まれるまま、ターゲットがトイレに立った隙に半分だけ注入すると、1時間後、男は酩酊状態の彼女を抱きかかえるようにしてホテル街へ消えたという。

以来、天野氏のポケットの中には常にこの魔法の粉が用意されているそうだ。

「最後まで面倒」という言葉の裏にはこんな工作が隠されていたのだ。でもこんなことが許されていいものか…。

ひそひそ言葉を交わす2人と、笑ったままのメグミ。3人の待つ席に戻った吉川チャンは、赤くなった頬を片手で押さえながらグラスに唇をつけた。

翌日、俺は謝礼の意味を含んだ報酬を手渡すため、再び天野氏のもとを訪ねた。

「あ、どうもです。どうでしたか吉川チャン？」

「ええ、まあまあね」

「ははは。今ね、ビデオダビングしてるんですよ」

「ビデオ？」

「どうしてもうまく行かない女がいたんですよ。何度か依頼人と会わせたんだけど、向こうが気持ち悪がっちゃって話になんないの。しょうがないんで、ビデオでカンベンしてもらいました」

なんと彼はターゲットの女を自ら口説き落としてハメ撮り、そのビデオを依頼人に渡そうというのだ。せめてもの償いのつもりなのだろうが、取りようによれば嫌がらせでしかなかろうに。

「いや、これが結構楽しみにしてた（笑）。手付け20の、成功30だったかな。で、昨日はどうだったんです？」

イタズラに尋ねる彼。あそこまで手はずを整えてもらえば、どうもこうもない。満足したことぐらい、こうして成功報酬を持ってきたことからもわかるだろうに。

Timberland
シード

平成の裏仕事師列伝 BEYOND 12

ホームレス家電リサイクル屋

東京・山谷で『電気屋』と呼ばれる男

インタビュー＋文＝仙頭正教 編集部

「裏モノJAPAN」2008年8月掲載

今年4月下旬、ニュースで厚労省の『ホームレスの実態に関する調査』が発表された。東京都のホームレスは3796人。前年比減少率は全国一らしい。報道によれば、05年から都が実施した『3千円アパート事業』が大きいという。公園や河川にテントを張るホームレスに、1ヵ月3千円でアパートを貸し与え、その後2年の間で就労自立を目指してもらう支援制度の効果で、ホームレスが減ったというのだ。が、この『3千円アパート事業』、一方で問題も抱えていた。2年後、普通に生活するレベルまで達していなくとも、公園や土手に戻ることはまかりならぬと定めていたのだ。再び小屋を建てた場合は、ソク撤去がルールだ。

が、あれから2年以上が過ぎた現在、果たしてどれほどのホームレスが自立に成功したのか。アパートを追い出され、以前よりヒドイ暮らしを強いられている者の方が多いのではないのだろうか。

40日に1回、都にテントの中を見せる

東京・浅草から隅田川を登ること2キロ。橋を3つ越えたあたりから、周囲の様相は一変する。

土手には青いテント小屋が、簡易宿泊施設（ドヤ）の並ぶ通りには無職オーラ全開のオッサンがパラパラ。台東区清川界隈。通称・山谷である。

『3千円アパート事業』が始まった3年前の5月、俺は日本最大級のこのドヤ街に潜入し、ホームレスたちと寝食を共にした。

山谷には山谷のコミュニティが存在していた。住人同士の助け合いやグループ間の派閥。青テントの中での雀荘、小屋を作って20年の大工、中にはホームレスの女を囲っているヤクザもいた。

特に印象深いのは『電器屋』と呼ばれていた初老の男性である。男は、小屋の前に、テレビ、洗濯機、冷蔵庫、クーラー、温風ヒーター等、拾いモノを修理し露店を構えていた。ばかりか、業者にも卸しているというから、立派なリサイクル屋と言っていいだろう。

男を訪ね、今年5月上旬、3年ぶりに山谷に足を運んだ。

テントの数は半分以下になっていた。青テントの雀荘も、仲良くなったホームレスたちの小屋も、すでにない。皆、あの後、居を別にしたのだろうか。

見覚えのある綾瀬橋のたもとに大型ダンプが止まっていた。その隣で、これまた見覚えのある男が、役所の人間らしき男性と会話している。間違いない。電気屋だ。

話が終わるのを待って、話しかけた。ひさしぶりです、仙頭です。

電器屋、五十嵐弥民（58才）は俺を覚えていなかったようだ。が、特に訝しがる様子はなく、3年前の出来事を話すと、日焼けした顔が途端に柔らかくなった。

「今日は監査の日でさ。40日に

隅田川沿いの遊歩道に店を構えて12年。ホームレス仲間の信頼も厚い

1回、小屋を壊して、中を見せなくちゃいけないんだ。ゴミを持ち過ぎてたり、死体があったりするといけないからって。ま、早く出ていけってことなんだろうけど」

3年前、大量にあった家電品はどこにもなかった。リサイクル屋はもう廃業したのか。

「やってるよ。言ったように、今日は監査だから、とりあえず業者に買い取ってもらったんだ」

口ぶりは快活だ。電気屋は、3年後の今も現役だった。

流通会社のコンテナに《お宝》が捨てられていた

そもそも山谷は戦後、労働需要の高まっていた高度成長期に、日本最大の寄せ場として賑った。五十嵐が流れて来たのは28年前、30才の頃で、当時は労なく、毎日のように仕事にありつけたという。

「今みたいにモノを拾って生計を立てるなんて想像もしなかったよ」

五十嵐がリサイクル業を始めたのは14年前、知り合いに誘われ、大手流通会社の敷地内のコンテナに、ゴミとして捨てられた銅線を拾いに行ったのがキッカケである。当時、銅線は、キロ800円が買い取りの相場。金になる話だった。

「けど、現場に行ったら、業者がどっさり回収してきた家電品がどっさり捨ててあってさ。試しに、小ぎれいな冷蔵庫を持ち帰って、発電機で動くのを確認した後、リサイクルショップに持ってったら3千円で買ってくれたんだ」

翌日は3台、その翌日は洗濯機も合わせ5台を回収した。が、リサイクル屋が、そうそう毎度買い取ってくれるわけでもない。

「だったら、小屋の前に並べてりゃ売れるんじゃない

五十嵐本人。右手の先のリヤカーは相棒のような存在

3年前の商品倉庫。
テレビ、ラジカセ、コンポ、
ビデオデッキなどが揃っていた

かって、自分でリサイクル屋を始めたんだ。もちろん最初は全然ダメだったんだけど、2カ月ほどたったころ、偶然、ある人が目に留めてくれたのさ」

リサイクルショップが買い付けを行う市場に、中古品を流す業者だった。買い取り額はショップよりも下がるが、年式の新しいモノなら、毎日でも引き取ってくれるという。願ってもない話だった。

翌日からは日に何度もコンテナを往復し、10台以上の家電ゴミをリヤカーに乗せた。冷蔵庫、洗濯機、乾燥機。程度のいい家電品を入手するためには、マンションや団地の不燃物置き場にも足を伸ばした。結果、売り上げは、日によっては3万円近くにもなった。

「そのうち、修理も始めるようになってさ。小屋の横の運送屋がオレを応援してくれてて、そこの部長さんが元電気屋だったんだ。専門的なことは、ぜんぶ部長さんに教えてもらったよ」

500キロのゴミをリヤカーに乗せ問屋へ

開業5ヵ月。それまで見向きもしなかった通行人が興味を示し始めた。日本人ではない。山谷周辺に数多く住む中国人や韓国人が、五十嵐の噂を広めた。

——隅田川の土手にリサイクル屋がある。量販店の半額だ——。

来日したばかりの外国人が、基本的な家電品を一式揃えるため、五十嵐の店を訪れた。客はアジア人のみならず、パキスタンやイランの人間

監査のため、壁と天井を取り払った五十嵐の小屋。ゴミは大型ダンプで回収される

もいた。

「業者に卸してる分も併せて、そのころは月に60万ほど稼いでたんじゃないかな」

しかし、『リサイクルショップ五十嵐』の好景気は最初の1年半で終わる。ちょっとしたトラブルで買い取り業者との縁が切れたのが大きな痛手になった。

その後は、別に知り合った他の業者に買い取ってもらったり、露店販売でシノいだものの、売り上げは全盛期の3分の1。そこに、さらなる災難が五十嵐を見舞う。家電リサイクル法の制定だ。

98年6月に実施されたこの法律により、不要となった家電品をゴミ置き場に捨てるのは厳禁、有料で専門業者に引き取ってもらうのがルールとなった。当然、五十嵐の太い入手ルートである流通会社も、家電ゴミの開放をストップしてしまう。

「いやぁもう焦りまくったよ。でも、捨てる神あれば何とかで、ちょうどそのころ、家電の問屋の存在を知ったんだ。見た目が良好なら壊れていても買い取ってくれるっていうから張り切ったよ」

もっとも、リサイクル法が施行された状況では、自分1人でブツを集めるのは困難。そこで五十嵐はホームレス8人を使い、家電ゴミを集めさせ、問屋に流す値段の6掛けで買い取った。

猫を抱く姿はどこか物悲しい

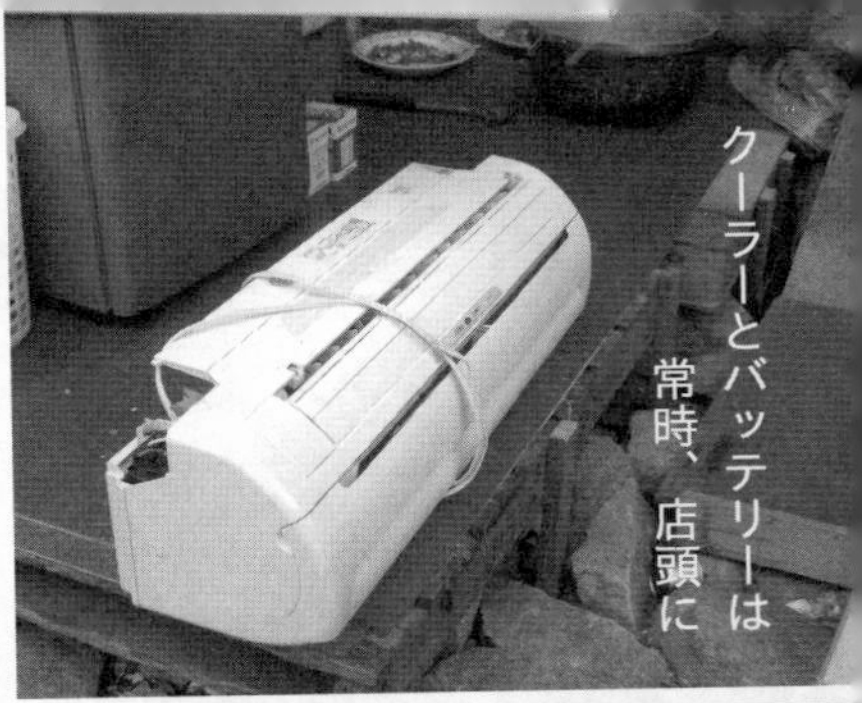

クーラーとバッテリーは常時、店頭に

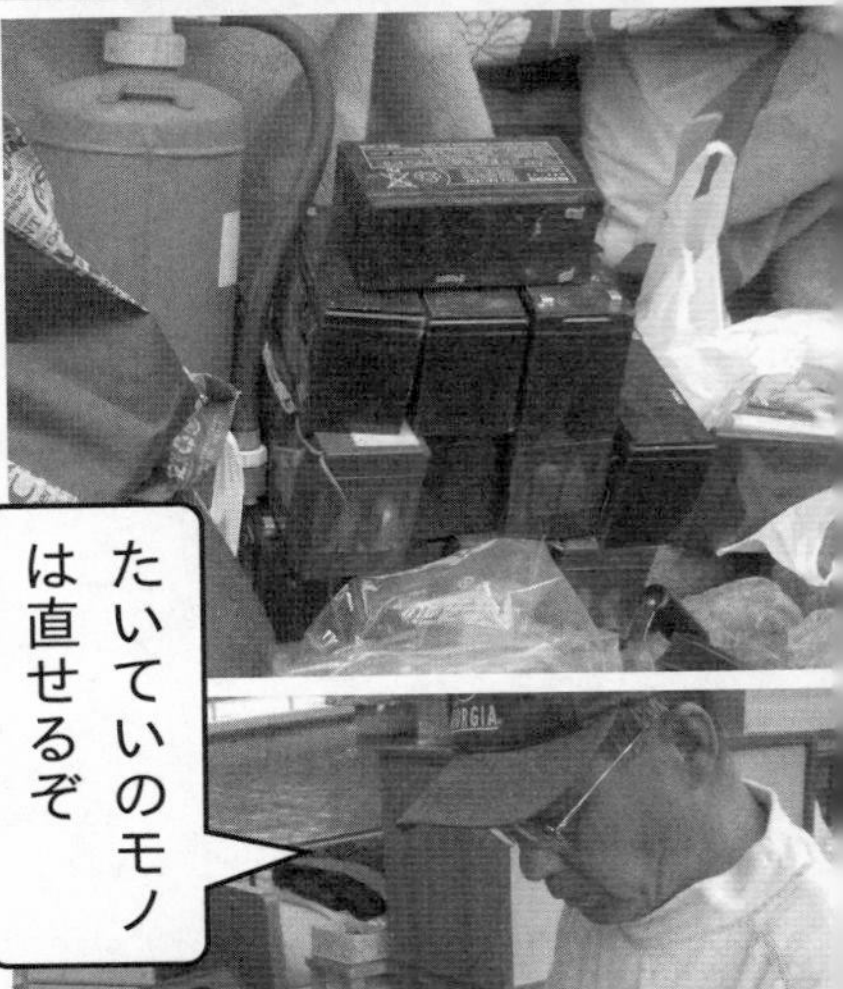

「テレビだのエアコンだの冷蔵庫だのをリヤカーに乗せて問屋まで運ぶわけだ。重量は優に500キロを超えてたんじゃないか。でも金欲しさに5キロの道のりをえっちらおっちらと、さ」

儲けは1回でだいたい2万5千円。それを週1ペースでこなした。

「そうこうしてると、オレの小屋を見て、逆に家電ゴミを引き取って欲しいって人が現れてね。これもリサイクル法の効果だな」

修理技術に定評アリ。仲間の発電機の故障を診てやることも多いとはいえ、引き取りはほとんど金にならない。例えば14～21型のテレビは無料、それ以上でも1千円程度だ。そのうち、客になってくれればいいという程度の意識だった。

「とにかく、何でもやらないと食っていけないだろ。欲しい電化製品があれば探しますって、こっちから声かけたこともあったよ」

一度、21型液晶テレビのリクエストが入った。手持ちはなく、10日探しても見つからず、結局、くだんの問屋から逆に8千円で買い取り、1万円で売った。利益2千円。雀の涙だ。

「一度、客を増やすために裏DVDを売ろうとしたこともあるよ。ヤーさんの摘発かなんかで、時々、土手に無修正のが大量に落ちているんだ。100円のメディアを買って来て、DVDに焼いて。そこまではやったんだけど、やっぱり止めた。…もうパクられるのはヤダからな」

そう呟く五十嵐の左手に、小指はない。

2010年、隅田川から小屋が無くなる

他のホームレスと同様、五十嵐も若い頃の話には口が重く、切れ切れに話す。

仕入価格表

2008年9/1

商品	仕入値
7(白)	100
1(白)	50
7 外国メーカー/ビデオ付き	500
7(黒)国産、アイワAV端子付	800
9(黒)	300
黒)	400
20(黒) ソニー・シャープ・パナ	1100
黒)	600
黒) ソニー・シャープ・パナ	1400
ソニー	1100
バズーカ	1000
シャープ、パナ	1000
平面ブラン管	100
ソニー	1400
バズーカ	1200
シャープ、パナ	1200
)	300
(ビデオ付き)	100
リーン ~41	1000
リーン 42~	1500
ビ -13	3000
ビ14-17	3500
ビ18-20	4500
ビ21-24	5500
ビ25-27	7000
ビ28-30	8500
ビ31-32	10000
ビ33-35	12000
ビ36-37	14000
ビ38-41	16000
ビ42~	20000
14	300
15	800
17up	900
19up	300
ニター 12~13	400
ニター 12~13(本体付)	300
ニター 12~13(下)	150
ニター 14	4000
ニター 14 (本体付)	3900
ニター 15	5300
ニター 15 (本体付)	5200
ニター 17	6000
ニター 17 (本体付)	5900
ニター 19	6300
ニター 19 (本体付)	6200
ター 14 (ソニー、日立)	500
ター 15 (ソニー、日立)	600
ター 17 (ソニー、日立)	700
ター 19 (ソニー、日立)	800
本体(CDrom無)	500
本体(CDrom付)	900
本体(Cdrom付、celeron)	1050
本体(CDrom付、pentiumⅠ)	1000
本体(CDrom付、pentiumⅡ)	1100
本体(CDrom付、pentiumⅢ)	1350
本体(CDrom付、pentiumⅣ)	2400
TE P/C	700
TE P/C (celeron)	3500
TE P/C (pentiumⅠ)	1500
TE P/C (pentiumⅡ)	3800
TE P/C (pentiumⅢ)	5600
TE P/C (pentiumⅣ)	13000
TE P/C (下)	300

商品	仕入値
A/C 室内機	1400
A/C 室外機	3800
A/C 窓型	3000
A/C 窓型 (下)	2400
アンプ(黒)120-149W	1200
アンプ(黒)150-184W	2000
アンプ(黒)185-249W	4000
アンプ(黒)250-299W	5000
アンプ(黒)300W-	6700
アンプ(上)	1700
アンプ(下)	1200
エコライザー	900
カセットデッキ(黒)	200
カセットデッキ(白)ピアノ	200
カセットデッキ(白)プッシュ	100
CD player (大)	500
DVD recorder (大)	800
DVD recorder (小)	500
DVD player (大)	300
DVD player (小)	100
DVD ポータブル	1000
CLD プレーヤー	500
ラジカセ(大)	600
ラジカセ(中)	300
ラジカセ(小)	100
ラジカセ(小)1スピーカー	500
CDラジカセ コブラ	1800
CDラジカセ コブラ(下)	1300
CDラジカセ ソニー	2100
CDラジカセ コンポタイプ	2100
CDラジカセ(大)	1200
CDラジカセ(中)	450
CDラジカセ(小)	150
ミニコンポセットNEW一体(上)	8000
ミニコンポセットNEW一体(普)	6500
ミニコンポセットNEW一体(中)	4000
ミニコンポセットNEW一体(下)	2300
ミニコンポセットNEWバラ4段	6300
ミニコンポセットNEWバラ4段(下)	3200
ミニコンポセットOLDバラ5段(上)	13500
ミニコンポセットOLDバラ5段(中)	9500
本体NEW一体 (普)	2700
本体NEW一体(中)	1900
本体NEW一体(下)	1100
本体NEWバラ4段	3800
本体NEWバラ4段(下)	1600
本体NEWバラ4段(線無)	100
本体OLD 一体4段	1100
本体OLD 一体5段	2200
本体OLDバラ4段	2500
本体OLDバラ5段	4800
本体OLDバラ5段(線無)	1500
スピーカーNEW一体(普)	3500
スピーカーNEW一体(中)	1800
スピーカーNEW一体(下)	1000
スピーカーNEWバラ4段	2200
スピーカーNEWバラ4段(下)	1300
スピーカーOLD 一体4段	400
スピーカーOLDバラ4段、一体5段	1500
スピーカーOLDバラ5段	2400
ウーファー (車、コンポ用)	1000
スピーカー 2WAY	500
スピーカー 3WAY	1700

商品	仕入値
ビデオカメラ (ケース有)	400
ビデオカメラ (ケース無)	300
デジタルビデオカメラ (ケース有)	2000
デジタルビデオカメラ (ケース無)	1500
デジタルカメラ	300
一眼レフカメラ	100
カメラスタンド	100
ミシン(直)	2200
ミシン(Z)	2000
ミシン(直)箱無し	1300
ミシン(Z)箱無し	500
工業用ミシン	3200
半工業用ミシン	2000
ロックミシン (鉄)	2000
ロックミシン (プラスチック)	1000
ミシン 802	26000
ミシン 804	22000
ミシン 801	15000
ミシン 805、811,813,815	11000
ミシン 670	4500
ミシン 672,680	10000
ミシン 817,5000	4500
ミシン 6000,7000,8000	9000
ミシン 801 (箱無)	9500
ミシン 802 (箱無)	15500
ミシン 804 (箱無)	13500
ミシン 805,811,813,815 (箱無)	7000
ミシン 670(箱無)	2200
ミシン 672,680(箱無)	6000
ミシン 5000,817(箱無)	2200
ミシン 6000,7000,8000(箱無)	5000
ミシン(コンピューター)	700
編み機(プラスチック)	1800
編み機(鉄)	500
編み機 821-861,900番	3500
編み機 871,892,893,894	6500
編み機 880,881,890,891	8500
編み機 260、264	15500
カーステレオ (TAPE) 線有	900
カーステレオ (TAPE) 線無	600
カーステレオ (CD/MD) 線有	400
カーステレオ (CD/MD) 線無	300
カーステレオ (TAPE&CD) 線有	1600
カーステレオ (TAPE&CD) 線無	1500
CDチェンジャー	200
カースピーカー	200
カーアンプ	200
プレーステーションⅠ	1700
プレーステーションⅡ(30000未満)	2000
プレーステーションⅡ(30000以上)	4500
プレーステーション(コントローラー)	250
XBOX	700
FAX(黒)	300
携帯電話	100
携帯電話(上)V801SA、V801SH	1000
電話(コードレス付)	200
エレキギター	2500
ギターアンプ(大)	[illegible]
プロジェクター	[illegible]
キーボード(音響)	[illegible]
草刈機	[illegible]
VTR BETAMAX/8mm	[illegible]

商品	仕入値
ウォークマン(TAPE)	100
ウォークマン(CD、MD)	100
マイク	50
腕時計	50
釣竿	50
リール	50
ミキサー(音響)	400
無線機	100
石油ストーブ	800
アルミホイール(タイヤ付)	1200
アルミホイール(タイヤ付/軽	600
チェーンソー(エンジン)	1300
チェーンソー(電機)	500
触媒(大)	8000
触媒(中)	4500
触媒(小)	3000
触媒(特大)	1600
触媒(トラック用 2t クラス)	1050
触媒(トラック用 4t クラス)	1850
ミニ冷蔵庫	700
全自動洗濯機 (ステンレス)	800
二層式洗濯機	700
バッテリー (KG)	65
産業用バッテリ(KG)	55
バイク用バッテリ(kg)	35
湯沸し器、 (KG)	172
ガスメーター (KG)	143
モーター、発電機、溶接機(KG)	75
トランス (KG)	140
銅管(皮付き) (KG)	370
雑電線 (KG)	260
雑電線(上) (KG)	330
三本線	460
一本線	60
銅管、雑電線(皮むき)(KG)	60
A/C 室外機 (大) (KG)	13
A/C ラジエータ (KG)	35
車ラジエーター (KG)	12
雑品 (KG)	2
ブレーカー (KG)	22
鉛、タンニュウー (KG)	6
込み真鍮 (KG)	36
アルミ (KG)	1
アルミサッシビス付 (KG)	14
アルミホイル(タイヤー無し) (KG)	2
鉄屑 (kg)	2
ステンレス (KG)	1
TV特上(平面、日本メーカー)28~29	10
TV特上(平面、日本メーカー)32~	20

「問屋」の買い取り価格表。中古市場に出回らないモノほど高値が付き、現在はミシンが最も オイシイらしい

手が付けられなかった。オヤジが心配していた。ヤクザ。懲役が長かった。面会に来たお袋がオヤジが転んで死んだと言った――。

28才でヤクザを抜け山形から上京。山谷に落ち着くまでの2年間は、スポーツ新聞で見つけた10日契約の現場バイトで雨露をしのいだという。

「その間、一度だけ実家に帰ったことがあるんだけど、玄関の前でオフクロが塩を持ってて入れなかった。それから一度も帰ってない」

過去は語りたがらない五十嵐だが、綾瀬橋のたもとでテント生活を送るようになって以降の暮らしは、口が滑らかだ。

「そこからオレの人生が始まったって言ってもいいな。リサイクル屋はヤリ甲斐あったし、女にもモテたぞ、うひひひ」

最近まで付き合っていたのは、店にふらふら訊ねてきた48才の女らしい。1つ駅の向こうに住んでいる子持ちのアル中だった。

50過ぎの売春婦とも仲良くしていた時期もある。あちこちの小屋を渡り歩き、最終的に五十嵐の店に辿り着いた。この女もまたアル中だった。

「いちばん印象に残ってるのは30才の女でな。3年ほど前、ふらってやって来て、泊めてやったんだけど、ジュースと果物しか食べねーんだ。で、昼になると歌を歌ったり踊ったりしてる。何か変な女だなぁと思ってたら、誰かがその歌はオウム真理教のやつだって教えてくれて。ちょっといい女だったけど、1週間で追い出したよ」

現在、五十嵐の景気は決してよろしくない。月収は良くて15万円。あいかわらず、問屋への卸しがメインだ。

「クーラー、バッテリー、ゲーム、コンポ、液晶テレビ。何でも拾ってくる。でも、冷蔵庫は衛生上の

通りかかったオバサンに猫の赤ん坊を譲る。
近隣住人の評判はいい

問題で毛嫌いされて、もう引き取ってくれない。一時期30台以上あって、それを全部、ステンレスの風呂釜に入れ焼いたことがあるよ」

五十嵐が居と店を構える隅田川土手。2年後の2010年には、一帯から小屋が無くなるらしい。都によって、強制的に立ち退きさせられるらしい。

そのとき五十嵐は60才。上手くすれば、生活保護が受けられるかもしれない。

「いや、オレはそんなもの期待してない。最近、ディスカウントの会社からたまにバイトに呼ばれてるんだ。体が元気なうちは頑張って働きたいよ」

2年後、機会があれば、また五十嵐の元を訪ねてみたい。

平成の裏仕事師列伝 BEYOND 13

人捜し屋

警察が音を上げた行方不明者も見つけます

インタビュー＋文＝北野ナツヲ
フリーライター

「裏モノJAPAN」2003年6月掲載

3年前の正月、某広域指定暴力団の幹部を取材していたときのことだ。

「そういえば、桶川ストーカー事件の容疑者、沖縄に逃げてるみたいだね」

刺殺された被害者の元交際相手が指名手配される前の話である。重要参考人として警察やマスコミが血眼になって行方を追いかけていた時期に、幹部氏はあっさり所在を口にした。

なぜそのことを？　尋ねる私をすっと交わして、氏は本題へ。結局、詳細は聞けず仕舞いだったが、2週間ほど後、私の携帯に連絡が入った。

「例のストーカー事件のあいつ、北海道で死んだよ。自殺ってことになるんじゃないか。あんた、興味ありそうだったからさ」

屈斜路湖で容疑者の入水死体が発見されたと発表になるのは、その翌日のことだ——。暴力団関係者を取材していると、彼らの調査能力に驚くことがしばしばある。世間で騒がれている事件の裏事情だけでなく、取材する側、つまり私の個人データまで先刻承知だったりするから、正直、恐ろしいほどだ。

「それがオレたちの仕事だから」

前出の幹部氏、谷崎明氏（仮名、45才）は言う。現在、氏は自ら一家を構える組長の立場にあるが、【人捜し】のプロフェッショナルとして裏社会では知る人ぞ知る人物だ。同業者関係の依頼はもちろん、ときには警察からも仕事が舞い込むというから、実力は推して知るべし。決して表には出てこない、【人捜し】のノウハウを聞いた。

金遣いの荒い関東者がススキノのカジノにいる

人の捜し方なんてヤクザも警察も一緒だよ。刑事ドラマでやってるだろ。残された証拠を集めて、交友関係を洗い、居場所を推測していく、って。あれ。

ただうちには、命令ひとつで動いてくれる若いのが日本全国にいる。傘下が弱い地域でも、上の人間に挨拶して筋を通せば別の組の連中も協力してくれるしな。

去年、売上金2千万を持ち逃げしたカジノクラブの雇われ店長を見つけてほしいって仕事があったんだ。

いつもは店を閉めた後、翌朝の7時までにオーナーのところに金を持参するのに、昼を過ぎても来ない。ヤサ（部屋）に荷物は置いたままだったんで帰るんじゃないかって、オーナーは他の従業員を張り込ませて、実家にも人を送ったらしいんだけど空振り。で、オレんとこに依頼が来たわけ。

こういう場合、回収した金は取り半ってのが決まりだから、時間との勝負なんだ。

で、さっそく店の従業員たちに聞き込みをかけたら、その店長ってのが根っからのギャンブル好きだったってわかった。店でイヤというほど負ける連中を見てただろうに、他のカジノ店にハマってかなりの借金まで作ってやがったんだな。

そんな男が逃げる先は、間違っても寂れた漁師町なんかじゃない。カジノ店のある繁華街しかありえないんだ。

すぐに都市圏を中心に枝の組に宛てて『こういう男を見かけたら連絡をくれ』って顔写真入りの同報ファックスを流したよ。情報1件につき2万。身柄確保10万の賞金付き

人
下記
見かけた方
謝礼金
渡しています。
下記迄ご連絡下さい
万円 お渡しし
お願いします。
488

でさ。

安い？　いやいや、いまはシノギがキツイから、10万のバイトなんていえば若い連中が張り切っちゃうんだ。

案の定、すぐ福岡から返事が来たよ。夕べいた金遣いの荒い関東者がこの男に間違いない。ただ、今日は顔を見てないからどこかへ行ったかもしれないってさ。

結局、そこから北に逃げて、1週間目にススキノから「いま、カジノで派手に遊んでます」って電話が入った。そのまま身柄を確保してもらって、若い衆に連れてこさせたけど、警察と違ってうちらは容赦ないから着いたときは体中、青アザだらけだったな。

金は、時間が経ってたし、さほど残ってねーだろって思ってたんだけど、コレが銀行口座に1200万もあった。借金の返済で600使って、ホテル代と遊び代に200万。案外、ケツの穴の小さい野郎で助かったよ。

本名で加入した保険が命取り

谷崎氏の最大にして最強の武器は、全国津々浦々まで広がるネットワークだ。当局が〝広域指定〟と定めるほどの組織力と、仕事で培ってきた人脈。プラス、氏には特別強

力なルートがある。それは【警察コネクション】だ。

詳細については堅く口を閉ざすが、どうやら谷崎氏は若いころ、警察官を拝命していたらしい。当時の絆は立場を異にしても途切れることなく、互いの職務で活用されているのだ。

もともとオレが【人捜し屋】なんて呼ばれるようになったのは、組に入ったころ、金融業をやってたせいなんだ。〝十三〟〝十五〟が当たり前のヤミ金だから、逃げるヤツもいる。オレはそいつらを全部、見つけ出して落とし前をつけさせたのよ。

当時はオレも売り出し中で、舐められてたまるかって意地を張っててさ。担保物件や保証人で金は回収できるんだけど気が収まらなくて、本人をわざわざ捜し出して謝らせたわけ。

けど、それがウワサになって、ヨソからも【人捜し】の依頼が舞い込むようになるんだから、何が幸いするかわかんねぇよな。

金融でそこそこ稼いで出世もしたけど、オレにはこっちの仕事の方が性に合ってたんだろうな。今はどうだろ、年に4、5千万はいってるんじゃないかな。

もちろん努力もしてるよ。あんたが言うように、この商売は人脈が命だから、日ごろから、ありとあらゆる職業の人間にコネクション取れるよう心がけてる。

例えば、行きつけのガソリンスタンドで、目端の利きそうな従業員と顔なじみになっとくのも一つ。缶コーヒーをおごって身の上話を聞いたり、休憩時間にメシをおごったりさ。そしたら人間、いざ頼みごとをされたら断れないもんなんだよ。

今はどの電話会社にも協力者がいるよ。それこそ電話１本で番号調べはもちろん通話記録まで出してもらえるし、役所や郵便局、電力会社、銀行、信用金庫、それに警察にもそれなりのルートは持ってる。

ええと、いつだったかな。金を持ち逃げした代議士秘書を捕まえて欲しいって依頼がきてな。選挙が近いし、表沙汰になればイメージダウンだから内密に捜してくれってわけだ。

これはラクショーだったな。いつも飛行機で移動してるヤツだから、とりあえず航空会社を当たってみたら一発ビンゴでよ。札幌行きの便に乗ったのがわかったんだ。航空券は慎重に偽名を使ったのに、旅行保険は本名で入っちゃったんだな。

依頼人の話じゃ、弟が札幌に住んでるってわけ。それだ！　ってすぐに飛んだよ。そしたら、虫の知らせでもあったのか、ちょうど本人が玄関から出てきたとこでさ。そのままウムを言わさず手錠をかけて身柄確保だよ。

実働は北海道の往復を入れても5時間弱。それで1500万円回収だから、半分の750と報酬金で850万。年に数えるほどだけどラッキーがあるからこの商売、辞められないんだよな。

愛人はカードを持たされている

警察庁の統計によると、一昨年度、捜索願が出された行方不明者の数はおよそ10万人にのぼる。日本全国で、毎日266人あまりが家出している計算だ。10代の〝プチ家出〟など、捜索願が出てないケースも含めれば、いったい何万の人たちが失踪しているのか見当もつかないのが現状という。

オレんとこに依頼がくるのは、依頼人の立場上、警察に届けられない行方不明者ばかりだよ。で、その代表が愛人捜し。ヤクザの組長や地元会社の社長、市議会議員のじいさんなんかが、若いおネーチャンに逃げられて泣きついてくるわけだ。

依頼は直接、オレに来るんじゃなく、上の人間を通してとか、つきあいのある代議士秘書からとか、だいたい誰かの紹介ってのがパターンだな。

正直、女の場合はそんなに難しくないんだ。男がいたり、知り合いを頼って逃げるのがほとんどだから、電話の通話記録が残ってる相手を中心に直接、聞き込みをかけりゃいい。金をちらつかせるか、「おいコラ」でやれば、たいていは口を割る。

それに愛人ってのはクレジットカードを持たされてる場合が多いから、カードを利用すれば債権管理データから瞬時に逃げた先が特定できるんだよね。

これが主婦ともなればもっと簡単。パチンコにハマってヤミ金に駆け込み、その挙げ句ってケースが多いんだけど、元々金がないだろ。ホテル暮らしが続くわけもなし、友だちも結婚してりゃそう長居はできず、結局、実家を張ってりゃ必ず見つかるよ。

そういえば、ある若頭が20も年下の愛人に3回逃げられて3回ともオレが捜し出したことがあったんだけど、可愛さ余って憎さ百倍っていうか、4度逃げられないようにカンボジアかどっかの置屋に売っ払っちまったって話を聞いたなぁ。

警察がらみの依頼は無報酬が基本

俗に〝裏組織の調査力は警察より上〟と言われる。全国23万の警察に対し、暴力団員総数は8万人。だが、彼らのネットワークが谷崎氏の言うように、構成員だけでなく一般人や警察をも巻き込んでいるとしたら…。

仕事を受ける基準っていうのは、ズバリ報酬額だよ。最低でも100万はもらわないと受けない。けど、例外もある。警察からの依頼だよ。

もちろん、正式な仕事ってわけじゃない。オレが情報をもらってる連中から「いまこんなヤツを捜してるんだけど…」って、曖昧な形で話を振られるんだ。

持ちつ持たれつだから、情報があれば遠慮なく流してやるよ。傘下の組員に手配がかかれば上と相談して自首を勧める代わりに、刑を軽くしてもらったり。

例えば、手形詐欺で指名手配になった犯人がいたとするわな。そうすると、その犯人は絶対、詐欺った手形を換金したがるはずだろ。どこで換えるかっていったら、ヤミ金ブローカーを頼るしかないんだよ。

最近、一番金になったのは、ヤクザ者を詐欺って逃げた不動産会社の社長を捜した一件かな。4億だか5億だかの土地を地上げさせて、そのまま現金1億2千万持ってトンズラこいたっていうんだ。

何でも、組関係の連中と10年近くのつきあいだっていうわけ。つまり、オレたちを完全になめてるんだよ。

ただ、そいつもバカじゃないから準備は万端だった。妻子とは半年前に別れ、会社も計画倒産。となれば、永住覚悟で高飛びしたに決まってる。

取引のあった連中に聞き込んだら、簡単に情報が上がってきた。野郎は毎年ラスベガスや韓国へギャンブル旅行をしていたっていうのよ。捜すにゃそれがわかればもう十分さ。

オレはまず、警察に被害届を出させた。××会社社長にこんな手口で詐欺に遭いました、っていうね。いや、これは適当でいいの。警察がヤクザがらみの詐欺事件なんか本気で捜査するわけないし、単に、出国情報を取りたいだけだから。

ほら、いくら警察に協力者がいても、事件でもないのに航空会社に手配をかけられないだろ。で、調べてもらったら香港行きの飛行機で出国したのがわかったんだ。で、海外の連中に社長の人相書きを送った。

あのね、日本人がいない国なんてないの。しかも、ヘタ打って組をおん出たヤクザくずれとかさ。そういう連中に手配を回したんだ。今はインターネットっていう便利なもんがあるから、写真をスキャニングすりゃ世界どこでもクリック一発だ。

1カ月もしないうち、社長はオーストラリアで見つかったよ。南半球に行きゃあ、逃げ切れると思ったんじゃないの。シドニーのカジノに入り浸ってるとこを地元の連中に捕獲してもらった。日本じゃあまり知られてないけど、あの国は世界一のギャンブル大国なんだよな。

依頼人に調査結果を報告すると、「自分で行く」って、速攻、すっ飛んでったよ。その後？　億の金をカタギに持ち逃げされたんだ、それ相応のケジメをつけたんだろ。依頼人は貸金庫に預けてあった1億円分の金の延べ棒を持ち帰ったけど、社長が戻ったって話は聞かねぇなぁ。

人知れず尋ね人を捜し出す谷崎氏は、またその逆も可能なのかもしれない。

「最近は物騒な依頼も多くて困っちゃうよ」

そう苦笑する氏の顔はなぜか怒ったようにしか見えなかった。

平成の裏仕事師列伝 BEYOND 14

デリヘルGメン

新人講習、違法行為のチェック、ライバル店潰し、一切合切お受けいたします

インタビュー＋文＝室町一休
フリーライター

「裏モノJAPAN」2003年5月掲載

郵便受けに入っていたデリヘルのチラシ。試しに呼んでみっかと電話をかけたら、やって来たのが20才のナイスバディ。フェラは最高、感度も抜群。おまけに、御法度のはずの本番もすんなりできちゃった。ええのうデリヘル。また呼ぼうっと——。

裏モノ男性読者の中には、同じような体験をした方がいるに違いない。確かに、1万5千円程度で若い娘と最後までヤレたら、その後デリヘルにどっぷりハマっても不思議じゃない。

しかし、これをいったん業者側から見たら、迷惑極まりない話である。本番行為の噂

が流れたら、即刻営業停止、下手すりゃ摘発も免れない。

それでなくとも、男性客と1対1の密室プレイである。当然、中には変態も危険人物もいるだろう。結果、嫌気が差し、店を辞めていく女性がいるであろうことも想像に難くない。

「とにかく、デリヘルのオーナーや店長さんは、いっつも頭痛めてはりますわ。女のコに危険がないか、いうことももちろんですけど、逆に手抜きせんと真面目に仕事してるか、いうことも含めてね。なんせ、客の部屋に入ったら、何しようがチェックしようがありませんから。ま

ぁ、だからこそ、僕みたいな仕事が成り立ってるとも言えるんですけど」

前田学（仮名）氏、35才。デリヘル経営者の命を受け、客のフリをしながら、時に新人にサービスの手順を教え、時に本番・クスリを諌める、人呼んで《デリヘルGメン》を肩書きに持つ男だ。

この、世にも珍しい、いや恐らく日本に1人しかいないであろう商売は、いかにして誕生したのか。大阪ナンバの喫茶店に現れた、TOKIO・長瀬似の男が、饒舌に語り始めた。

月16万のデリヘル遊び

元々ね、人一倍スケベな男やったんですわ。小学校の低学年でエロ本を漁り、中1のとき初体験を済ませ、高校時代はブスでもデブでもヤリまくって。オナニーも日に2、3回はしてましたか。

高校卒業後はすぐに信号機の部品工場で働き始めましてね。そこの先輩がまた飛田新地のチョンの間が大好きで。もう狂ったように遊んでました。

一応29才で結婚したんやけど、病気はなかなか治らへん。カミさんには、きっちり4年前に逃げられました。

身軽になった言うたらそうなんやけど、やっぱり寂しい。んで、郵便受けに入っとったチラシ見て、初めてデリヘルに電話したんですよ。『G』いうとこです。

40分ぐらい待たされたんかなぁ。おニャン子クラブの新田恵利ちゃんみたいな24才のOLが来まして。このコがほんまにエロくて、追加料金も払わず1DKのキッチンで立ちバックですわ。

当然、勘違いしますわな。デリヘルって安いホテトルやんか。これはバンバン呼ばな損やろ〜って。

で、次の日は別のコに来てもうたんやけど、これがまるっきりマグロ。

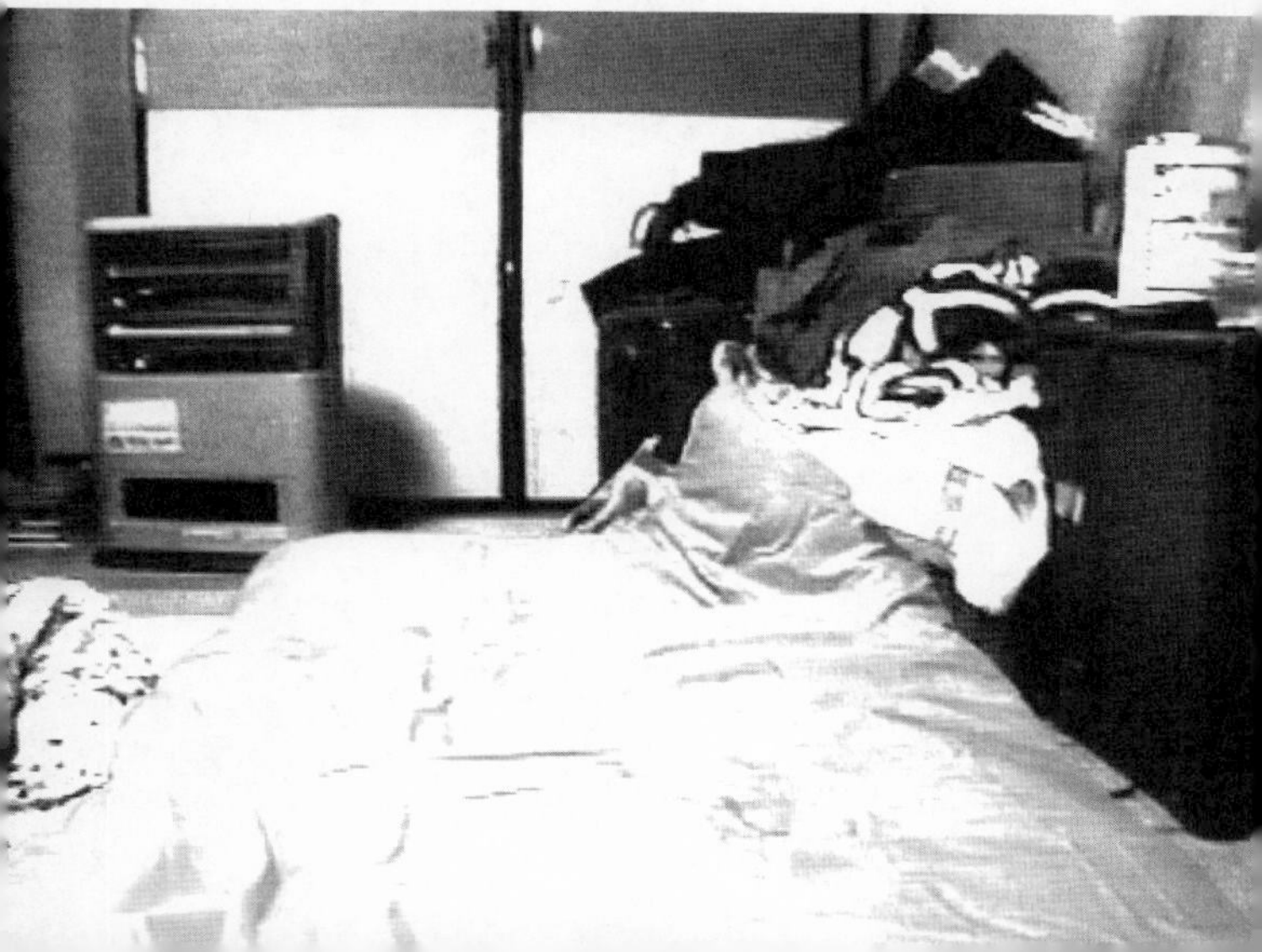

オッパイを舐めてもボーっとしてるだけで、もちろん挿入なんてトンでもない。んで、しばらく遠のいとったんですけど、デリヘルってやっぱお手軽やないですか。2カ月もたたんうちに、また呼び出したんですわ。しかも、今度は週に3度も。料金は40分1万3千円やったから週に4万弱。そう、月16万ですわ。もう毎日カップヌードルや食パンばっかり食うて(笑)。

ま、その分、業者とも仲良うなりまして。交通費免除してもうたり、女のコに差し入れしてもうたり。ツユだく牛丼付きのデリヘルなんて、ほんまにボクぐらいちゃうかな。

女のコにサクラをあてがったらよろしいがな

忘れもしませんわ、平成12年の6月のことです。

実はボクね、昔からマリファナが好きで、時々1人で楽しんでたんやけど、その日はついガードが緩んで、デリヘル嬢と一緒に吸うてたんですわ。

そしたら、次の日に、電話がかかってきまして。

「おい、オマエ！　自分が何しでかしたかわかっとんのやろな！　説明してもらおうやないかい！」

『G』の店長ですわ。いうても知らんのです、この人のことは。電話番や運転手とは顔見知りやけど、店長とはいっぺんも話したことない。

それが何をいきなり怒鳴っとんねんって、こっちも頭きますわな。ほんで「何やコラ！」って返したったら、店長が言うんですわ。

「昨日女のコがフラフラで帰ってきたんや」

アチャー、ってなもんですわ。聞いたらすでに女のコ、クビにした言うてるし、そら、もうビビるしかないでしょ。当然、ケツ持ちのヤクザも一緒におると思ってたしね。

呼び出された場所は、意外にもコンクリート作りの工務店だった。応接室に通され、緊張の面持ちで革張りのソファに座る。ドアが開き2人の男が現れた。1人は店長、そしてもう1人はパンチパーマの中年男。てっきり極道かと思いきや、男は工務店の社長。彼が店のオーナーだった。

いきなり、オーナーに「どうケジメつけるんや！」とやられました。覚悟はできとりましたよ。店の女のコをヤメさせたんはぜんぶボクの責任やし、金はないけど、殴って済むもんなら、気の済むまで殴ってくれ、みたいな。

そんときですわ。いきなり馴染みの運転手の男が応接室に入ってきまして、「前田さん、こんなトコで何してますのん？」って。

そこで、オーナーと店長も初めてボクがどんな人間か気づいたみたいで。コイツが有名な《週3》の前田か、なんて笑ってる。いや、ほんまに、偶然とはいえ助かりました。そこから何か知らんけど、全然違う雰囲気になって、マリファナのことなんかどうでもエエいう感じで、オーナーがボクに聞いてきよるんです。

「キミ、男前やのに、なんでデリヘルなんかに大金落とすんや。いくらでもヤリ放題とちゃうん？」

「いや、コレばかりは好きだからとしか言いようがありまへんわ」

「他の店のサービスは、ウチと比べてどうや？　自分なら知っとるやろ」

「は、はぁ…」

「電話の応対とかちゃんとでけてるか？」

「いや、普通やと思いますよ」

「それがな。女のコが長続きせ〜へんねん。どうしたらええやろう」

脅されに来たのか、相談を受けてんのか、ワケわからんようになってきて、ボク言うたったんです。

「女の子にサクラあてがって調べたらよろしいがな」って。

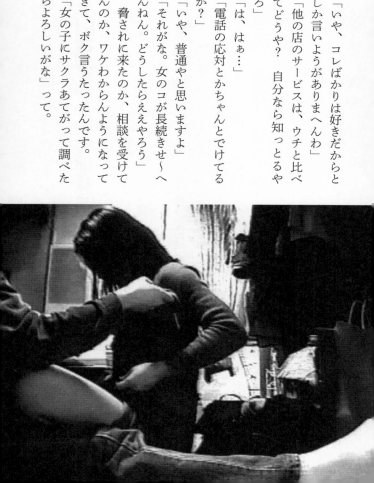

この一言が、今の仕事につながっていくんですわ。

三田寛子みたいな地味系の20才がやってきた

もちろん、そのときは、はよ帰りたい一心で口からデマカセ言うただけです。ただ、社長がウンウン頷くもんやから、引っ込みがつかんようになってもうて。そしたらハッタリかまさな、しゃあないでしょ。

「オーナー！　風俗初体験の女のコはね、最初についた客ですべてが決まるんです」

「ほぅ、そらどういうことや」

「いや、これは長年、風俗で遊んできたら誰でもわかることなんやけど…。可愛くてテクもあって長続きしてるコは、み〜んな『最初にいいお客さんに会ったから』と言うてるんです」

「ほうほう」

「心苦しいことを承知で申し上げますわ。オーナー自ら体験入店のコの講習なんてカッコ悪いから止めなはれ。ボクに回していただけたら、絶対に《楽しい仕事》と思わせますよ」

ムチャクチャですわ。マリファナのことを棚に上げて、自分に初物の女のコを回せ、言うてるんですから。けど、オーナーにしてみたら、説得力あったんでしょうね。

「よっしゃわかった。そこまで言うなら、前田君に2、3人任せよか」

ホンマ、信じられん展開ですわ。

ま、そない言うても半分冗談やろと思うとったら、さっそく次の日の晩に女のコが来たんですね。三田寛子みたいな地味系で玄関でガチガチ震えとって。ハタチで家事手伝いやって言うとりました。

まぁ、とにかく部屋に上げて、「コーヒー飲むか?」なんて言いながら、

間違えて紅茶を入れて（笑）。いやー、正直、こっちも動揺しますやん。

けど、女ってほんまに不思議な生き物ですわ。顔はえらい強張ってんのに、ベッドに誘って下着の中に手を入れたら大洪水ですもん。

フェラはめちゃめちゃ不器用でしたね。でも「あ〜せい、こうせい」言うて、デリヘルは面倒臭い仕事やねんなと思われたらアカン。

「気持ちええわぁ〜」

必死に演技しながら、つま先をクイッって伸ばして。マリファナの件があるから、もう必死ですわ。

しかも、終わった後は彼女のアソコをティッシュで拭いてあげ、新しいバスタオルまで用意して。なんで、ボクがここまでせにゃならんの（笑）。

ま、その甲斐あってか、後で店長から聞いたら、「明日も頑張ります」なんて言うてたみたいで。とりあえずホッとしましたね。

で、次の週に2人目の女が送られてきまして。今度は人妻ですわ。ダンナに内緒で借金抱えたとかで、初っぱなからめっちゃ重た〜いムードで、正直イヤでたまらんかった。

急いで射精して、肩抱きながら「頑張りや〜」言うたら、その女、帰るとき「ありがと〜。今度は指名してね」って涙流して。なんでやねん、泣きたいのはコッチやがな、みたいな（笑）。

独り身の男にはH以外の心遣いを…

オーナーの信頼を得た前田氏は、その後、週に1～2人ずつ新人講習をこなしていく。ギャルっぽいコ、いかにも事務系のコ。それぞれにタイプの違う彼女らを気分よく仕事させるコツは、とにかく早くイクことらしい。

「昔から連射OKのピンサロで鍛えとったんでね。30半ばでも、そのへんは問題ないんですわ」

報酬も出るようになった。女のコ1人につき1万円（後に2万）。安月給の身には、実にオイシイ副収入だった。

1年前の真夏日、例によって店の指示で、繁華街のラブホで女のコを待ってたときのことですわ。《コンコン》って音がしてドアを開けたら、相手は誰やと思います？　アパートの斜向かい、小奇麗な一軒家の奥さんですわ。そらもう松嶋菜々子似のベッピンさんです。

奥さんも見覚えがあったんやろね、「ごめんなさい、部屋を間違えました」って。ほな何号室に行くねん、いう話ですわ（笑）。ロ、ポカーン開けて、ワケわからんようになってたなぁ。よっぽどショックやった思うわ。

けど、そないいうても、コッチは一応客やからね。乳ぐらい揉みますやん。そしたら声を漏らして、スゴイのなんの。単なる欲求不満だったんですわ。

がんがんしゃぶらせて、オメコ突きまくって。どうせ、これ以上は店におられへんでしょ。

まぁ、そんな好き放題やれるんは滅多にないにしても、3カ月で30人ぐらいを相手したんかな。そのうち残ったんが20人ほど。オーナーも上機嫌で寿司とかオゴってくれるんですけど、今度は、「容姿と気立てのいいコにテクを仕込んで、稼ぎ頭に育ててくれ」とか、ムチャ言わはるんです。

そんなもん、まず無理ですわ。ソープとか、ヘルスと違うて、デリヘル嬢はガムシャラに働かんでしょ。

フェラチオいうても、人によって好みは様々やしね。どうやって仕込むか、逆にコッチが教えてほしい、ちゅうねん。

んでも「ボクにはできません」とは言われへんいうか、言いたなかったいうか。で、また思いつきで言うたんです。

「オーナー、んなことより、接客態度やマナーを叩き込んだ方が、売り上げにつながりまっせ」

「そら、どういうことやねん？」

ほんまアホみたいに目をギラギラさせてねぇ。ドコまで言わせるねん、いう話ですわ。

「玄関先では男の靴も整え、脱いだ服をそっとたたませたらどうでっしゃろ？　デリヘル好きの男は寂しがり屋が多いから、ググッときまっせ。他の店にはない心遣いですやん」

「おっ！　それはたしかに、ええアイデアやな」

ま、サービスも時と場合によりますけど。例えば、彼女がおる客のトイレットペーパーを、三角折りにしたらアカンでしょ。あと、風呂の排水溝に詰まった長い毛とか、香水の匂いもヤバヤバやし。

で、実際にどれだけの効果があったかというと、これが確実にリピーターが増えたいうから笑いますわ。ほんま、テキトーに言うとるだけやのに。

女のコを罠にハメてオーナーに通報

昼間の仕事は、去年の春に辞めました。オーナーに、新しくTいう同業者を紹介してもうて、毎月30万は稼ぐようになったんで、アホらしてやってられるかいって。

同時に店舗型のヘルスも紹介されたんですけど、こっちは「そんなもんいらん」って断られました。デリヘルと違て、女のコはきっちり管理でけてる、と。

けど、この一件で、なんや知らんけど営業魂に火がついたいうか、自分を売り込まな損やと思い始めましてん。

近所の街に出向いてチラシをゲットして、電話かけまくりましたわ。「オタクの女のコの仕事ぶりをチェックします」いうて。

大半の店はボロクソですわ。「キミ、病院行った方がええで」とか、全然、本気にしとらん。

でも、1軒だけ「採用した女のコがすぐに辞めてまう」と嘆いとった、Hいう店のオーナーが興味を示してくれまして。この人、30才で脱サラして、デリヘルを開業した変わりモンですねん。

んで、試しに会うてみよかって喫茶店で話したんですけど、そこでオーナーが言いよる。

「売春してるかもしれへんコがおるから、確認でけへんかな」

んな大事なこと、第三者のオレに言うてええのんか思たけど、オーナーでは、本人に辞められるのが怖くて聞けへんと。そしたらボクが確認しますで、と。

で、部屋にきたコいうのんが、顔もスタイルも並でね。これで指名がバツグンはありえへんと思うたら、プレイ中、自分から「挿れて〜」やもん。こら、アカンでしょ（笑）。

ま、これは例外中の例外ですけど、基本的にデリヘルのコは金に弱いから、ちょっと色付けてやれば本番させるコは多いんですわ。

そこでね。オーナーとボクは考えるワケです。新規のライバル店のコに小遣いやって、本番の味を覚えさせる。んで、その後、警察にチクったら、早いうちにその店は潰れる、と。悪い男やねぇ（笑）。

オマエだけは絶対に殺したる

新人講習で1カ月10人、2年半で300人。他にも様々な依頼をこなし、気がつけばデリヘル嬢相手に500発以上も射精を繰り返していた。

「よく続く？　そら、オーナーさんが怖かったからねぇ。というより、誰だって喜んで続けるんとちゃいますか」

否定はできない。確かに、女を抱いて年間400万を得られるような幸せな仕事は、日本中、ドコを探しても、見つからないのだから。

嫌なこともけっこうありまっせ。アソコから緑色の膿を垂れ流した女や、白いブツブツがオメコ一面にできたヤツ。正直、病気女は少なくない。

でも、一番コワイのは逆恨みですわ。いるんですよ、逆上して、イヤがらせしてきよるアホが。

半年前ですわ。175センチぐらいある背の高いコが来ましてね。初めての割には礼

儀もサービスもしっかりしとるから、これはめっけもんや〜なんて構えてたんです。

　そしたらコトが終わって腰が抜けましたわ。髭ですよ、髭！　そいつニューハーフやったんです。

　人工オメコが見事で見抜けなかったコチラも悪いんやけど、そら腹立ちますわ。

「オマエ、オトコやろ！　ワシをダマしたんかい!?」

で、店を追い出したら、後で風邪薬のビンが宅配便で届けられましてね。中に何が入ってたと思います？

　タマですよ、金玉。

　呪いでもかけたんかな。ほんまに

ワケわからんわ〜。

けど、これはまだ可愛い方でね。2カ月ほど前、店から《ドラッグ》調査してくれ言われて、25才のフリーターのコが送り込まれてきたんです。

「草とか吸うたりすると気持ちえ〜よな〜?」

カマかけたら、「ちゃうちゃう」と、ソイツ得意げになって覚せい剤取り出してきよって。そらもう一発もヌカずに追い返しましたわ。

その後、オーナーに調べてもうたら、どうやらソイツの彼氏がどこぞの組員みたいで、最近、シャブのやり過ぎで破門になった言うんですわ。

でね、かかってきたんですわ。その男から脅迫電話が。「オマエだけは絶対に殺したる」って。

もう、ほんまに朝晩ガンガン鳴るからタマりまへんよ〜。チンピラやから話のつけようもないし、ケーサツに言うのも面倒やしね。

ま、そんなこんなでビビリながら、今も新人さんのお相手してまっさ。ピュッピュとね。

平成の裏仕事師列伝 BEYOND 15

74才の現役キャッチガール

10代でデビューして55年！ 歌舞伎町ボッタクリ人生

インタビュー＋文＝木村訓子
編集部

「裏モノJAPAN」2008年8月掲載

08年4月、誕生60年を迎えた日本一の歓楽街、新宿・歌舞伎町は今、大きく変わりつつある。

『家族で遊べる安全で安心な街作り』を合い言葉に、石原都知事の肝いりで浄化作戦を展開。警察も非合法風俗店や不法滞在外国人の摘発に本腰を入れ始めた。

結果、かつて《アジア最大の歓楽街》と称された3千軒以上もの風俗店やアダルトショップは影を潜め、空き部屋だらけの雑居ビルや、カラオケボックスばかりが目に付くようになった。

一帯の再開発も本格的に動き出し、歌舞伎町のシンボル、コマ劇場も今年いっぱいで閉館することが決定したという。映画『不夜城』や『新宿鮫』を生んだ、ヤクザやマフィアが闊歩するエロくてヤバい歌舞伎町は、過去の遺物となる運命だ。

街が安全になるのは喜ばしいが、散々ネタを拾わせてもらった裏モノ編集部としては、少々寂しい。

「あら、移りゆくのが街なのよ。いままでだって散々変わってきたんだから」

旨そうに紫煙をくゆらしながら、目の前の女性が言う。

田中よし子（仮名）、通称「ママさん」。歌舞伎町で55年間《キャッチガール》をしている、74才の女性である。10代でこの世界に飛び込み、いまなお街角に立っては男に声をかけ、自身が経営するボッタクリバーに誘い込んでいるのだとか。

コマ劇裏の喫茶店アマンドで本人に会い、驚いた。肌つやといい、シャキっと背中の伸びたスレンダーな体といい、せいぜい50代にしか見えない。なるほど、これならホロ酔い中高年男性が付いていくのも納得だ。

「昔の写真もほしいって言うから持ってきたんだけど、これでいいかしら」

ママさんがテーブルに50枚ほどの紙焼きを広げる。20〜30代のころのモノクロ写真にまじり、最近のスナップがこぼれる。お孫さんや旦那さんたちと楽しそうに笑う素顔の彼女は、ごくごく普通のおばあちゃんだ。その彼女に裏の顔があると、誰が思うだろう。

「あー、こっちこっち」

遅れて、もう1人席に着いた。山口まさこさん（仮名）、70才。ティーンエージャーのころからのキャッチ仲間だそうだ。

街を歩けば、バーの従業員や若い組員などが親しげに挨拶を寄越すママさんに、55年の歌舞伎町ボッタクリ人生を聞いた。

どんどん飲ませてどんどん金を使わせる

《キャッチガール》と聞けばウラ若き女性をイメージしがちだが、現在、歌舞伎町に10～30代のキャッチは1人もいない。74才のママさんを筆頭に60代70代がメインで、50代を入れ、20人足らずが活動しているらしい。

男性のキャッチがキャバクラやホスト、マンション営業の裏DVD屋に客を引っ張るのに対し、彼女たちは仲間うちで経営するキャッチバーに呼び込み、太く稼ぐのが特徴だ。

「55年続けてて凄いって言われるけど、19で始めて、これしかできないだけよ」

ママさんは昭和10年、大阪に生まれた。一流会社に勤めていた父親のお陰で何不自由

右が74才のママさん。左が70才まさこさん。
2人ともバリバリの現役

キャッチガールを始めた22才のころのママさん

なく育ったものの、7才のときに美容師だった母親が亡くなり歯車が狂い出す。ほどなく父親が再婚し「新しいお母さん」ができたが、折り合いが合わなかった。

戦争中は父親の実家に疎開、終戦後に後妻の実家を頼って上京したが、継母とは溝が深まるだけで、12〜19才までを児童養護施設で過ごすことになる。

施設を出て帰宅したが、自分の居場所は探せず家出。知り合いにいい仕事があると聞き渋谷へ向かった。そのとき紹介されたのがキャッチの仕事である。昭和29年のことだ。

「宇田川町あたりにポツポツ飲み屋街があって、その表に立ってお客を引くわけ」

当時、飲み屋に出入りしてたのは年配者が多く、若い女性は目立つ存在だった。立っているだけで客の方から近寄ってきた。

『何してんの？』

『飲みに行きたいんだけど…』

『一緒に行こうよ』

『私の知ってるとこでいい？』

こうして店に連れて行き、一緒に飲んだり食べたりしながらどんどん金を使わせた。

「飲み屋に入るのも初めてだったし、代金をふっかけてたなんて意識はなかったよ。まぁ、すぐに捕まっちゃったから場所も覚えてないしね」

昭和30年頃の新宿ネオン街。
女性の客引きが当たり前だった

仕事を始めて1週間ほど経ったある日、中年男性に『一緒に飲みに行かない』と声をかけた。と、男は『キミいくつなの？』『どの店？』と質問責めにしてくる。正直に答えて店に連れて行くと、男は警察手帳を取り出した。

「未成年だったから、父親が迎えに来たらそのまま帰されたけど、またすぐ飛び出しちゃった。渋谷で仲良くなった男の人と一緒に新宿東口の、いまのタカノの裏辺りにあった『モンタナ』ってバーに勤めたの。他にもサクラメントとかオペラハウスとか、キャッチバーは何軒かあったね」

ママさんの親友、山口さんも大阪出身で、10代半ばからさくら通りにあったキャッチバーで働き出したという。何度も捕まり、そのたびに親が迎えにきた。時には、少年院に入れられたこともあったそうだ。

それでも懲りずに歌舞伎町へ舞い戻った。２人の歌舞伎町キャッチ生活のスタートである。

大卒銀行員の初任給が1万2千円の時代に30万円を稼ぐ

昭和30年代の飲み屋は、女性が客引きするのが当たり前だった。キャッチガールという言葉もなく、お客さんとキャーキャー騒いだことから、通称『キャー』と呼ばれていたという。

「50年前の客は、このコをどうしようとか性的なものを求めてなかったの。一緒に飲んでも触ってくるなんてなかったし」

飲み物はウィスキーが一般的で、女のコたちは、ウィスキーに見せかけたムギ茶を口にした。

「間違ってお客に飲まれないように、乾杯した後も客とは反対側の手元に置いたりね」

ママさんは、顔見知りだった組織の男性と24才で結婚し、ゴールデン街近くに初めて

いまに劣らず取り締まりが厳しかった

自分の店を借りる。若くておしゃれなママさんが道に立てば、次から次へと客が入った。

「店にジュークボックスを置いといて、曲をかけたいから小銭ちょうだいってお客にねだるでしょ。で、財布の中をパッと覗いて、入ってた額で会計額を決めるわけ。そのころは払うまで帰さないとか、しつこく迫るようなマネはしなかった。いくらでも人が入ったから、揉めるより次の客を入れた方が稼ぎになったし」

一方、大きな店で働いていた山口さんは、客の財布に大金があれば耳の横で人差し指と親指で○を作ってバーテンダーに合図するのが、いつものやり方だったという。「5(千円)」とか「3」とか具体的な数字も指でサインを送っていたそうだ。

高度経済成長期に向かう昭和35年は、大学出の銀行員の初任給が1万2千円ほど。ママさんたちは口を濁すが、この時期の月収は少なくても30万はあったらしい。

「いま、ぼったくり条例だとか言ってるけど、昔は昔で取り締まりはキツかったよ。39年のオリンピックが決まってからは特にね」

昭和33年の売春防止法に続き、35年に道路交通法が制定。同じ場所に10分20分立っているだけで連行された。

「新宿署にYってうるさいデカがいて、キャッチを目の敵にしてたんだ。それこそ腰を落ち着けて飲んでられないほど頻繁に店に入ってきてたね」

オーナーが1週間留置所に入れられ、釈放されて再開したらまたすぐパクられる、そんなことが珍しくも何ともない時代だった。

夜はボッタクリ、昼はお母さん

ママさんの景気がよかったのはバブル期ではない。昭和42年から54年ぐらいまでの12年、田中角栄が実権を握っていた期間が最も稼げたという。

この間、彼女は最初の店を区画整理で手放し、キャッチ仲間の店を手伝っていた。山口さんは組織の幹部と結婚し、自分の店を開いた。街全体が活気に満ち満ちていた時代である。

昼夜逆転の生活を送りながら、2人は、普通に家事や子育てもこなした。

「昼に家のことをして、夜8時頃から深夜2時までバーで働き歩いて帰る。人の店を手伝うときは、自分が連れてきた客の支払額を店と折半するのが基本で、日払いでもらってたわね」

山口さんによれば、昭和45年当時は一晩に50〜60組の客が入ったそうだ。普通の店でも30万ほどの売上げがあったと言うから、彼女のやってたキャッチバーでは、その3倍、

田中角栄の列島改造論で景気がよかった昭和42年。一晩で30万稼いでいた頃

いや5倍は軽く稼いでいたのかもしれない。

「よくみんなでホストクラブに行ったよね。新宿だとキャッツアイ、夜の帝王、エルシド、愛。浅草のナイトパンサーにも行ったし、新橋にも一度、行ったな。クラブに入ってるバンドを追っかけたこともあった。でも、誰かに入れあげるとかじゃなく楽しく飲むだけ。2人ともオヤジ（旦那さん）がヤクザだし、気に入ったコがいたとしても、情を交わしたことはないわよ」

昭和39年、警察による頂上作戦で新宿の暴力団員が大量検挙された。自然、シノギがキツクなった結果、ヤクザは地域の飲食店などからミカジメ料を徴収するようになる。が、彼女たちは名の知れた組員（後に2人とも組長に）を夫に持っていたため、どこで商売をしようが一切関係なかった。

昭和42年12月、街の活気を象徴するように、歌舞伎町のランドマーク・風林会館がオープンした。

「いまの半分ぐらいの大きさだったんじゃない。ゴールデン街もみんな平屋だったし」

「他にビルといえばシンコービルぐらいだよね」

「で、その角にパン屋があって」

「そうそう、あっちの角に××ちゃんの事務所があったんじゃなかった」

2人の思い出話は、そのまま歌舞伎町の歴史である。

体を許す振りを装う《青ヤギ営業》の手口

時代を経るに従って客も情報を得て利口になり、ボッタクリの手口もさらに進化する。代表的なのが、体を許す振りを装う《青ヤギ営業》だ。

金を持ってそうなホロ酔い気分の男に狙いを付け誘いをかける。

『ホテルに行こうよ』

男が興味を示したところで、店に誘い込み、

『ちょっと飲んでから行きましょ。飲み代だけ出してくれれば後はいらないわ』

店では絶対、体に触らせず『後で楽しみましょ』などと気を持たせ、じゃんじゃん飲ませる。そして会計。目の玉が飛び出そうな飲み代が請求される。当然、男は納得がいかない。

「でも、これだけ飲んだんだから高くて当たり前でしょと店側を援護するの。そのまま姿を消すこともあったわね」

ときには、客がウトウトした隙に空ビンや空き皿をテーブルいっぱいに並べて写真撮

影し、客が支払いをゴネた際の証拠として使うこともあったという。

「私はやらないけど、会計のときになったら照明を落として、客が出した1万円札を後ろに弾いて準備しておいた千円札とスリ替えてたところもある。お客さん、これ千円札ですよ。酔ってるんじゃないですか、なんて言えば、もう1枚出さざるをえないでしょ。客が帰ってから1万円札をどこに飛ばしたかわからなくて困ったなんて話もあるし」

《昏睡強盗》で逮捕され懲役6年の実刑

バブルが到来すると、低迷していた歌舞伎町に再び活気が戻ってきた。が、同時にボッタクリ稼業に支障も出始めた。現金を持ち歩く客が激減し、カードが台頭してきたのである。


言わずもがな、キャッチバーでカードは使えない。そこで、しばらく客を店に待機させ、銀行が開くと同時に金を下ろさせた。いわゆる『ツケ馬』である。

「ダイナースやアメックスのカードを持ってたらアタリ。キャッシングできる額が多いからね。普通のサラリーマンの口座に、1千万単位のお金が入ってて驚いたこともあったわね」

ママさんはバブル期の終わり、平成4年にコマ劇の裏通りに新たな店をオープンする。いまも語りつがれる伝説のキャッチバーだ。

「私は知らなかったんだけど、女の子たちがウォッカとウイスキーのカクテルを飲ませて、客が寝込んだ間にお会計しちゃってたのよ。カードを持ってるときは暗証番号を聞き出して口座からおろしたり。誰かが警察に駆け込んだみたいで、私も昏睡強盗で逮捕されちゃったわけ」

平成8年当時の新聞によると、都内の48才会社員を《昏睡カクテル》で泥酔させ、財布から21万円を奪った挙げ句、近くの路上に放置したのだという。

「女の子が知り合いの黒人に頼んで捨て

気を付けよう 暗い 道と 老いらくの声

逮捕当時、新聞は大きく報道じた

てもらったみたい。聞いたらその会社員、急性アルコール中毒か何かで病院に担ぎこまれたらしくて」

複数の被害届が出たため、警察は従業員の女性たちから事情を聞くなどして内偵を進めたらしい。中には、口座から８００万以上を抜かれた男性もいたそうだ。

警察が店の隅から隅まで探しても客の名刺１枚、メモ一つ証拠は見つからなかったが、裁判の結果は懲役６年の実刑。これをママさんは2年４カ月で出た。

「被害者弁済をして、法律扶助協会へ２００万の贖罪寄付もした。それが反省してるってことになったらしいの」

加えて、娘さんが毎日、面会に行き、しっかりした身元引受人がいるとの印象を与えたことも仮釈放にプラスになったようだ。

「その代わり、散々怒られたわよ。娘は、普通の飲み屋をやってると思ってたからね」

異例の早さで塀の外に出たママさんは、懲りずに歌舞伎町に舞い戻った。

「いまは一晩に一組入ればいいぐらいの気持ちだね。この人はいけそうだなってのは、パっと見ればカンが働くし、そう間違いはない。たまに怒り出す人がいても、まあ落ち着いて飲みましょうよってじっくり対応すれば、それなりに払ってくれるしね」

ママさんと山口さんの最近のお気に入りは、2丁目のウリ専バーで遊ぶことだ。孫のような男の子を連れ出し、お酒を飲みながら下ネタでからかうのが楽しいのだという。

「なんでこの道に入ったか不思議に思うときもあるけど、お陰でいろんな人と知り合って、したいことはやってきた。後悔はないよ」

世間一般には、彼女らの存在は悪質キャッチ以外の何物でもないだろう。が、過去は振り返らないとキッパリ言い切るその姿に、若い頃から腹を括ってきた信念が感じられるのも事実だ。どうか今後はほどほどにしてください。

平成の裏仕事師列伝 BEYOND 16

回転嬢

売春せずに1日手取り3万円。出会いカフェでしたたかに生きる女。

インタビュー＋文＝清水コーノスケ
フリーライター

「裏モノJAPAN」2008年10月掲載

「今すぐここでは決められないです」

今年7月、プライベートで出会いカフェに遊びに行った。平日の正午近く、場所は東京・渋谷。これまでも池袋、新宿、上野など、10軒近くのカフェで遊んだことはあるが、この店は初めてだった。

恥ずかしながら目的はずばりエンコーだ。３万円程度でヤラせてくれる子がいればじっくり堪能してやろうと鼻の下を伸ばしていた。

会員登録を済ませ、マジックミラー越しに女性スペースを眺める。もっともワクワクする瞬間だ。

ソファには5人の女性が座っていた。友達同士らしきギャル2人組、幸薄そうな無職っぽい女、胸の谷間をあらわにしたいかにもなフーゾク嬢風情。経験上、この辺の人種はエンコーOKの可能性大だが、悲しいかなこちらの食指が動かない。

しかし中に1人だけ気になるコがいた。小倉優子ばりのロリ顔に、ロングヘア、キャミソール。そして遠目からでもわかる透き通るような白い肌。彼女の持つ清純なオーラは異彩を放っていた。

店員の説明によれば、彼女ユキ（仮名22才）は、つい先ほど会員登録したばかりの『新規女性』らしい。確かに、壁に貼られたプロフィールカードの会員番号は最新ナンバーだ。

まだ時間帯が早いこともあって、男性客は俺を除いて2人のみ。しかも何をのんびりしてるのか、2人ともパソコンに夢中だ。

すぐさまトークを申し込んだ。ツーショットルームで10分ほど会話をし、互いに気が合えば外出できるシステムだ（どこのカフェも共通）。

奥の半個室でユキと対面する。近くで見てもやはりカワイイ。このコなら3万、いや4万払ってもいい。

「ここ来るの初めてなんだって？」

「はい、そうなんです」

「もう慣れた？」

「いえ、ぜんぜん……」

さすがにこの美貌、俺と話す前にも複数の男性からトークの申し込みは受けたのだが、話が噛みわず外出には至らなかったそうだ。なるほど、パソコンに夢中の2人もすでに話し終えた後だったのかもしれない。

「ふーん。で、ユキちゃんは今日はどんな目的で来たの？」

「特に考えてないですけど……」

まるで何でもOKのような言い草だが、それならこれまでしゃべった男と話が合わないはずがない。明確な目的はなくとも、やはり出来ることと出来ないことの基準はあるはずだ。ならばストレートに尋ねてしまおう。

「そっか。実は俺は割り切り希望なんだよね。3万ぐらいでどうかかな？」

悩む素振りを見せるユキ。

ユキ本人。キレイな花にはトゲがあると言うが、まさに……

「そうですねぇ。優しそうな方なので別にいいと思うんですけど…。ただ、今すぐここでは決められないです」

喫茶店などでゆっくり会話して俺という人物を知ってからなら、ホテル行きもやぶさかではないとの意味らしい。

カフェ経験の浅い男なら、飛び上がって喜ぶことだろう。うんうん、そりゃそうだよね、いくら金で抱かれるにしても相手のことを知ってからでなきゃね。

しかし、かつて何十回とカフェ通いしてきた俺には、ユキの言葉に隠された真の意味がわかりすぎるほどわかってしまった。彼女、エンコーなどする気はさらさらない。ただ一緒に外出したいだけなのだ。

1時間もせぬまま店に戻ってきた

ここで出会いカフェ特有のお金の流れについて解説しておく。

カフェに来ている女性は、ただ店にいるだけでは一銭にもならない。彼女らにお金が入ってくるのは、男性と一緒に外出したときのみ。しかも店からではなく、当の男性本人からだ。名目は『心付け』で、金額は3千円から多いときで1万円。平均相場は5千円だ（トークルームでの話し合いで決める）。

心付けは、一緒に店を出た時点で発生する。喫茶店に行こうがカラオケに行こうが、とにかくデートするだけで、我々男はお小遣いをあげなければならない。

このシステムのせいで、カフェにはエンコー女のみでなく、とにかく一緒に外出して数千円の心付けだけをもらおうと考える女が多数棲息する。

彼女らの手口は、いかにもヤレそうな言葉で誘い出すだけ。いったん外出してしまえばなんとかゴマかして逃げ切ればいい。ユキの曖昧な言い方に俺はその魂胆を感じ取った。

「そっか、ゆっくりしてる時間ないからまた今度にしよっか」

「はい……」

俺とのツーショットタイムが終わった直後、新たに来店した眼鏡サラリーマンがユキにトークを申し込んだ。小汚いギャルが何時間も1人きりで時間をつぶしているのに対し、可愛い子にはどんどん申し込みが入る。カフェではよくある光景だ。

10分後、笑みを浮かべて男性ルームに戻ってきたリーマンは、そのままフロントへ直行した。

「一緒に（外へ）出ます」

店員が男から連れ出し料金5千円を徴収する。女の子に直接渡す心付けとは別の、店に対する連れ出し料だ。

2人は店を出て行った。

おっさんヤラれたな、と俺は確信した。あのスケベ顔からしてエンコー目的だったに違いない。ユキは例の言い回しでおっさんを手玉に取り、うまくかわすつもりなのだろう。

案の定、1時間もしないうちに彼女は店に戻ってきた。ソファに座って、退屈そうにファッション誌をぱらぱらめくり始める。

すると今度は学生風の男から申し込みが入った。ずいぶんな人気者である。

「外出します」

2人連続だ。先からの流れを見ている俺からすれば、この学生の展開もはっきりと読める。

1時間後、予想どおりユキは店に戻ってきた。

《新規》だと次から次にトークの申し込みが入る

ユキのような女は出会いカフェ業界で『回転嬢』と呼ばれる。外出してはまた店に戻り、また外出しては戻りと、ぐるぐる『回転』を繰り返すことから付いた名称だ。

後日、筆者が撮影した出会いカフェ店内の様子。
マジックミラー越しの男性客を意識してか、
時折、ミニスカートの奥を見せつけるように座る
女のコも少なくない

前述のように、彼女らは外出時に相手男性から数千円のお小遣いがもらえるため、何度か回転すればそれだけでも十分な稼ぎになる。売春もせず、指1本触らせもせず、それでも普通のバイトよりも稼げるため、どこの店にも回転嬢は存在する。

ユキはかなりやり手の回転嬢なのだろう。この店では新規登録したばかりなのかもしれないが、他の店で同じ手口を何度も使ってきたはずだ。でなければあの期待を抱かせる言い回しは出てくるものではない。

詳しい手法を聞いてみようと、俺は彼女に2度目の申し込みをした。基本、どの店も1日に同じ子を2度指名するのはルール違反だが店員もちゃんと把握はしていない。

「さっきはどうも」

「あ、どうも」

「やっぱ普通に喫茶店でも行かない？　心付け5千円あげるし」

「ホントですか？」

「うん、話でもしようよ」

「はい、お願いします」

彼女とファミレスに入り、俺は遠回しに真意を告げた。出会いカフェのコがどうやって稼いでいるか取材させてほしいと。

謝礼に釣られ、ユキは面白いようにしゃべり始めた。やはり彼女、先ほどの店こそ新規登録だったものの、これまでずっと都内あちこちの店舗に出入りしては回転を繰り返してきたらしい。

「10軒ぐらいは登録してますよ」

「そんなに？　マジで？」

「はい、だって同じ店だと顔を覚えられちゃうから、なかなか申し込みが入らないじゃないですか。1回行った店は10日くらい間隔空けないと。同じ曜日にも行かないようにしてるし」

さすがによくわかってらっしゃる。常連客にしてみれば、いつも顔を見るような女はありがたみがなく、つい敬遠してしまうもの。やはり心が動くのは、滅多に顔を見せないレア女性か、登録したての新規女性だ。にしても曜日を変えれば、客の顔ぶれも変わって重宝されやすいことまで把握しているとは。

「ですよね。新規って休む暇ないくらいトーク入りますよね」

現に本日、新規の彼女には面白いように申し込みが入っていた。外出したのもすでに俺で3度目だ。

オタクっぽいオジサンが一番いい

わかってはいたが真っ直ぐに聞いてみた。

「俺もだけど、割り切り目的の男って多くない？　そういうときどうしてんの？　やっぱ期待を持たせつつヤラせないみたいな？」

バレましたか、といった笑顔を浮かべて彼女は言う。

「エッチなこと匂わせないと、なかなか出てくれないですもんね」

ユキいわく、2年ほど前までは最初から素直に「お茶や食事しかできません」と告げても、外出してくれる男は大勢いたという。彼女ほどの美貌なら、恋人気分でいられるだけで満足するオヤジがいるのもうなずける。

しかしエンコー娘の存在が増えるに従い、客もより一層の刺激を求め始めた。今では健全なデートで外出できるのは20人に1人いるかどうかだそうな。

「だから、何でもできますよってフリを見せて、でもはっきり約束はしないんです」

やはり俺の推理したまんまである。エンコーできるかのような素振りでとりあえずは外出し、お茶をしながら「やっぱり抵抗があるので」とお断り。強く押せない男は渋々

最近、繁華街で「くたびれたオッサン」と「若いネーチャン」の不自然なカップルを頻繁に見るのは、間違いなく出会いカフェの影響だろう

あきらめるしかない。

「でも相手は選んでます。遊び人っぽい人とか怖そうな人とは出ないですね。オタクっぽいオジサンが一番いい。しつこくないし」

余談だが、実を言うとこの俺も過去に一度、同じような手口でまんまと騙されたことがある。そのときの女は、割り切りを提案する俺に対し、「酔った勢いがないと出来ないかも」とのたまい、居酒屋でさんざん飲みまくった挙句、「今日はなんだか酔えませんでした」と立ち去ったのだ。

アホなのは男のほうだ。重々承知している。でもねユキちゃん、そういうのって男はツライんだよ。

「騙してる意識はないですよ。だって私、最初から言ってますもん。まだ決められないって」

冒頭に登場した彼女の言い回しをもう一度再生してみよう。

『そうですねぇ。優しそうな方なので別にいいと思うんですけど…ただ、今すぐここでは決められないです』

決められない、と確かに彼女は告げている。エンコーするかどうかは決められない。つまり「しない」と決める可能性もあるということだ。

「でしょ？　といっても最初からする気はないですけど（笑）」

男を待たせたままパチスロ店の裏口から逃走

大学生の彼女は現在、アルバイトをしていない。以前はキャバで働いたこともあるそうだが、カフェで回転したほうが効率がいいと気づき、以来ずっとこんなことを繰り返しているそうだ。

手取りは多い日で3万円を超え、さらにウマクいけば昼食夕食までタダで食べられるのだからマトモなバイトなどやってられないのもよくわかる。

ただ言うまでもないが、彼女が回転嬢としてやっていけるのは、その美貌のおかげだ。ちょっと他にはいないロリフェイスだからこそ、男は可能性に期待し、散財してしまうのだ。

試しに、その辺のカフェを覗いてみればわかる。さして可愛くもない女が「お茶かカラオケしか無理」と言い放ち、1時間、2時間、下手すりゃ3時間以上もずっと漫画やパソコンで時間をつぶし、結局誰とも外出できずに1人で出て行く光景を目にすることだろう。回転嬢を目指し、しかし一向に回転できない女は腐るほどいるのだ。

「でもさ、いっそのことエンコーしちゃったほうが楽だとは思わない？　1回で3万ぐらいもらえるじゃん」

「ムリムリ、絶対ムリ。割り切りとかほんとありえないですから。でも新宿のお店に行ったとき嘘ついて逃げたことありますよ」

その日、どうしてもケータイ代を稼ぎたかった彼女は、3万円で割り切りする約束で外出した。相手はオタクがそのまま大人になったような冴えないオヤジだ。

店を出た時点でまず心付けの5千円（エンコー代とは別扱い）をもらい、その足で大久保のホテル街へ。

歩きながら彼女は、もじもじ演技をかました。

「おしっこ行っていいですか」

男を待たせたまま、近くのパチスロ店へ。裏口から逃げ去るのは実に容易だった。オヤジの不覚と言える。純然たるエンコーならば、お金はホテルに入ってから渡すぐらいの周到さは持ち合わせていたろうが、カフェ経由のため、心付けを先に渡してしまうことに疑いを挟めなかったのだろう。

後の対応も非常に微妙なところだ。仮に店にクレームを入れたところで、店は男女間の出来事に関しては自由恋愛のタテマエをとっているため、店外でのトラブルには介入してこないはず。せいぜい女性の登録を抹消する程度と思われる。いや、それすらしないかもしれない。

「もうそのお店は行ってません。そりゃそうですよ、怖いですもん」

ビビリつつもどこかのほほんとした彼女。幸い、そのオヤジとは他の店でも再会していないそうだが、この先どうなることやら。最悪、5千円ぐらい返金すればいいとでも思っているのだろうか。

「ねえ、もう少し稼ぎたいんで話の続きは後でいいですか？　番号教えときますんで」

素晴らしい労働意欲である。なんでもさっきの店はさすがに回転しすぎたので、すでに会員登録済みの他の店に行きたいそうな。

「わかった。じゃあ俺も一緒に行って様子を見てるよ」

時間短縮のためわざと怒って席を立つ

2人して先とは別の店へ。彼女は慣れた足取りで女性スペースに向かい、俺は会員登録を行う。と、途端に男性スペースが騒騒しくなった。

「はい、ただいま来られた女性です。どうぞ」

ツーショットルームにて。
回転嬢ユキとは違い、この3名は
全員「割切りＯＫ」娘だった

ボードにユキのプロフィールが貼りだされ、店内にいた男性陣5人ほどがわらわらと群がる。

すぐに1人のみすぼらしい若者が手を上げた。

「はい、申し込みありがとうございます」

店員に連れられ、若者はツーショットルームへ。不潔でオタクっぽい男。ユキのターゲットそのものだ。

まもなく2人は外出した。すかさず尾行開始だ。気づいたユキは苦笑いしているが、もちろん若者は何もわかっちゃいない。

2人は近くの喫茶店へ。俺は隣の席に陣取り、やり取りに耳を傾ける。

何してるの、うんそうだね、へえやっぱり、学校はどこ、そうなんだ、よく来るの、夏休みは……。

断片的に聞こえてくる会話に、さしたる内容はない。

15分も経たずに、ユキが突然席を立った。悪びれる様子もなく店を出て、すたすたとカフェの方へ戻っていく。残された男はしばらく背中を見送った後、反対側へと向かった。

「ユキちゃーん!」

路上で呼び止める。

「さっきのはどういう男？」

「なんかうだうだ言ってるから帰ってきた」

「うだうだ？」

「ホテル行きたいとか」

　お茶だけの約束で外出したのに、男がエロ会話を始めたので、わざと大げさに怒って席を立ったのだという
　この（時間短縮のために）怒って帰る作戦は「けっこう使いますよ」と彼女。他にも携帯を取り出し「用事が入った」と逃げるというベタな方法も多用しているらしい。仮に直後に店で目撃されても「用事は入ったけどすぐ終わったと言い訳すれば済む」から、気にならない。まったく、顔は可愛いが性格はとんでもない。

　ユキが再び店に戻ったのが夕方5時ごろ。男女ともに10人ほどで盛況だ。

　しかしどっこい、ユキには、トーク申し込みは入るが外出できない展開が続いた。この時間帯の客は常連が多いのか、ヤレる確約のない女と外出することの危険を知っているようだ。

　もちろん、賢い客ばかりでもない。特に新規で登録したばかりの男は駆け引きなどわかりっこない。本日、ユキの4人目（俺は除く）の餌食になったのも、登録したてのハゲ

オヤジだった。外出から戻ってくるまでの所要時間はおよそ40分と、まずまずの効率だ。

顔と腹を殴られレイプを覚悟したことも

「そろそろ、また話聞かせてよ。プラス1万、謝礼払うしさ」

1万稼ぐには、1回5千円として後2回回転しなければならない。ならば取材のほうがラクチンと判断したのか、ユキは喜んで居酒屋についてきた。

「しかしまあ、ユキちゃん、いろんな男に恨まれてるだろうね」

「そうですねぇ。でも二度と会わないし平気ですよ」

実際には、後日、同じ男にまた指名されたことも何度かあるそうだが、彼女にすれば騙したつもりはないので平然としているだけだ。

「そういえば1回だけ危なかったことありましたよ。もう最悪なんですけどね」

昨年の冬、いつものように含みを持たせた台詞でおっさんと外出した彼女は、洒落た居酒屋でタダ飯にありついていた。

飲んで食って1時間後、案の定おっさんは誘ってきた。

「ホテルいこっか。お小遣いあげるよ」

「いつもは小食なんです」と言ってたくせに、
オゴリと聞けば飲むわ食うわ。
ユキの《ちゃっかりっぷり》には
もはや脱帽

間髪入れずにユキは答える。

「そんな約束してないですよ」

おっさんにすれば、心付け（5千円）を渡した上で、さらに食事と酒を奢り、それでも指1本触れさせないのだから頭に血が上ったのも無理はない。

「ぐーって腕を引っ張られてホテルに連れ込まれそうになったんですよ」

抵抗するも、おっさんは顔と腹を殴ってくる。なんとか走って逃げ去り大事には至らなかったが、このときばかりはレイプを覚悟したという。

そんな体験がありながら今も懲りずに続けているとは、いやはや現代っ子はほんとにわからない。

では最後に、無理を承知で聞いてみるか。

「今日はどうもありがとね。ところでこの後、軽く割り切りでもどう？」

「はぁ？　何言ってんすか。もう帰っていいですか？」

ユキよ、カフェマニア男を代表して言わせてもらう。あんさん、いつか必ず痛い目に遭いまっせ。

平成の裏仕事師列伝 BEYOND 17

復縁屋

インタビュー＋文＝小野池悟郎
フリーライター

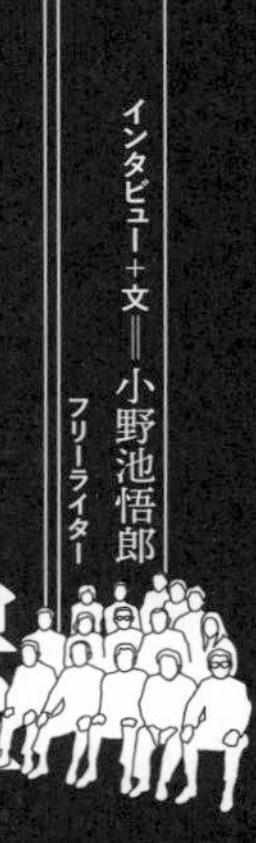

別れた恋人と元のサヤに戻るには

「裏モノJAPAN」2008年12月掲載

ラブラブだったはずのカノジョが突然、「好きな人が出来たから別れたいの」と言い出した。こっちにしちゃ寝耳に水。「とにかく話し合おう。オマエを世界一愛してるのは俺なんだ！」

説得したところで覆水盆に返らず。彼女とはパッタリ連絡がつかなくなってしまった。俺の女を盗ったのはどこのどいつなんだ。皆目見当がつかないが、どうしてもこのままあきらめる気にはなれない。コンチクショー——。

別れさせるだけでは意味がない

こんなとき、探偵に〝別れさせ工作〟を依頼し、カノジョと新しい男の仲を引き裂いてもらうという手がある。

彼女がどこの誰と付き合っているのかを突き止め、あの手この手で別れさせる。一昔前マスコミでやたらともてはやされたせいか、最近この種の依頼はとみに増加中だという。

だが、ちょっと待った。フラれた当人にしてみれば、2人が別れてくれることで確かに溜飲が下がるかもしれないが、本心を言えば、さらにその先、「できればヨリを戻したい」というのが最終的な望みなのではないか。自分の元に帰ってくれなければ、このまま寂しい一人身のままだ。

「そうなんです。結局、別れさせ工作はソレ自体が目的というより、復縁するための手段のひとつに過ぎない。実際、最近ははじめから復縁を依頼してくるお客様が圧倒的に多いんです」

そう語るのは、探偵社『復縁屋1st』代表、小澤康二（39才）。まだ学生だった18才のときアルバイトでこの業界に入り、26才で仲間と興信所を起業。34才で完全独立し、いまや都内に複数のオフィスを構えるベテラン探偵である。つい最近では「復縁屋の仕事帳」（河出書房新社刊）という本を出版し、各メディアに出演する機会も増えている。

相談者に安心感を与えるガッチリとした体格。丁寧で落ち着いた口調。そのたたずまいからは長年にわたり、ハンパじゃないほどの場数を踏んできた自信と自負がうかがえる。

小澤が復縁ビジネスを始めたのは今から12年ほど前のことだ。

「昔から探偵の仕事って浮気調査が多いんですけど、別れさせ工作も復縁工作も、そこから派生したものなんです。相手が浮気してるのはわかった。じゃあなんとかならないの？　ということですね」

浮気を知り、正式に別れる方向へ意を決する者がいる一方で、捨てられたくない復縁したいと追いすがる者もまたいる。彼の元に舞い込んだのは、そんないわば〝往生際の悪い〟男女たちからの依頼だ。

「ただ復縁依頼は、必ずしも相手に浮気相手や新恋人がいる場合だけじゃありません。ただ単にフラれただけの相手とヨリを戻したいってパターンもあります」

現在、「復縁屋1st」には、月平均50件ほどの依頼が舞い込み、その他、電話やメールでの問い合わせになるとその10倍ほどの相談が寄せられる。そんな中、「成功率8割」という驚異の数字を叩き出す小澤の工作技術とは、いったいどういうものなのだろうか。

ターゲットではなくその浮気相手をオトす

まず、ヨリを戻したい相手（以下、対象者）に、すでに新しい恋人がいた場合、つまり別れさせ工作が必要なケースから話を進めていきたい。

たとえば、愛人に夢中になるがあまり家出してしまったダンナを取り戻したいという奥さんから依頼があったとしよう。

最初のステップは、まず愛人とダンナを別れさせることだ。成功へのシナリオはこんな手順となる。

①愛人に男性工作員を近づけて恋愛関係にまで発展
②新しい恋に夢中になった愛人がダンナに別れを切り出す
③途方に暮れたダンナは「最後の逃げ道」である奥さんの元へ帰って来る…

わずか3段階だが、業務完了まで優に2、3カ月はかかる。

小澤氏は言う。

「ポイントは、どういう男性工作員を選ぶかですね」

単純に考えれば、モデルのようなイケメンを送り込めば成功するように思えるが。

「私たちもとりあえずイケメン君を使っていたんですが、6、7年くらい前からどうも成功率が上がらず、つまずいてしまった。なんでだろうって考えたら、〝人それぞれタイプが違う〟っていう当たり前のことに気づいたわけですよ」

年上か年下か。スリムかガッチリか。濃い顔かアッサリ顔か。どんな女性にだってタイプがあるし、現実に付き合っている異性とはむしろ合致しないことのほうが多い。上のケースなら、愛人が本当に好きな男性タイプを探ることが先決となる。

小澤によれば、人のタイプなど尾行するだけでもある程度は把握できるという。コンビニで雑誌を立ち読みするときに、どんな男性タレントの写真に目が留まるか。道を歩いていて、どんな男を目で追っているのか。

「あと、女友達と飲んでいるときに隣の席で盗み聞きすれば一発ですよ。だいたいそういうときって好きなタイプとか、こういうオトコは最悪だ、みたいな話で盛り上がってますからね」

そうやって集めた情報をもとに、タイプに見合った男性工作員を接触させる。

「出会いのセッティングは慎重にやらなければいけません。相手がどんなにタイプでも、いきなり道端でナンパされたってダメなんですよ。やっぱりそこは不自然じゃないシチュエーションで出会わせてあげて、これは運命かも！って思わせてやらないと」

もっとも成功率が高いのは、間にワンクッション挟む方法だ。まず女性工作員を近づけて友達にさせるのだ。

「女同士が友達になるのはそう難しいことじゃない。愛人がフィットネスクラブや英会話スクールに入っていれば、女性工作員も入会させて友達にさせる」

その後、お茶をしながら「合コンでもやらない？」と持ちかけて、飲

みの場で男性工作員を紹介。不自然さはない。

絶好の舞台がセッティングされ、自分にピッタリの相手が登場する。言わば、恋愛せざるをえない状況へ追い込むわけだ。

「で、これはもう惚れちゃってるなと確信できれば、ほぼ勝負は決まったようなもんですね」

やがて愛人は対象者（ダンナ）に愛想をつかせ始める。そのタイミングで男性工作員が問い詰める。

「俺とアイツと、どっちが大事なんだ？」

哀れなのは、愛人に捨てられてしまったダンナの方だ。愛人に裏切られた怒りは情けなさに変わり、やがて寂しいという感情が襲ってくる。そこへポカンと浮上してくるのが〝家に取り残してきた妻〟の存在だ。

「男は弱いもんです。しょせん、いくら外で強がってても、戻って来れる巣がないと飛び続けられませんから。辛抱たまらず奥さんのところへ連絡してくるか、あるいは奥さんから優しい言葉をかけようもんなら、泣いてすがってきますよ。俺が悪かった、許してくれって」

以上、〝別れさせ〟のみを画策し、その後は自然と2人が元サヤに戻るパターンである。

偶然の再会で女は立ち止まる

今度は一転して、男女逆のパターン。新しい恋人ができた彼女を、男が取り戻したがるケースだ。女性が強い時代なのか、実際の依頼はこの形のほうが圧倒的に多いそうだ。方法は同じ。カノジョの新しいカレシに女性工作員を近づけて恋愛状態に持って行き、2人を別れさせることがまず第一段階となる。

思うに、こちらのハニートラップはずっとラクそうだ。対象者が男ならば多少不自然な形であれ、キレイな女性を近づけるだけで事足りるだろう。

「そうですね、確かにひっかかる確率は高いです。ただし、男は男でズル賢いところがありましてね。二者択一で悩む女性と違って、男は両方ともとりあえずキープしておきたいって魂胆が出てきますから、なかなか別れてくれなかったりする」

おっしゃるとおり。色仕掛けには簡単に引っかかっても、それはそれと割り切って遊べるのが男というものだ。

「でも、男性にとって死ぬ気で問い詰めてくる女性ほど怖いものはない。それこそ修羅場を作って、工作員に必死で演技させますよ。〝アタシとアノ女、どっちにするのよ〟

って」

男が美人工作員を選んだ時点で、第一ステージ〝別れさせ工作〟は完了する。残されたのは、対象者であるカノジョさん。新しくできたばかりの彼氏に捨てられ傷心ではあるだろうが、だからといって元カレのもとへすんなり戻ってくるものでもない。未練がましくて過去を引きずりやすい男性に対し、恋愛に関してはサバサバしているのが女性という生き物だ。

そこでここからは第二ステージ、〝復縁工作〟に入る。暗躍するのはここも女性工作員だ。新恋人を奪い取ったような美人である必要はない。自然な形でカノジョに接近し、恋愛を語れるレベルの友人関係にさえなれればいい。

先のケースでも触れたが、女性同士が仲良くなることはさほど難しくない。なにせ対象者は依頼人のよく知る人物。尾行などせずとも趣味嗜好や行動パターンはわかっている。

「目的は2つあります。1つはなぜ別れたのか本当の理由を聞き出すこと。1つは別れた相手がどれほど自分にとって大事だったかを思い起こさせてやること」

元カレ、というよりも正確には元々カレとの別れの理由を聞き出す。新しく好きな人ができたから、が理由なら、まだ〝嫌いになったわけじゃない〟可能性は高い。

工作員は思い出話にあいづちを打ちつつ、男を持ち上げる。それって真面目に愛してくれてたってことじゃないかしら、悪い人じゃないと思うよ、やり直せばいいのに…。「第三者から〝イイ人だと思うよ〟って言われると効果あるでしょ。こういうのは同性の意見が説得力もある」

その後に、偶然の再会を画策する。駅でも路上でも場所はどこでもいい。捨てた女と捨てられた男。本来なら会釈もなくすれ違うだけの2人だが、自らも傷心な、そして実はイイ人だったのかもと吹き込まれた女は、ふと立ち止まる。

純粋に想ってくれる女、そうそういないですよ

復縁屋の仕事には、別れさせ工作の必要のない、つまり対象者に新恋人がいないケースも多い。

最近の実例を挙げよう。

依頼人は50代のある独身女性。長年、不倫関係にあった50代の男性にフラれてしまったが、心底愛しているがゆえにどうしてもヨリを戻したい。かといって奥さんと別れてもらいたいわけではないし、男性に複数の愛人がいるのも知ってるけどそれはそのままで結構。別れさせ工作はまったく必要のない案件だ。

「なぜ愛人にこだわるの？　と思うかもしれませんが、依頼人にとっては切実です。女独り50代、今さら新たに恋人ができる見込みなんてない。お金は持ってるけども、本当に親身になって話ができる人を失ってどうしようという不安が相談を受けていてわかりました」

工作は、まず男性を徹底的に調査することから始まった。と、尾行によって行き付けの飲み屋を特定。男性のいないときを見計らって同年代の男性工作員を何度か通わせ、店主のオヤジに顔を覚えてもらった。

その後、男性が飲み屋に来る時間帯に工作員も店へ出向く。

「狙いどおり、店のオヤジが工作員をその男性に紹介してくれたんですよ。こちら、最近よく来てる○○さんみたいな感じでね」

よく出る話題や趣味嗜好はとっくに調査済み。意気投合しないわけがない。何度か店で顔を会わせるうち、向こうも気を許したのかポロポロと本音が出始めた。

「実はカミさん以外にも、女がいるんだけどさ、もうみんなカネ、カネってうるさくてねぇ」

男性が若い愛人たちに月10万程度の金を渡しているのに対し、依頼人の50代女性とは金銭が絡んでいなかったことは事前に聞いている。金よりも愛情でつながっていた証拠。

そこを強調するしかない。

「××さん（男性）、イイ男だからお金目当てじゃなくても付き合ってくれる女性いるんじゃないの？」

　工作員がおだてると、男性はタメ息まじりでつぶやいた。

「実はちょっと前に別れた女がいてね。もう年だし、新鮮味がなくなってつい別れようって言っちゃってさ」

「うらやましいなぁ。そんな純粋に自分のことを想ってくれる女なんて、そうそういないですよ。今、どうしてるんですか？　その人」

「…どうしてる…かねぇ」

　仕上げはやはり、偶然の再会だ。その日の帰り道、男性が1人で駅を歩いていると、依頼人と女友達（むろん女性工作員）コンビが登場というシチュエーションをデッチ上げた。

「あっ！」と驚く男性。「女2人で飲んでいたのよ。ちょっと一軒付き合いなさいよ。昔のことはいいじゃない」と依頼人。すぐさま3人で近くのバーへ入り、タイミングを見て女性工作員が「私、子供がいるから帰るね」と席を立つ。同性が情にほだした上で2人きりの状況を作り出す、復縁工作の常套手段はこうして完成する。

ちなみにこのケースでは、ツーショットになった途端、男性が「いろいろあったけど、オマエの気持ちが嬉しかったんだよな」と手を握ってきたそうだ。
「こういうドロっとした男女の話以外にも、家出した実家に戻りたいとか、ケンカ別れした親友と仲直りしたいとか、そういう依頼もあるんですよ。方法はまったく同じです」

最も稼ぐ女性工作員は年収2千万円！

ここで簡単な試算をしてみよう。『復縁屋1st』の料金システムは実にシンプルだ。最初の相談段階で「復縁可能性アリ」と担当者が判断したら、契約期間（スタートから復縁までの期間。平均約3カ月くらい）を決めて、客は着手金135万円を支払う。着手金の中には、調査・工作のための経費がすべて含まれている。仮に契約期間内で復縁できれば成功報酬として50万円を追加で支払う。つまり、うまくいけば185万円で愛する相手が取り戻せるわけだ。

ところで、小澤の話を聞いていて、個人的に非常に興味を抱いたのが工作員という存在である。いったいどんな人が務めているのか。

小澤氏は「見ますか、もちろんチラッとですけど」と言いながら、オフィスの奥から工作員たちの履歴書の束を持ってきた。パラパラめくってみると、イケメン&美女がひしめいている。特に女性は誘惑されたらコロっといっちゃうような美形ばかりだ。

「このコたちは正社員ではなくて、ネット募集とか紹介とか、あと街でスカウトして集めた一般の方々です」

とはいえ手軽なアルバイト感覚でできる仕事じゃない。工作員たちはまず演技や状況判断の訓練を受け、現場に出ても最初は〝飲み会の賑やかし役〟といったベテラン工作員の補助をやらされる。こうして、徐々に場数を踏みながら一人前へと成長するのだ。

工作員は現在、社に登録しているだけでも360人ほど。男女比は若干女性が多く、年齢は20代から50代まで幅広い。

「報酬ですか？　復縁が成功すれば30～50万のギャラが出ますが、もし失敗すればゼロです。完全成功報酬でやっているのでみんな必死ですよ」

ちなみにもっとも稼いでいる女性工作員の年収が2千万円。当人はあくまで副業と割り切っており、本業のＯＬとしての年収は350万だという。

「ところでこの女性工作員たちは色仕掛けでどこまでカラダを張るんでしょうかね」

下世話な質問に、小澤は言う。

「ウチからああしろこうしろとは言いません。まぁみんな大人ですから本人の判断に任せています」

1人の女性を巡り復縁VS別れさせ

根本的に、復縁を第三者に依頼するという発想そのものが、どうしようもなくミジメでみっともない。なのに、小澤の元には定期的に仕事が舞い込んでくる。

これも時代と、あきれるよりないのか。話を聞いて特に痛感するのが〝男〟のだらしなさだ。幾つか、例を紹介しよう。

【ケース1】

ある男性からの依頼。3カ月ほど付き合った彼女がどうしても忘れられない。復縁したいが、住んでいる場所がわからない。

「おそらく引越ししたはずだと言い張るんですが、不自然だと思いましたね」

ターゲットの彼女に女性工作員を近づけ、元カレと別れた理由を聞いてみると、返ってきたのは意外な一言だった。

「怖くて逃げたの」

男の暴力に耐えられず別れを切り出して連絡を絶つと、電話を何度もかけられた上、夜中に待ち伏せされたという。依頼人はストーカーだったのだ。よくよく調べてみると、警察からもマークされていた人物であることが判明した。

「こういう案件はその場で打ち切りです。契約のときに依頼者にも伝えてあるんですが、犯罪に関与すると判断した場合は、対象者にすべてをお話しして終了することにしていますので。やっぱりこの手の仕事だとトラブルはなかなか避けられませんね。そういえば、他の探偵社とカチ合っちゃったこともありますよ」

【ケース2】

やや話は複雑である。中心となるのは1組の夫婦で、奥さんが若い男と不倫をしている。小澤への依頼はダンナからのもので「冷え切った夫婦関係を解消して復縁したい」。一方、若い男は別の探偵社に「夫婦を正式に離婚させたい」と依頼していた。奥さんをめぐる2人の男の戦いだ。

さぞかし魅力的な女性だったのだろう。というのは、もちろん皮肉だ。同じ男として、ちょっと情けなくなる。

結局、小澤陣営が先に相手の探偵社の存在に気づき、先手先手を打ったことが勝負の分かれ目となった。有能な美人工作員が若い男を色仕掛けで落とし、奥さんに詰め寄ったのだ。

「アンタの家まで行って、どちらを選ばせるか話し合おう」

不倫がバレたくない奥さんは慌てて関係を解消し、夫の元へ戻ったそうだ。

平成の裏仕事師列伝 BEYOND 18

アングラカジノオーナー

千万単位で賭けるハイローラーを表で育て裏で抜く

インタビュー＋文＝生瀬大成
フリーライター

「裏モノJAPAN」2002年5月掲載

石原都知事が、お台場カジノ構想をぶち上げ物議を醸し出したのはいまだ記憶に新しい。しかし、日本には法律が許す許さないにかかわりなく、すでにカジノは存在する。一晩に千万単位の金が飛び交う、アングラカジノ。そのオーナーを直撃した。

1千万円負けるまで帰らない

「儲かるよ。月収？　んー、わかんないな。でも2千万は下らないんじゃないかな。店が摘発さえされなきゃね」

いかにも仕立ての良さそうなイタリア製黒のスーツに身を包んだ男は、２万６千円の値段が付けられたシャンパンを一口含み、舌で上唇を舐めた。

小太り気味だが短く刈り込んだヘアスタイルと、きちんと切り揃えられたあご髭が洒落た雰囲気を醸し出している。30代後半に見えるが、本当はもっと上なのかも知れない。

取材は彼が経営する、夜景の綺麗なバーで行われた。カウンターにテーブル席が３つ。奥には個室もあるらしい。

都内にもう１つ同じような店を持ち、近々イタリアンレストランをオープンさせるというこの実業家が今回の主役、木島隆雄氏（仮名）である。

カジノと最初に出会ったのは今から15年ぐらい前。当時はフリーターやっててさ、求人誌の『フロア募集』って項目を見て赤坂の店に行ったらアングラカジノだったわけ。

最初は客の出入りをチェックする見張り役を言いつけられた。入口が二重扉になってて、カメラでお客を確認してカギを開けるんだ。最初の３日間で、ほとんどの客の顔を覚えた。っていうか、覚えさせられた。

ほら、客は全員常連で顔パスなわけ。一見さんだったら、1時間ドアの前に立ってても開けちゃいけない。

一度、店の盛り上がりに気を取られて、お客が立ってるのに気づかないことがあった。そのときはめちゃくちゃ怒られたな。相手が代議士だったんだ。

凄いんだ、その先生。来るときは必ず強面の付き人に1千万入ったヴィトンのバッグを持たせて、それをキッチリ使い果たすまで帰らない。でも、勝ったところは見たことないよ。怒られて当然だよね。店にとってはお得意様中のお得意様なんだからさ。

いつでも逆転できるだからみんなハマる

当時は店が沸いてた。バカラ台が2つあるだけなのに、一勝負一勝負が異常な熱気なんだ。

バカラってのは、簡単に言えば店側（バンカー）と客（プレイヤー）にトランプを配って、どっちが9に近い数になるか競うゲームだろ。シンプルなのに、丁半博打のように出目の1発勝負ってわけでもない。トランプが1枚1枚めくられる度にストーリーがあるんだ。しかも確率はほぼ2分の

1だから、何も考えず適当にやってても勝つことがある。勝ったり負けたりが繰り返されるゲームってのは、中毒性が高いのよ。競馬や競輪はフツー当たる方が希だろ。で、負け続けたら嫌になる。その点バカラは、結果的には負けるんだけど、その過程が勝ったり負けたりするからハマるのよ。

それに倍率は常に同じで、勝ちも負けも自分のベット（賭け金）次第っていうとこが大きい。1万ずつ9連敗しても10回目に10万賭けて勝てばプラスになる。いつでも逆転できるっていうところが客の心をくすぐるんだな。

これは『マーチンゲイル法』ってカジノの必勝法のひとつなんだけど、知ってる？負けたら次は倍額賭け、また負けたらさらにその倍って賭け続けるの。

確かに理論上は負けないんだ。客が無限にお金を持ってて、ハウス（店側）が受ければね。1回オレも遊びでやってみたけど、160万負けて、気合い入れて倍の320万をいった。そしたらまた負け。次の640はさすがにいけなかった。

アングラカジノの客に対するサービスは、異常に手厚い。飲み食いはもちろん、1本数千円する栄養ドリンクや煙草などの嗜好品もすべて無料（中にはアツくなった客の頭を冷やすため「冷えピタ」を取り揃えているところも）。さらに大半の店は、客が10万

円分のチップを買うと、1万円分をプラスして合計11万円のチップを渡している。こんなギャンブルは他にない。早い話、さほどにカジノは儲かっているのである。

給料もよかったよ〜。月給は30万だったんだけど、1日の売り上げ1千万を超えると従業員に1、2割還元の特別ボーナスがあって、ぺーぺーのオレにも5〜10万をポンとくれる。それが週に1回は必ずあった。源泉？　あるわけないじゃん。

もう、とにかく毎日がお祭り騒ぎみたいなんだ。オレ、勤めて2週間ぐらいで、自分

はこの世界から一生離れられないに違いないって確信したよ。

警察への付け届けとスジ関係への上納金

といっても、カジノは非合法なんで摘発されることもある。実際、赤坂の店はオレが入って4カ月目にガサが入ったからね。

で、その後、オレは従業員として6軒で働いて、その6軒ぜんぶ摘発されるんだけど、ラッキーなことに1回も捕まったことがないのよ。

賭博は現行犯だから、客だろうが従業員だろうが、その場にいたら問答無用でワッパかけられる。でも、どういうワケか警察が踏み込んでくるのは、オレの休暇中か、抜け番のときなんだよね。

実を言うと1回だけ、従業員最後の店のときだけど知ってたんだよね、警察が来るの。その日、オーナーからオレに直接電話があって、夕方に警察が入るからお前は家に帰れって。付き合ってたウェイトレスのコと示し合せてすぐ抜け出したよ。

なんでだろうね。別に責任者でもなく単なる黒服だったのに。きっとオーナーに気に入られてたんだろな。結局、それがきっかけで、自分でカジノをやることを考え始めたんだ。

それまでも店長や名義人にならないかって話はあったのよ。月300とか500出すからどうだって。でも、遅かれ早かれ店は摘発される。ってことは、オレも逮捕される。オーナーは絶対、表に出ないからね。そう考えたらオーナーの方が得じゃん。

実際、自分らで独立してオープンするヤツらは多いのよ。特にディーラーとかさ、一緒に働いた連中がお金を出し合ってカジノ店を開いたりするの。でも、たいていは長続きしないね。資金繰りのこともあるけど、ほとんどが潰されちゃうんだ。電話1本、管轄の警察署にタレ込めば、それでお終いだからさ。

やっぱり裏の商売だから、ノウハウがあるんだ。教えてほしい？　簡単だよ。要は、警察関係への付け届けと、スジ関係への上納金をしっかりやればいいのさ。

しかもね、この世界にはそういう面倒なことを全部代行してくれる人間がいるんだ。金さえ渡しゃ、おまわり、ヤクザへの口利き、名義人だって用意してくれる。

金額については言いたくないな。まあ、月に数百万ってとこにしておいてよ。もちろんそれ以外も盆暮れとか、祝儀・不祝儀で出さなきゃいけない。

絶対に裏切らないディーラーを見極める

オレの場合、最初に自分の店を持ったときは2千万かかったんだ。細かいことに結構かかるのよ。

チップひとつとっても、1千、1万、10万円と3種類それぞれ店名入りのオリジナルを作らなきゃいけない。バカラ台はレンタルでもいいけど、摘発されたら没収だから買った方が安い。

もちろん一番金を注ぎ込んだのは仲介料だけどね。開店前に黒服時代に貯めた1千万

があっという間に消えちゃって、あとは急遽かき集めた。

従業員は、それまでの知りあいに声かけてさ。ただ、ディーラーには気を遣ったね。イカサマはする気もないけど、やっぱり勝負事だから、運の強い弱いってのがあるんだよ。弱いヤツはホントに勝てないからね。

それと、業界で《横を入れる》って言うんだけど、知り合いを客として店に呼んで、そいつを勝たせるディーラーってのがいる。だから、絶対そういう裏切りを働かない人間を選ばなくちゃいけない。これが神経遣うんだ。

まあ、そんなこんなでようやく開店にこぎつけたわけだけど、夜の7時にオープンして、10時を過ぎても誰も来ない。よくよく考えたら当然なんだ。だってその日が開店だって誰にもPRしてないんだもん。看板も出してないしサンドイッチマンも雇ってない。それで二重扉じゃ、誰も来るわけないよな。慌ててみんなで電話かけまくったよ。

で、12時過ぎぐらいになってようやくチラホラ人が来だしたんだけど、ハイローラー(一度に何十万と勝負する大口ギャンブラー)の客ばっか集まっちゃってさ。祝儀だってボンボン賭け始めちゃったんだ。

しかも、お客の手元にどんどんチップが貯まってってさ、「調子いいですね。もう勘弁してくださいよ」なんて笑顔で言いながら、内心ドキドキもんだった。客は上機嫌で

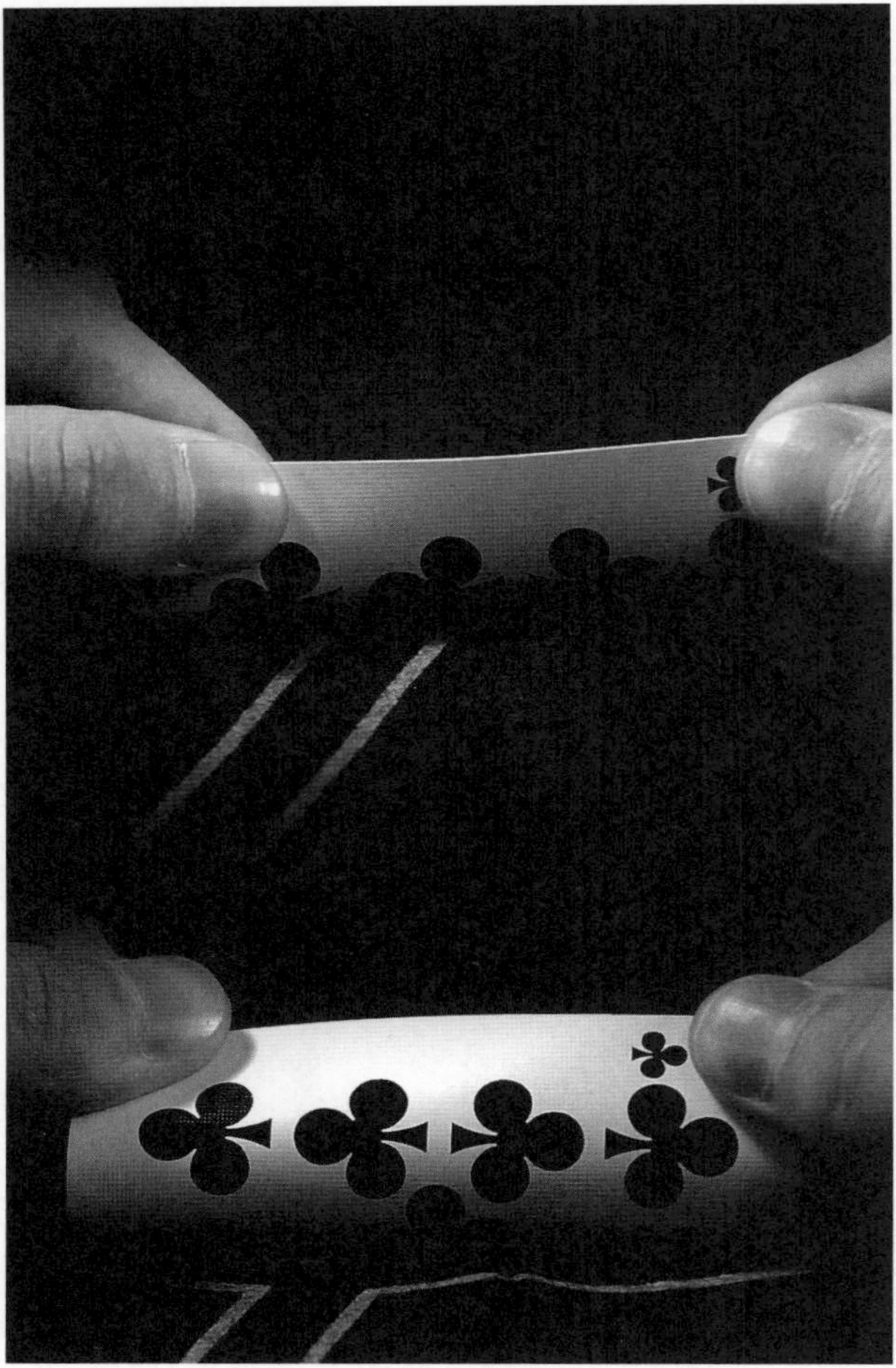

「ビールとフルーツ！」なんて調子に乗ってるし、もう酒に睡眠薬入れちゃおうかと思ったもん、ホントに。

結局、その日はトータルで200万の赤字。300万分のチップを預けてったお客がいなかったら大変なことになってたよ。

出だしがそんなだから心配したけど、何のことはない。初日にチップを預かったお客も300がすぐに溶けて、追加追加でさ。結局1カ月後にはトータル5千万ぐらいの黒字。最初の出資金なんてあっという間に取り返したよ。

2001年3月1日の毎日新聞に、こんなベタ記事が出ていた。

『警視庁渋谷署などはトランプを使った「バカラとばく」をしていたとして、ゲーム店の従業員××容疑者と従業員16人、客22人の計39人をとばく場開帳図利などの疑いで現行犯逮捕し、とばく台4台と現金1670万円を押収した。同店は客が勝った金の5％を寺銭として徴収し、1日約840万円の利益を上げていたという。同署は同店が開店以来約33億円を売り上げていたとみて追及する』

1日に840万、開店以来33億。単純計算、この店は1年足らずでこれだけの金を売り上げたのだろうか。

客を育てるための「許可店」

確実に儲かるから、摘発されても新しいカジノ屋ができる。でもアングラには限界があるの。客が限定されちゃうんだ。オレも何度か店を鞍替えしたけど、客の顔ぶれはほとんど同じだもん。そうなると、今度は警察より客が本業で失敗することの方が怖いんだ。代議士先生だって、選挙に落ちたら終わりだからね。

で、客を探すために「許可店」が必要になってくるわけ。

「許可店」とは、各都道府県公安委員会に飲食店の許可を得た、いわばカジノの雰囲気を味わうだけのアミューズメント・スポットだ。

例えば、街角にサンドイッチマンを立たせ宣伝している店のほとんどは「許可店」をうたっている。

ただし、それらがすべて単なるゲームセンターと思ったら大間違い。看板に書かれた「サービス5－1」とは、5万円分のチップを買えば1万サービスすることを意味している。

アングラも許可店も一緒。今は換金なしの店なんて、ほとんどないからね。ただ、店の雰囲気が全然違う。許可店は看板出して、オシャレなカフェバーっぽい造りでさ、従業員も若くて可愛いのばっかり。もちろん初めての客も大歓迎で、中には入口のドアを開けっ放しにしてるとこもあるよ。

金も直接やり取りせずに、いったん景品に替えて換金所に持っていくってシステムを採ってる。ま、そんな小細工は警察もお見通しで、いま摘発されてるのはほとんど許可店なんだけどさ。

おかしいのは、アングラ店は暴力団の資金源になってるからってマル暴の担当なんだけど、許可店は生活安全課。で、罪状は同じなのに刑罰的にはアングラの方が重い。やってることもオーナーも同じだったりするのにさ。

もちろんオレもアングラやりながら許可店もやったよ。金だけ考えればアングラ1本の方が儲かるんだけど、刑罰云々じゃなく客を発掘するために必要なんだ。

いくら金があっても、いきなり二重扉の中には足を踏み出せないからね。けど、許可店ならちょっと遊んでみようかって気になる。強面の人間なんかいないしね。

で、最初は小さく遊ぶんだ。許可店にはミニバカラが置いてあって、ミニマム（最小ベット）2～3千円で賭けられるからね。負けてもそれほどの額じゃないし、タバコとかドリンク代を考えれば暇つぶしとしては面白いと。

そっからバカラの魔力にハマってく。自分でカードを絞る（張った金額の多い人が優先的にトランプをめくることができる）ようになると、ミニバカラじゃ物足りない。ミニマム5千円とか1万円の台に移ったらもう中毒だよ。そういう客はチップを弄ぶときの仕草でわかるね。板についてくるんだ、手さばきが。

こういう風に新規の客を開拓して、ハイローラーに育てるのは許可店じゃないとできないんだ。

もちろん、育たない客もいっぱい来るよ。というか、そっちの方が多い。ガジリ屋っていうんだけど、飲み食いし放題のサービスを目的に来る若いヤツとかね。

でもいいの。そういうのってなんか健全な感じじゃん。ああ、今どきの若いヤツらも遊んでるんだって、店の雰囲気が良くなるんだよね。悪いことしてるって意識がなくなる。元々ミニバカラに売り上げなんて期待してないから。ガミったって1日50万円ぐらいのもんだろ。そんなのサービスとか従業員の給料とか考えたら初めから割になんか合わないよ。こっちが期待してるのは金を持った客がバカラにハマってくれること。新規客が50人いたら1人育ってくれればいいんだよ。

ニューオープン
第一号 営業許可店
★バカラ
★ルーレット
(年中無休)
アミューズメント カジノ
G☆SEVEN
★スロットマシーン
★テレビゲーム
大抽選会実施中!!
☎03-
新宿区役所通り
B1

国税局の調査がいちばん怖い

もっともオレはもう許可店はやってない。ハイローラーの客とつながりも出来たし、自分で閉めたんだ。ただ、仲介業者とはちょっとモメたけどね。

ってのは、やっぱり摘発されないといけないらしいんだ。ある期間見逃す代わり、警察の顔を立ててお縄をちょうだいしなさいってことらしい。

でもまあ強引に辞めて、今は新しい客相手にアングラ1本だよ。許可店は24時間営業だったけど、今の店は夜の7時〜朝5時までね。特定の客相手だと、やっぱりこれが一番いい営業形態なんだ。

収支も許可店のときよりいいよ。ちゃんと育てたからさ。中にIT関連会社を作っては売り飛ばしてる億万長者がいるんだけど、そいつなんか店に来ると3千万ぐらいの勝負して、確実に1千万は落としていってくれるからね。

警察なんか全然怖くないよ。オレの客が捕まるようなことは絶対させない。それより心配なのは国税局の方。どうやってマネーロンダリングするか、いつも考えてる。このバーもその一環だから。

ほら、ワインとか料理は値段なんかあってないようなもんだろ。だから脱税工作の反対でさ、本来より多くの売り上げを立てて儲けを上乗せしてる。その分、税金を余計に払わなきゃいけないけど、正当な稼ぎとして現金を使えるからね。

それでも怖いよ。国税局ってのは、実際に内定してどのくらい客が入ってるかまで調べるらしいんだ。今の会計事務所は、どうも頼りなくてさ。あんたこういう取材してたらコネクションあるんじゃない？　全部ひっくるめて面倒見てくれる、腕のいい会計士さん紹介してくれよ。仲介料は弾むよ。

平成の裏仕事師列伝 BEYOND 19

ヤミ蟹ブローカー

高原のペンションでズワイガニが食べ放題できる理由

インタビュー＋文＝北野ナツヲ
フリーライター

「裏モノJAPAN」2002年7月掲載

昨年夏、信州の山間部へ1泊2日の小旅行へ出かけた。宿は『厳選した地の食材だけを使った本格派料理』を売り文句にした小綺麗なペンションである。

フロントでチェックインの手続きを済ませると、オーナー夫人と思しき30代後半の女性が聞いてきた。

「プラス1千円でズワイガニ食べ放題にできますが、いかがいたしましょう」

思わず顔がほころんだ。カニは僕の大好物である。ビルの壁面で真っ赤な足をバタつかせる『かに道楽』の看板を見るだけで、幸せな気分になれる男だ。

プラス1千円でズワイガニが食べ放題なんておいしい話を聞き逃すわけにいかない。僕はぜひお願いします、と笑いながら彼女に告げた。

残念ながら、夕食時に出されたそのカニはお世辞にも美味いとは言えなかった。たかが1千円のカニである。この程度だろう、と妙に納得したのも事実だ。

が、その後、風呂に浸かって、疑問が湧いてきた。真夏の高原でカニの食べ放題？何かおかしくないか。

僕が子供だった20年前には滅多にお目にかかれないご馳走で、10年前でも口にしたのは年に1、2度である。いったいいつの間にカニはこんなお手軽な食べ物になったのだろう。

その疑問に答えてくれる人物に会ったのは、今年2月末のことだ。東京発の新幹線で北へ向かうこと2時間余。某ターミナル駅前のファミレスで顔を合わせた男は「もう足を洗うかもしれないから話してもいいよ」と、日に焼けた顔をほころばせた。

西川茂典氏（仮名、42才）は、日本各地に蟹を売りさばくブローカーグループの元締めである。扱う蟹は、ずばりロシア船が運ぶ密漁ガニだ。

なぜ日本中にカニがあふれ出したのか。西川氏がカラクリを語り出した。

ロシア船の積出証明書はみんな偽造品だった

いま、ロシアの漁船が日本から締め出しくらいそうになってるの知ってる？ この前新聞に出ちゃったんだけど、ロシア船の『ＰＣ』が偽造だって日本政府が認めちゃったのよ。

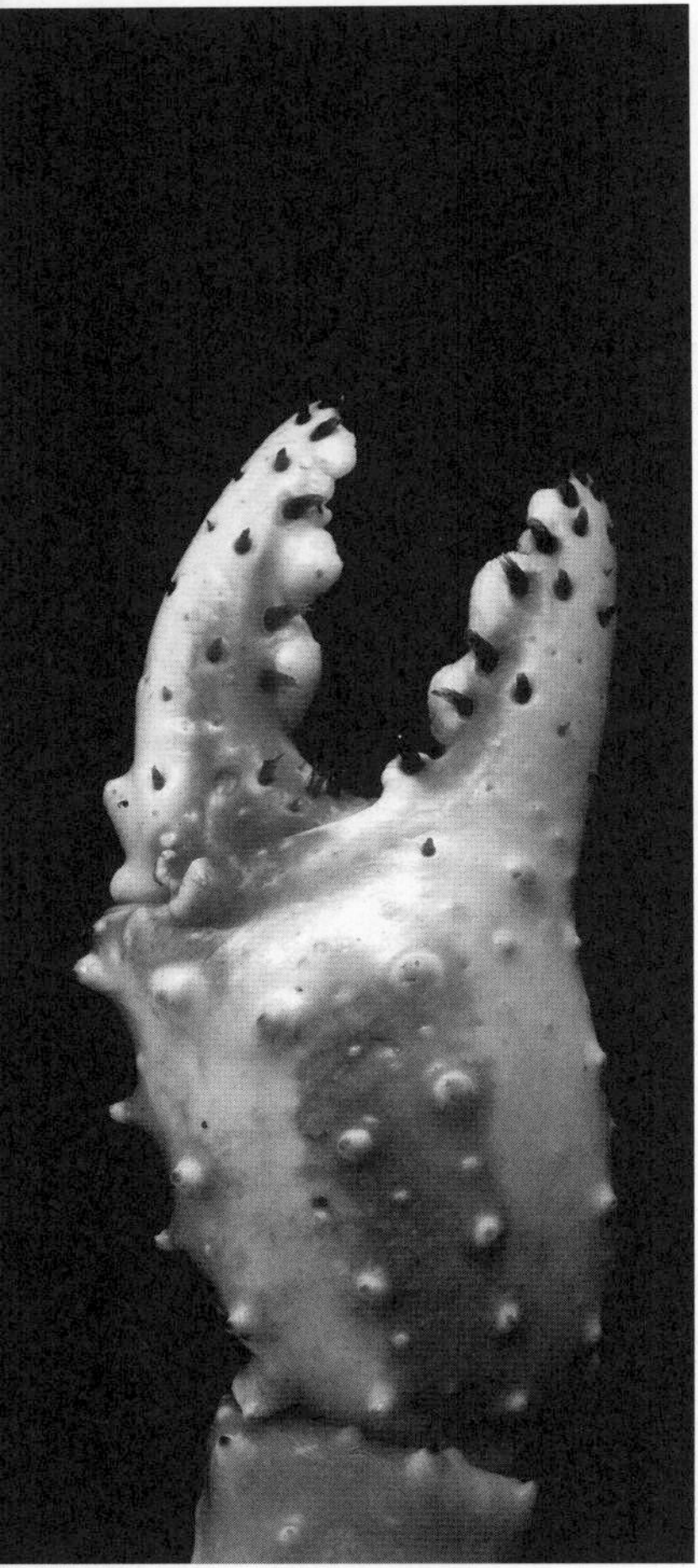

日本は外国漁船や商船が魚介類を荷揚げする際に、輸出国の税関が発行した『PC』（ポートクリアランス＝積出証明書）の提出を義務づけている。日本近海での密漁や密輸を防ぐことを目的としたものだ。

当然、日本へ大量の水産物を輸出するロシアも例外ではないのだが、4年ほど前、ロシアのPCが偽造品ではないかという疑惑が浮上。回答を求めていたところ、昨年8月になって、やっとロシアから返事が届いたのである。

果たして、ロシア政府は、ソ連崩壊後の再生ロシアのPCがすべて偽造品だったことを認めたのである。

ひた隠しにされていたこの事実が明るみになったのは今年2月12日。産経新聞のスクープだった。政府が早急に対策を講じると発表したのは、それから間もなくのことだ。

実際のとこニセ物なんだよ、PCは。なんで断言できるかっていうと、偽造してるのはうちらの仲間なの。少なくともこの4年の間は知り合いの中古車屋の岡島（仮名）って男が作ってた。

オレは元々何でも屋っていうか、倒産しそうな会社の在庫品を安く買い叩いて量販店に流したり、そういう仲買いみたいなことをメインにやってきたのね。品物さえあればそれこそ偽造ブランド品から盗難カードまで扱うみたいな。

で、そんな仕事してると、どうしても筋関係とつながりができる。ん？　盃は交わしちゃあいないよ。そうだな。準構成員ってことになるのかな。

新潟で出会った1人のマフィア

コトの始まりは今から5年ぐらい前だよ。ほら、ロシア船が日本の中古車を買い付けにきてるってニュースがあっただろ。オレみたいなブローカーは金になりそうなモノをかぎ分けるのが仕事だから、それ見てとにかく新潟に出かけたわけ。

そしたら類は友を呼ぶっていうの。やっぱり金儲けのネタを探してる1人のロシアンマフィアと知り合ったのよ。

ソイツ日本語ペラペラでさ、酒飲みながら、ベンツやセルシオを盗んできてくれとか、ビューティフルガールを買わないかとか、怪しげな話をいろいろ持ちかけてくんの。

適当に聞き流してたよ、最初は。けど、そのうちPCの話になってさ。おまえこれと同じ物を作れないかって、ペラ1枚の書類と古物商の鑑札みたいな板っ切れを持ってきたんだ。

これが笑っちゃうぐらいチャチなんだよね。日本の税関がニセ物とは気づかなかった、なんて言ってるらしいけど絶対ウソだよ。だって見るからに怪しいもん。書類の文字なんかコピーのしすぎで滲んでるしさ。

「こんなの簡単だよ」

「OK。じゃあ頼む」

それで商談成立よ。偽造なんか経験ないけど、1枚につき50万出すって言うのに乗らない手はないだろ。誰かにやらせてマージン取りゃいいシノギになるしな。

で、岡島に話を持ち込んだわけ。ヤツは手先が器用な上に凝り性で、

前にナンバープレートの偽造を頼んだことがあったからさ。3日もせずに立派なPCを作ってきたよ。オレにはよくわかんないけど、板金でロシア文字を打ち出したり、パソコンで印鑑を取り込んだりしたらしいな。

当然、マフィアは大喜びだよ。日本の万札50枚とその場で交換だもん。

デキのいい偽造PCでロシアンマフィアを満足させた西川氏の元へは、以降、多くの依頼が舞い込み始める。そうし

て「明日までに10枚」などという無茶な注文にも対応してるうち、相棒の岡島氏の店は偽造工場に変身してしまった。

結果、昨年1年間だけで作ったPCは実に100枚を超えたそうだ。

10倍、20倍で売れるなら目を付けないわけがない

なんで、ヤツらがこんなに偽造PCを欲しがるかって、そりゃカニを売るためさ。つっても、連中が直接、商売するんじゃなくて、売りに来るのは向こうの漁師。聞いた話だと、漁師はマフィアから100万で偽造PC買ってるらしいね。ぼったくりもいいとこだけど、ま、逆にいやそれだけ出しても旨みがあるってことなんだろうな。ロシアってのはマフィアが経済を牛耳ってるんだよね。官僚と結託して、わざと物不足を演出して物価を上げたりさ。

そんな連中が日本人のカニ好きに目を付けないわけがない。向こうの10倍20倍で売れるとなりゃ、濡れ手で粟だもんな。

しかも、日本のチェックなんてゆるゆるだろ。だってヤツら、水揚げ量を「1トン」って申告して、実際は10トンぐらい積んでるのザラだぜ。そうすりゃ9トン分は税金払

わなくて済むってことなんだけど、なんで日本の税関はそれを見逃すかね。

ＰＣの件もそうだけど、日本はなぜかロシアに甘いんだ。マフィアを怒らせてロシアが攻めてきたら対抗できないって気持ちがあるのかな（笑）。


入港書類はニセモノで、積み荷の総量もウソ。そんなデタラメが本当に税関でまかり通るのだろうか。

データを引っ張り出すと、ロシア政府が日本への魚介類の輸出を本格化したのがソ連崩壊後の91年。以後、順調に取引高は増え続け、農水省によると、ロシアから我が国への輸入量は96年に22万5千トンを超えたという（うち半分以上がタラバ＆ズワイなどのカニ類）。

高級食材だったカニが居酒屋チェーンのメニューに登場したのは約5年前。確かにこの統計とピッタリ合致する。

ところが農水省のデータは、「以後、同じ水準」と続く。ここ数年、カニの消費量が右肩上がりで増加してるのは周知の通り。ロシアからの輸入量が横ばいとの報告は明らかに事実と矛盾している。

「ロシア国旗を掲げてればほとんどノーチェックだよ」という西川氏の言葉が、政府発表より真実味を帯びて耳に響きはしないだろうか。

高級ガニの正体はロシア産のヤミ蟹!?

そんなオイシイ商売なら、オレも乗らないわけにいかないって、すぐにカニを扱うようになった。闇ブローカー？　そういうことになるのかなぁ。

なーに、カニを売るのなんて簡単だよ。マフィアの息がかかった船が着いたらトラックに積んで卸先に持ち込めばいいんだ。

国内産のカニは、漁師が水揚げしたら漁連が荷受けして市場で仲買人たちがセリ落としたりするんだけど、ロシアのカニは直接取引が当たり前でさ。北海道の港には輸入ガニ専門の加工会社や水産市場が軒を連ねてるのよ。

いや、カニの密輸を手がけてるマフィアはいっぱいいて、オレたちみたいなのも港にはうようよしてんの。だからカニの入った籠を運び出してても、ちっとも怪しまれない。

売り先はいくらでもあるよ。『独自のルートで仕入れてるのでお安くしてます』なんてトークをかませば、料亭もホテルも向こうからお願いしますってなもんだよ。

名前は出せないけど、ある所の有名老舗旅館もオレの得意先でね。毎年11月の蟹シーズンが来ると『獲れたての松葉ガニだけをお出しします』って宣伝しながらロシア産の冷凍ズワイを何万の料金で食わせてる。あくどい商売してるだろ。

ただ実際のところね、雪印事件の後、食品の産地偽装が問題になってるけど、あんなのこのギョーカイじゃ常識以前なんだよね。

元々国産の最高級ブランドって言われてる越前ガニと松葉ガニだって、船の着く場所が違うだけだもん。同じ漁場で獲れても、福井で水揚げされりゃ越前で、島根なら松葉。それ以外はただのズワイになっちゃう。それで値段が倍も

違うんだから、おかしな話だろ。

ウワサじゃ、北の方で穫ったカニを乗せたまま、わざわざ福井まで行く船がいるってさ。結局、名前だけなんだよ。味さえよけりゃ「これが松葉ガニです」って出されてもわかんないんだろ。例え、そのカニがロシア産でもさ。

電話1本、冷凍倉庫から直送

最初のうちは全部自分で目利きして、2キロ3キロの特大モノは高級料亭、中型はホテルやレストラン、後は土産物屋なんて細かく割り振ってたのよ。これでもオレ、流す商品の質にはこだわってる方だからさ。

けど、いまはそんなことやってられないの。量が半端じゃないからね。トン単位で入ってきたら一面、カニの海だもん。そんなのに一匹一匹値段付けてたら腐っちまうよ。だから、特大モノは別にして、後はキロいくらの量り売りだよ。オレは仲買に徹して、小売は卸業者に任せてる。そいつらが日本全国にカニをバラまいてるんだ。

え、ロシアからのカニの輸入量が年間10万トン？　まぁ、税関通るのはそんなもんなのかぁ。オレの扱いだけでそのぐらいはいってるけどな。

ところで、最近『カニ食べ放題』って流行ってるだろ。あれはヤミ蟹のお陰だよ。国内産は天候によって収穫量も値段も変わるけど、ロシア産は船上で冷凍されてくるから安値安定、コンスタントに数を提供できる。

卸業者の中には自分んとこの冷凍倉庫に入れといて、電話1本で届けてる連中もいるしな。ほら、業務用に皮剥いて下味付けたカボチャなんかあるだろ。カニもああいう冷凍野菜と同じ感覚になってんだ。

あんたが行ったって言う高原のペンションも使ってるのはロシア産だろな。日本人は安い密輸ガニに慣れちゃったから、山の中でカニの食べ放題をやっててもおかしいなんて思わない。それがもう当たり前になってるのよ。

カニ好きを公言しておきながら、僕はそれがどこから運ばれたものか考えたこともない。1個300円のこだわりトマトと一山200円の格安種があるのと同様、料金格差も自然に受け入れていた。それが日露両政府黙認の密輸品だったとは……。

しかし、一方で「だから何だってんだ」とも思う。安いカニが食べられれば違法品だろうと構わないではないか、と。

「それが日本人の正直な気持ちじゃないの。そりゃ、法は犯してるかもしれないけど、

ロシアのマフィアも漁師も儲かりオレも懐が豊かになる。おまけに客も安くてうまいカニを食えるんだからいいことずくめだよな」

そうですよね。西川氏の言葉に思わず頷いていた。

せいぜい今のうちに腹いっぱい食べときな

だけどね、この商売もいい加減、限界にきてる。ロシア国内は物不足で困ってるのに、獲れるだけ穫って日本に持って来ちゃうからカニがだぶついて、値引き合戦が始まってるんだ。

特にこの1年は入荷量がめちゃくちゃ多くてさ、卸の連中もヒーヒー言ってた。保存しとこうにも倉庫代がバカにならないから、とにかくさばくしかないんだけど、店側が「あっちの業者はキロ2千円でしたけど、おたくは?」なんて足下見てくるんだ。まったく忙しいだけで実入りは減る一方よ。

それでも抜けられないのがロシア相手の怖さでさ。マフィアには元KGBの人間もいて真顔で言うんだ。「裏切ったら必ず見つけ出して落とし前つける」みたいなことを。冗談かも知れないけど、ほら、北方領土問題で疑惑の議員さんがいたでしょ。何年か

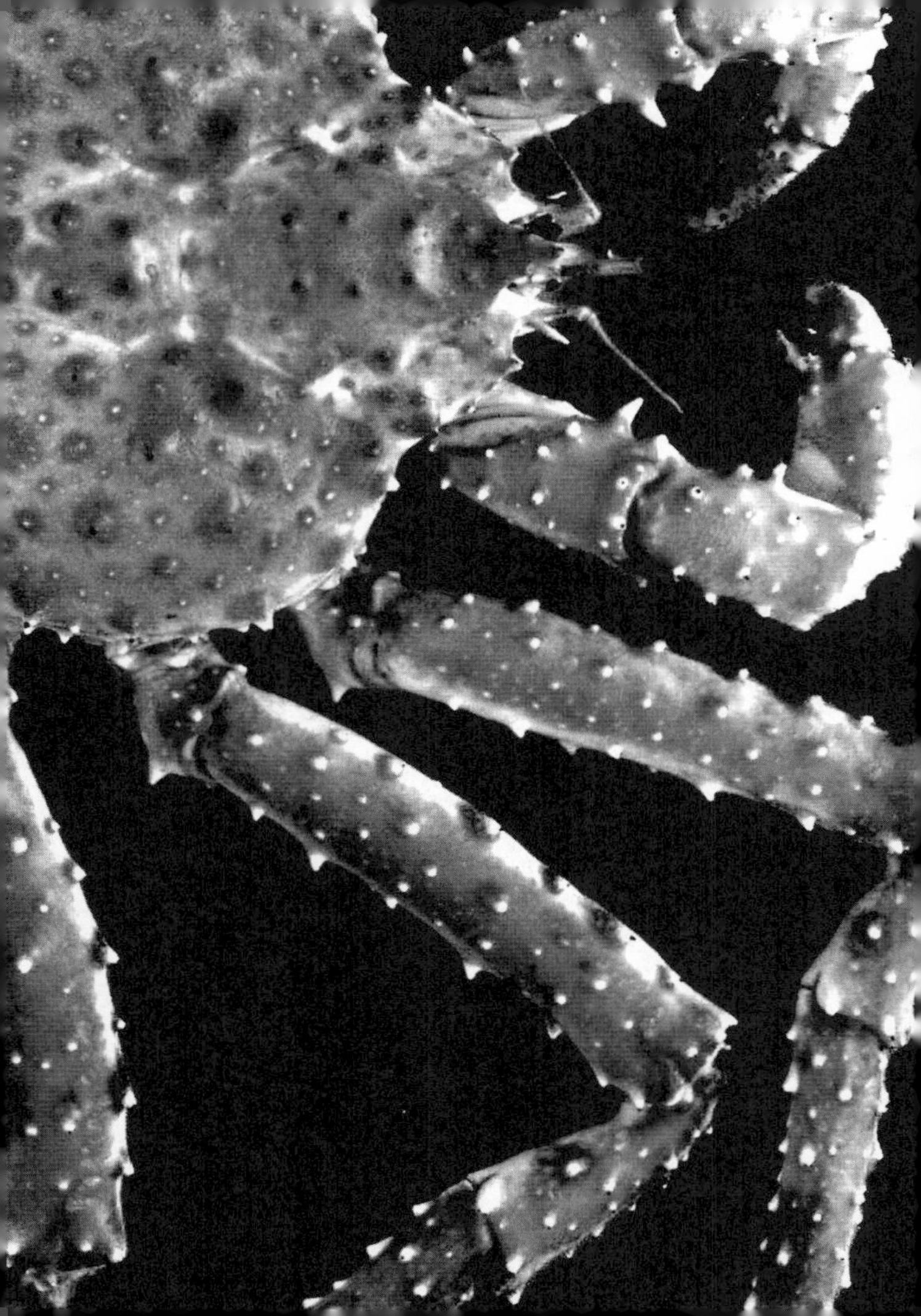

前、あの人が最初に偽造PCのことを国会で問題にしたらしいのよ。国益に反するとか言ってさ。

それが手の平返しでロシア開発に金を注ぎ込み出したのは裏で脅されたからだって話だよ。無責任なウワサにすぎないけど、連中が相手だとそれが信じられちゃうの。だからね、正直言ってオレの中には新聞が騒いでくれてホっとしてる部分もあるのよ。今後どうなるかわかんないけど、政府が取り締まりを強化すればロシア船の入港が減るだろ。そしたらこの仕事から抜けるいいチャンスじゃん。

もちろん稼ぎ口がなくなるのは痛いけど、ちゃんと対策は考えてある。ほら、密輸ガニがなくなりゃ品不足で値が上がるだろ？　それに備えて在庫を寝かしとく倉庫を手配してあるんだ。その辺はぬかりないよ。

あんたもせいぜい今のうちに腹一杯食べときな。

この取材の後、日本政府のロシア船に対する取り締まりは急ピッチで進んだ。4月1日より、PCに代え『貨物税関申告書』を提示することを定め、不正が発覚した場合は入港を認めないと強い態度を表明したのである。

システム変更から1カ月以上が過ぎた5月10日現在、北海道へのロシア船の入港は半減。ロシア船の乗務員が上陸しなくなったことで、稚内や根室が被った経済的損失は300億円に上るという。

そして西川氏の読みどおり、カニの値段は上昇傾向にある。北海道の土産物屋では3月期に比べ、タラバガニの店頭価格が2倍にハネ上がったそうだ。

それにしてもわからないのは日本政府の対応である。なぜ、10年間も黙認した密輸をいまになって取り締まらねばならないのか。

これまで僕が取材した何人かの裏仕事師たちは、ロシアンマフィアと組めば金になると口を揃えて言った。裏に個人の思惑を超えた何かが動いている気がして仕方ない。

確かに密輸かもしれないけど、カニが入ってこなくなったら困るのは日本人なのに政府もバカだよな。ロシア船の乱獲に対するカニ資源保護だなんて言ってるけど、そんなのタテマエだろ。いくら日本が締め出したってロシアの連中がこんなウマミのあるビジネスを手放すはずないのに。

おおかた、日本がダメなら入港チェックの甘い韓国あたりに鞍替えするのが関の山なのにさ。いいかい見てな。これからどんどんカニの値段が上がっていくからよ。それまで在庫をキープして、オレはカニ成金になってやるよ。

冤罪工作人

無実の邦人をムショに送り保釈金をせしめる

インタビュー＋文＝金城直人
フリーライター

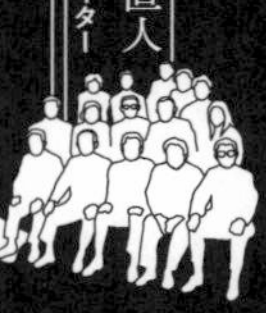

「裏モノJAPAN」2002年12月掲載

「何かの間違いだ！」

２０００年某日、タイ・バンコクのドンムアン空港出国ゲートに、日本人男性の絶叫が響いた。

四方を３人の警官が囲み、後ろ手に組まされた両手には、鈍色の手錠が食い込んでいる。見る間に、周囲が人だかりで埋まった。

罪状は「薬物不法所持」。

セカンドバッグの底に、約25ミリグラムの覚醒剤が見つかったのだ。容疑者は即座に所轄の警察署へ送られ、司法省による罪状認否を受けた。

早々に処分を決めたい警察。あくまで無罪を譲らぬ容疑者。なんとか息子を日本に戻すべく奔走する両親。三者三様の思惑が渦巻く中、2日後に出た判決は、懲役15年の重刑だった——。

ここ数年、同様の事件が増えている。例えば、昨年のタイにおける邦人逮捕者は29名。いずれも、荷物の中に数グラムの覚醒剤やヘロインを隠し持っていたという。他人事ではある。薬物の密輸を企てた末の逮捕など、自業自得もいいところだ。

が、しかし。

無罪を唱える彼らの主張が真実ならばどうだろう。それも、第三者の悪だくみによって、身に覚えのない罪を着せられているだけなのだとしたら……。

深沢忠介氏（仮名、47才）は、無実の日本人を東南アジアの刑務所へ送り込む作業を生業にしてきた男だ。

ターゲットの所持品に麻薬を仕込み警察にパクらせた後、「保釈金」の名目で家族や関係者を騙して多額の札束をせしめる——。5年前にこの稼業を始めて以来、彼がハメた人間は数知れない。

今年9月、あるルートを通じて氏と連絡が取れた。もうすぐ足を洗うため、詳細を語っても構わないという。

約束の喫茶店に現れた、好々爺めいた笑顔を浮かべた中年男性が、アジアと日本を股にかけた裏ビジネスのカラクリを語り始めた。

1千万の保釈金が用意できるか？

「いま、アジアでクスリをやるとヒドい目に遭うのは知ってるでしょ？　終身刑やら死刑なんてのも珍しくないぐらいでさ」

タイやフィリピン、そしてマレーシアを中心とした東南アジア諸国は、ここ数年で、世界でも屈指の反ドラッグ圏を形成しつつある。

背景にあるのは、タイからミャンマーにかけて広がるドラッグの密造地帯、いわゆる「ゴールデントライアングル」だ。３カ国のボーダーライン沿いに展開するケシ畑の面積は2千ヘクタールを超え、夏が来るたび、一帯はアヘンの甘い香りにむせ返る。

ここから、世界市場へ流れ出す薬物は年間で９２６トン。中南米やアフガン周辺などと並ぶ、指折りの麻薬汚染源だ。

「そこに、アメリカが圧力を加えたんだよ。数年で麻薬問題が解決しなきゃ、経済援助をうち切るってさ。ムチャな話だよ」

対応に追われた東南アジア諸国は、罰則だけを異常に強化する策に出た。例えば、タイの場合、容疑者がプッシャーなら、証拠が出た時点で即死刑。たんなる買い手の場合でも、50グラム以上の覚醒剤が見つかれば、やはり絞首刑に処され、それ以下の所持量でも最低12年の懲役

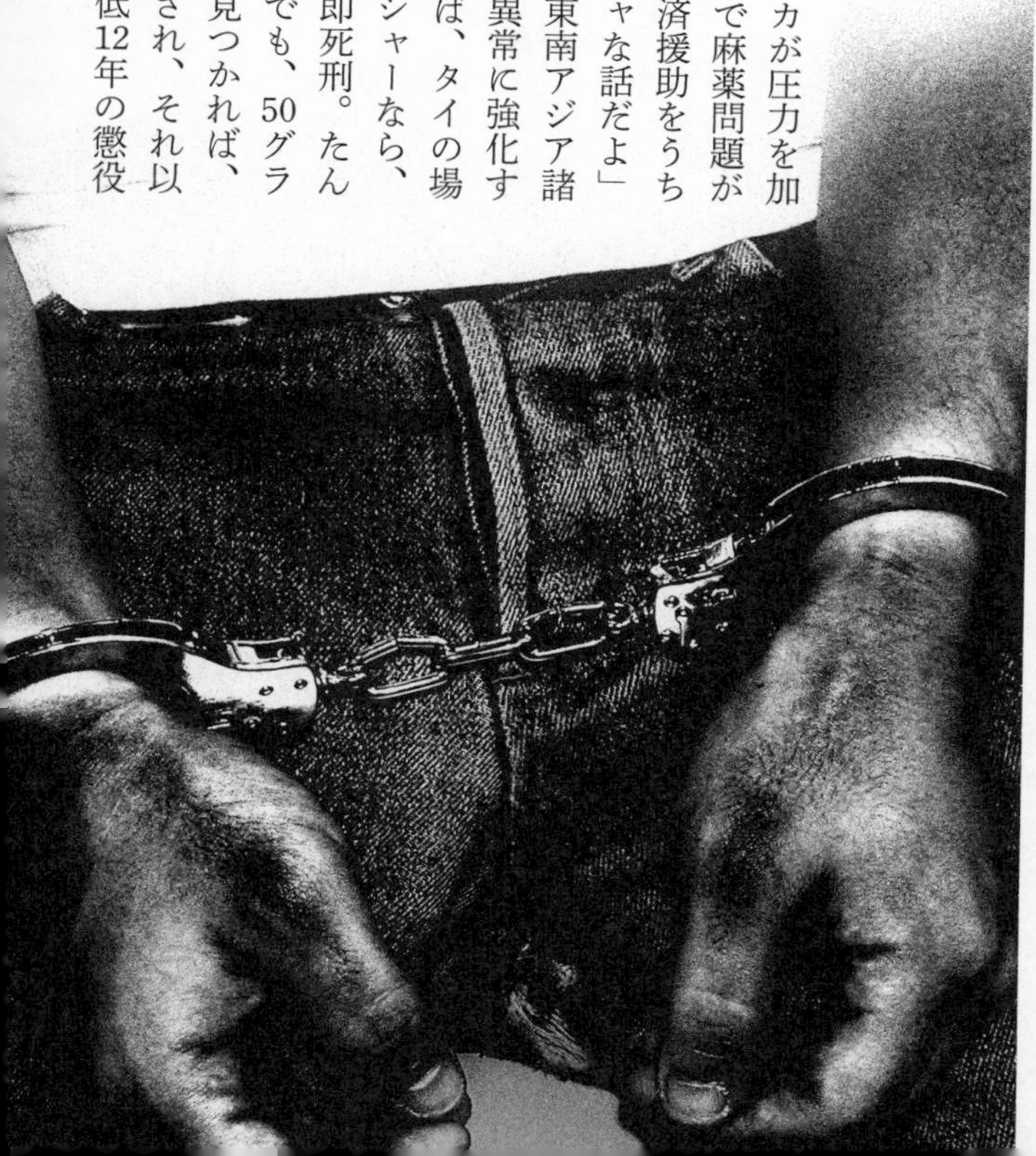

は間違いない。

むろん、外国人だからといった言い訳は通じず、情状酌量が認められたケースは無い。恩赦特典が発動された場合でも、麻薬犯だけは釈放を許されないほどだ。

そこに、裏ビジネスがつけいるポイントがあるのだと、氏は微笑む。

「パクられたヤツの家族や両親に切り出すんだよ。『現地在住の腕利き弁護士を知ってる。口を利いてあげましょうか？』って」

なんら勝手が分からぬ異国の地における変事だ。それも、いきなり死刑の可能性までほのめかされれば、相手はワラにもすがる思いで乗ってくる。そこで、もうひと押し。

「『ただし、弁護料に加えて裁判費用と保釈金が必要になる。1千万ほど用意できるか？』ってデタラメを並べてやるんだ。もちろん、額面は相手の資産額によって変えるよ」

続いて、受け取った金額から、平均で100~200万円のワイロを裁判所か警察へ渡し、実際にターゲットを釈放させてしまう。

「全部持ち逃げしちゃってもいいんだけど、こっちの方が後腐れがないでしょ。差額がもらえりゃ十分だよ」

つまり、1回の仕事で氏の懐には約800万円が入る計算だ。麻薬や刑務所といった危険なイメージからすれば少なくも感じるが、氏はあくまで余裕の表情で言い放つ。

「リスクがほとんど無いからね。国際法があるから、日本の警察は絶対に手出しができないし、失敗した場合でも金が取れなくてガッカリするぐらいだもん。十分に見合った金額だと思うけどね」

そんな簡単にいくのか？　当然の疑問だろう。

いやしくも一国の中軸を支える公僕が、金の力だけで死刑囚を無罪にまで持ち込めるものなのか。また、日本大使館に常駐する〔邦人保護担当官〕たちが、邦人の冤罪という一大事を捨てておくとも考えにくい。

以上の点を理解すべく、氏が裏稼業に手を染めたキッカケを見て行こう。

腐敗したタイ警察をワイロで手中に

深沢氏の表の顔は、アジア専門の旅行代理店である。都内の貸しビルに小さな事務所を構え、3人の従業員だけで細々と運営する零細だ。9年前まではマジメにやっていたという氏は、いかにして裏社会へ足を踏み入れたのか。

「バブル崩壊に巻き込まれて首が回らなくなっちゃったんだよ。しょうがないから、航空券の発券前に全額を払い込ませて、トンズラを決め込んだのがキッカケだね」

俗に言う計画倒産の手法だが、当時の旅行業界には個人債権者をかばう法律が整備されておらず、氏は危なげなく同じ手口を繰り返した。

「そのうち〔悪徳旅行業者〕ってことで裏の世界で有名になり始めて、スジ者から仕事が入るようになったのね」

偽造免許の斡旋や未認可ドラッグ密輸など、旅行業者の協力が役立つ裏ビジネスは山ほどある。依頼を淡々とこなすうち、いつしかヤクザ組織と懇ろになっていった。

そんなある日、親近の組員である山崎（仮名）から毛色の変わった相談が舞い込む。タイで、クスリを使ったシノギをやらないかと言うのだ。

「いや、単にプッシャーをやろうってんじゃないよ。ちょうどそのころ、タイに〔密告奨励制度〕ってのができてさ」

密告奨励。つまり、麻薬の売人や所持者の居場所を警察に教えた者には、報奨金を与えるという法律だ。麻薬対策の遅れに業を煮やした政府による、まさに苦肉の策である。

計画は単純だ。タクシーの運転手かホテルのボーイを雇い、ターゲットに麻薬の購入を勧めさせ、部屋で一発キメているのを確認した後で警察にたれ込めば、30分後にはホテルにガサ入れが雪崩れ込む。クスリのルートは山崎が押さえていたため、仕入れ先には困らなかった。

「簡単でしょ？　ただ、タイって物価が安いから、報奨金も1回2万円程度なんだよね。面倒くさいんで、10回ぐらいやって止めちゃった」

しかし、この経験は、予期せぬ副産物をもたらした。タイ警察が、氏に公然とワイロを求めてきたのだ。

「ホテルに警官が来て言うんだよ。『なにか困ったこ

とがあれば、いつでも尋ねてこい』って。要は、金さえ払えば、便宜をはかってやるって意味なんだけどさ」

日本ならあり得ないシチュエーションだが、東南アジアでは、罰金の使い道が、地域を取り締まる警察署の裁量に任されているため、こんな話も珍しくない。

例えば、集めた金を遊興費に当ててもお咎めは一切なく、警官がミカジメ料を要求しようが法的には余裕でセーフだ。警察署長が、政治家や企業家へワイロを求める事件は日常茶飯事で、いまさらゴシップ誌の三面記事にもならない。

「ヤツラの腐り方はハンパじゃないよ。虫に食われた跡を『シャブ中の証拠だ！』って騒がれて、罰金を取られた日本人もいるから、おちおち蚊にも刺されてらんないね（笑）」

国際電話から聞こえる主人の叫び声

麻薬と警察。東南アジアにおける最強のカードを手に入れた深沢氏だが、いったい保釈金を狙うアイデアは、どこから仕入れたのだろう。

「ちょうどその頃、邦人がバンコクでシャブを持ってて捕まったニュースが流れたんだよ。両親が裕福らしくて、『保釈金はいくらでも出す』とか言ってんの。そんで、閃いたわけ」

思うが早いか、山崎の協力を仰ぎ、組の顧客名簿から片岡（仮名）という土地成金をターゲットに選んだ。

この男、折からの地域開発政策のおかげで偶然に大金を手にしただけのド素人で、2億を超える動産の使い道に悩んでいた。当時の記憶が甦ったか、氏は楽しげな表情を浮かべる。

「あれ以上のカモはいなかったねぇ。『当社で東南アジアの裏ツアーを始めたんですが、参加しませんか？』って、じかに電話しただけで大喜びだもの」

その内容は、VIP用の高級ソープに地下カジノといった、裏の夜遊びがメインだ。普通では味わえない娯楽を、日本人のガイド付きで楽しめるとなれば、よほどスレた人間以外はまず興味を持つ。果たして、片岡は二つ返事で乗ってきた。

「2週間後には、一緒にバンコクへ飛んだよ。こいつが無防備な男で、ツアー中は荷物をオレに預けてなんの警戒もしないの。こりゃハメやすいなって」

ツアー最終日、氏は片岡のセカンドバッグに15グラムのヘロインを忍ばせた。麻薬犬なら一発で嗅ぎつける分量のうえに、あらかじめ空港詰めの警察官に100万を払ってターゲットの特徴を伝えてある。捕物帖のシナリオは完璧だ。片岡に帰国用のチケットを渡し、空港の入り口から別行動を取った。

にわかに空港内が騒がしくなり、手錠をかけられた日本人がパトカーに詰め込まれたのは30分後のこと。氏はすぐさま所轄の警察に連絡を入れ、片岡の収容を確認した後、日本へ帰国。その足で片岡の自宅へ出向き、家族にコトの次第を伝えた。

解せないのは、いきなり知らない人間が、「旦那さんが、バンコクで逮捕されました」などと言ったところで、本気にするのかという点だ。

「そりゃ、疑われるに決まってるよ。信じさせるには、もうひとつ仕掛けが必要でさ、この時は、家族の前で国際電話をかけて、片岡の声をじかに聞かせる作戦を取ったんだ」

なるほど。確かに、本人が「助けてくれ!」とでも絶叫すれば、これほど効果的なパフォーマンスはないだろう。

「でしょ? 一瞬で家族の顔色が変わったから、具体的な保釈金の額を切り出して、そのまま銀行へ向かったよ」

あくまで軽い口調を崩さない氏だが、まだ突破すべき問題が残っている。日本大使館の邦人保護担当官を、いかにゴマかしたのか。

「ああ、実はアイツらってあんまり怖くないんだよ。他の事件で忙殺されてるから」

なんでも、現在、ヘロインの密輸容疑で刑務所に送られる日本人の数は、年間で50人以上にものぼるらしい。そのため、日本大使館は、いまだに数年前に起きた事件の処理に追われているのだという。

「後は言うまでもないでしょ。この時の儲けはちょうど1千万円。片岡のヤツ、オレの両手を取って感謝してたよ。『命の恩人です!』だって。ま、悪い気はしないけどね」

ゴキブリの這う刑務所で男は舌を噛み切った

この成功に気をよくした深沢氏は、その後も、2カ月に1回のペースで同じ手口を繰り返した。ほとんどは大過なくコトが進んだが、むろん例外もあるらしい。

ターゲットは、某大手電気メーカーの重役を勤めるお大尽。年収がおよそ4千万円という条件から、2千万は取れると読んだ。

「いつもと同じ手口でバンコクツアーに誘って、25ミリグラムの覚せい剤をスーツケースに仕込んだわけよ。そこまでは上手くいったんだけど……」

重役の逮捕を伝えた翌日、メーカーの顧問弁護士がバンコクへ出向。なんと、警察を無視していきなり司法省へ札束を積み、罪状認否の段階で無罪に仕立てあげてしまったという。

「あんまり素早くて、オレの出る幕がなんにもなかった。結局、新聞沙汰にもなんなかったみたいだから、もみ消しの費用も含めて、多分、3千万ぐらい払ったんじゃないかなぁ」

また、逆のパターンによる失敗も多いらしい。

川崎で中堅クラスの卸問屋を営む男は、収入自体は少ないものの不動産の総額が1億以上。どう転んでも、取りっぱぐれはないように見えた。

「ところが、実はヤツの会社は破産寸前だったらしくて、土地も貯金も全部差し押さえられてたんだよ。『ウチには何もありません。主人の無事を祈るだけです』なんて奥さんに大泣きされたら、こっちとしては引き下がるしかないでしょ」

1週間後、卸問屋に下った判決は懲役10年。彼はいまなおバンコク郊外の某刑務所に収監中である。

「ヒドい話なんだけど、オレは全く悪いと思わないね。いくら本人が破産したとか言っても、親戚か友人を頼れば、必ず誰かが出してくれるもんでしょ。それすら現れないってことは、要するにソイツの人望が薄いってことだもん」

どこまでも自信に満ちた態度を崩さない深沢氏。これまで一度も罪悪感を抱いたことはないのだろうか。

「いや、1回だけあったな。標的は、都内に住んでた無職の30男で、資産家の両親から大金をせしめようっていう営利誘拐に近い作戦だったのね。で、簡単に刑務所まで送り込めたんだけど、いざ日本に帰

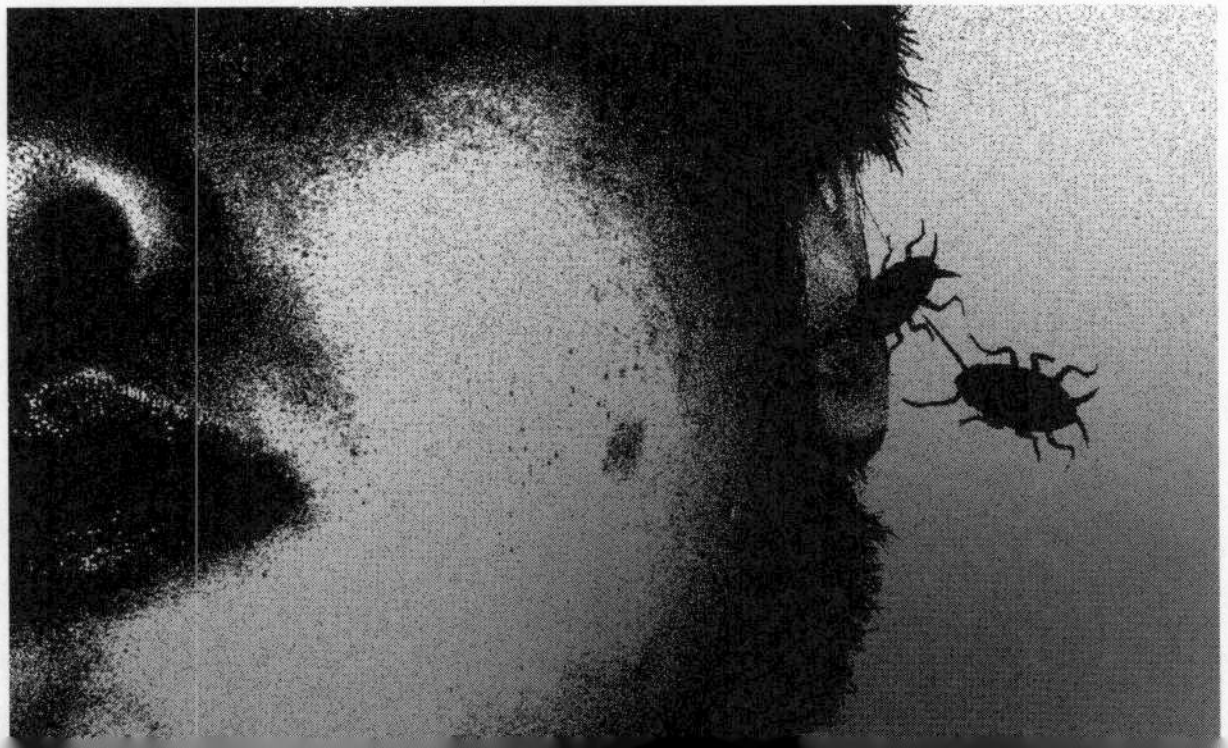

ったら、両親が海外に出かけてて、しばらく行方が分からなくてさ」

その間にも裁判は確実に進み、男が刑務所へ移送されたころには、懲役20年の判決が下されていた。両親と連絡が取れたのは2週間後のことだ。

ようやく保釈金を手にバンコクへ入った深沢氏は、警察官から思いがけないニュースを聞かされる。男が、獄中で舌を嚙み切り自害したと言うのだ。

「最初は驚いたけど、考えてみりゃ無理もないかなって。東南アジアの刑務所は、気が弱いヤツにゃ耐えられないよ」

通常、タイで捕まった容疑者は、所轄の警察署で2日間の拘留を受けた後、薄汚れた茶色の囚人服を与えられる。

両手首に手錠が食い込み、足枷まではめられた姿は中世の奴隷と変わらず、衛生観念が薄い留置所内には昆虫が這い回る。

ゴキブリが耳から入り込み、脳に炎症を起こす者も珍しくないほどだ。

そんな場所で、20年間も灰色の壁を眺めて生きねばならないと思えば……。

「この時はさすがに哀れに思ったから、ほとぼりが冷めたころに墓参りに行ったよ。結局、この仕事はターゲットの選択が全てだってことを痛感したね」

そして舞台はフィリピンへ

数々の失敗をふまえ、現在の氏は、ターゲットの一覧に目を通す段階に最も時間をかける。

ヤクザから譲り受けた顧客リストの他に、結婚相談所や名簿屋から買い受けた書類も使用、条件に合う人間を片っ端から拾い上げ、最終的に100人ほどを選び抜く。この際、何億も稼ぐような大金持ちは、裏の繋がりが多いため、年収がほぼ3～8千万程度の人間が望ましい。加えて、不動産を持ってれば言うことはない。

最後に1人ずつ身辺調査を始め、家族構成、預金残高、近隣住民への評判などを徹底的にチェック。10人程度にまで絞り込んでいく。

「最近は、探偵を雇って厳密な総資産額を割り出してもらうようにしてるよ。ターゲットさえ厳選すれば、後は金の力でどうにでもなるから」

失敗の可能性が限りなくゼロに近づいた現在、氏の活動範囲は、東南アジアの全域へ及び始めている。

「最近は、マレーシアとかミャンマーでも仕掛けたよ。なんせ、麻薬に汚染されてて罰

則がキツい国ならどこでもOKだから。いまアツいのはフィリピンかな。今年の夏に、『包括危険薬法』っていう、世界一厳しい法律ができたんだけど、そのくせ、タイよりもワイロが通じるんだ」

この5年で、氏が手にした金額は約3億円。それも、いっさい日本の警察からはマークされず、なんら危険な目にも遭わなかった結果となれば、「リスクが無い」という氏の言葉にも重みが出る。

「まあね。でも、そろそろ潮時じゃないかと思ってるんだよ。同業者が出てきて、うま味が少なくなってきたんだよね」

なんでも、昨年ごろから、外国人の保釈を請け負うビジネスが、タイを中心に流行り始めたのだという。彼らは『保釈屋』の名を看板に掲げ、主に現地に住む元警察官のグループから成り立っている。

「地元の人間にマネされちゃ、どうしても負けちゃうでしょ。ま、今年の末ぐらいまで稼がせてもらってから、また別の仕事を考えるよ」

果たして、それまでに何人が、深沢氏の手で刑務所に送り込まれるのだろう。

平成の裏仕事師列伝 BEYOND 21

海賊

借金返済のためフィリピンで貨物船を襲う日本人

インタビュー＋文＝北野ナツヲ
フリーライター

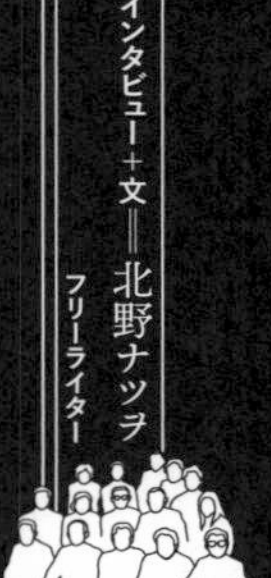

「裏モノJAPAN」2003年12月掲載

5年ほど前に取材で知り合って以来、ときたま声をかけてくれるネタ元がいる。某指定暴力団の幹部で、名を仮にA氏としておこう。

今年8月末、そのA氏から予想もしない電話が入った。

「仕事で香港とフィリピンに行くんだけど、そこで面白いツアーがあるんだよ。海賊に会えるぜ。一緒に行くか？」

海賊？　海賊に会えるだと!?

「ディズニーのアトラクションの話してるわけじゃねぇぞ。フィリピンの海賊グループの中に日本人がいるんだよ」

A氏に言われ思い出した。確か新聞で、20世紀末から世界の海に、貨物船を襲撃する海賊が出没しているとの記事を読んだことがある。特にフィリピン領海や、インドネシア&マレーシア間のマラッカ海峡は被害が甚大で、ASEAN諸国合同の対策会議を開催。海上保安庁の巡視艇がフィリピンまで出かけ、訓練を行ったともあった。

どうやら現代の海賊は、一部の漁民や貧困層ではなく、ビジネス化した武装集団のようだ。その中に日本人がいるというのか。

「ゼヒ同行させてください」

オレは溜まった仕事を一気に消化。9月初旬、A氏とともに関西空港から飛び立った。

香港に3日滞在した後、フィリピン・マニラのニノイ・アキノ国際空港へ。出迎えの車で市街地を走り、海岸線を進み、潮の香りのする漁村にたどり着いた。

【海賊】の文字からイメージする勇ましさはないが、漁師が略奪を始めたという海賊の起源にはふさわしい場所のようにも思える。

ホテルに腰を落ち着ける間もなく桟橋から漁船で小さな島に渡る。ここが海賊たちのアジトらしい。

「お久しぶりです。よくいらっしゃいました」
Ａ氏に付いて１軒の高床式の小屋を訪ねると、１人の男が出迎えてくれた。
紺のＴシャツに迷彩色の短パン。肩まで伸びた髪が後ろで一つに結んである。茶褐色に焼け過ぎた肌は、こちらでの生活が長いことをうかがわせるが、渋谷にいても何の違和感もない、いまどきの日本人青年だ。

「こちらへどうぞ」

取材の話はすでに通っているらしく、奥のテーブルへ案内される。一見、なんの変哲もない小屋だが、隅の木箱にはマシンガンや刀が詰まっていた。

室内には日本人男性の他、現地人のスタッフが3人。海賊というから強面の男たちを想像していたが、皆、人の良さそうな漁師といった風情だ。

「他の人たちはちょうど漁に出てるんで、気兼ねなく何でも聞いてください」

男の名は高田隆二（仮名）。フィリピンに来て1年半になるという。

なぜ、彼がわざわざフィリピンで海賊をやっているのか。ゆっくり順を追って話してもらおうじゃないか。

荷物をまとめて東京湾から密航

2年前まで東京でホストやってたんですよ。歳？　28です。

東北の田舎から上京して店のナンバー2に上って、うかれてたんですよ。身につけるのは全部ブランド物で、時計もロレックスなんか5つぐらい持ってた。

もちろん、ぜんぶ女に買ってもらったもんです。先輩に教わったとおり、こまめに連絡取って営業かけてましたから。

で、オレのことを気に入ってくれてる客の中に、1人の女がいたんですよ。食品会社かなんかのOLで、2年ぐらいずっと店に通ってくれてた。

ところが、いつぐらいからかプッツリ姿を見せなくなりまして、まぁオレとしては金が続かなくなったのかな、と。よくある話だから気にも止めてなかったんだけど、ある日、突然兄貴が乗り込んできた。

「わりゃー、わしの可愛い妹に何さらしとんのじゃぁ」って、もうボコボコですよ。兄貴、ヤクザだったんですよね。

毎月、30万以上店で使って、その上、服やなんや買ってくれるもんだから裕福な家のお嬢様と思うじゃないですか。で、車で事故ったとか適当なこと言って現金もトータルで300近く引っ張ったんです。

けど、実際は彼女、昼間の仕事辞めてヘルス勤めしてた。兄貴が言うには、妹がこうなったのも、ぜんぶお前のせいだ、だから貢いだ金をぜんぶ返せ、と。

返せって言われたって、そんな金あるわけがない。そう言ったら、うちの組が代わって出すから、働いて返せって話になりまして。

海賊出没に関する航行警報。

『11月5日18時28分(世界時間)、北緯1度57分東経102度19分付近を航行中の貨物船に武装した20人の海賊が乗り込み、乗組員を人質に金品を奪った』

こうしたテレックスが頻繁に打電されている

ZCZC
NAVAREA XI WARNING
NAVAREA XI 0682.
MALACCA STRAITS.
ACCORDING TO INFORMATION,
PIRACY ATTACKS,
(A) ON 051828Z NOV.
IN VICINITY OF 01-57N 102-19E,
GEODETIC DATUM UNKNOWN,
UNDERWAY, ABOUT 20 ARMED PIRATES
BOARDED A BULK CARRIER AND TOOK
HOSTAGE ALL CREW MEMBERS AND ROBBED
THEIR VALUABLES AND CASH.

選択の余地なんかありませんよ。その日に店を辞めて部屋住みっていうんですか。事務所に住み込みで掃除やらお使いやら雑用をやるようになったんです。

もちろん、そんなんで金なんかできっこない。で、1カ月ほどたったときに兄貴が、「おまえ一気に金返す気ないか」って聞いて来た。当然「あります」って答えますよね。そしたら「じゃ今すぐ荷物まとめろ」って、そのまま東京湾から密航です。

フィリピンの船に乗せられた後、廃材のコンテナに押し込められました。さすがに日本領海を出た後は出してくれましたが、残飯を食いながら4日ですよ。もう地獄でしたね。で、やっと港に着いて、日本語を話せるヤツに言われたんです。「おまえ、今日から海賊だ」って。

フィリピンの港で高田を出迎えたのは海賊グループのボスだった。何年か前、彼が日本に滞在したときA氏と知り合ったのだという。

ボスは、海賊業には日本人が必要だと感じていた。日本はフィリピンの輸入相手国第1位の大得意様。万が一、コーストガード（沿岸警備隊。日本の海上保安庁と同様の組織）に捕まった場合でも、グループ内に日本人がいれば、政府は事を大きくしたくないはず。金さえ積めばもみ消せると踏んだらしい。

一方、A氏は金さえもらえれば問題無し。傘下の金貸しに声をかけ、回収不可能な客を集めた。その1人が高田だったというわけだ。

ちなみに、A氏によれば、ヤミ金が不良債権者をマグロ船に乗せたのは一昔前の話。いまは【海賊】としてフィリピンに売られているらしい。

SOSの打電がなければ根こそぎいただく

日本で海賊って聞くと古くさいイメージじゃないですか。でも実際は、システマチックというかビジネスとして確立してるんですよ。

船も日本製の中古にジェットボートのエンジン積んで、コーストガードと追いかけっこしても勝てそうだし、現地スタッフ11人と日本人3人の14人で、キッチリ役割分担も決まってる。

いつ、どこに、どんな船が来るって情報もボスが港湾関係者から入手してます。いや、こっちの公務員ってめちゃくちゃ給料安いから、金次第でほとんど融通してくれるんですよ。

襲撃はほとんど早朝で、停泊してるのを狙いますね。貨物船にピッタリ船を寄せて、ババババババってマシンガンで威嚇射撃する、早い話、オレたちは海賊だ、抵抗するなって知らせるわけですよ。

　で、縄梯子をかけてよじ登り、乗組員たちを甲板に集めて後ろ手に縛り、口と目にガムテープを貼る。で、全員をマストにぐるぐる縛り付けるんですよ。まあ、ほとんど抵抗はないですね。

　その間に、マシンガンを持ったリーダーが通信室に押し入り機材を破壊して、通信員がSOSを打電したかどうか確かめる。

「イエスかノーか？」

　ノーの場合は時間をかけて、それこそ根こそぎ略奪しますね。運んでる荷物はもちろん、寄港地で使うために置

いてる現金もいただく。あとは船内に設置してあるテレビとか電子レンジとか、食品が入ったままの冷蔵庫とか、乗組員たちの財布や時計も集めますね。

けど、これがイエスの場合は時間との勝負。コーストガードが来るまで最短15分間として、その間に作業を済ませなきゃいけない。船長にマシンガンをつきつけて高価な貨物や金庫だけ奪うってのが一般的ですね。

まぁ太平洋とインド洋をつなぐマラッカ海峡は重要地ですから、他に貨物船はいくらでも通りますから欲張りは禁物です。

襲撃が終わった後は、もう1隻が出迎え、奪ったモノはそちらに載せ替える。一方海賊たちは、網や竿などの漁業道具を携え漁師に変身。カムフラージュのため実際に魚を捕りに出かけるのだという。

半年たって「サムライ」と呼ばれた

実は、最初の襲撃はフィリピンについた翌朝だったんですよ。いきなりこの小屋に連れて来られて、夜明け前には船に乗ってました。

甲板でブリーフィングっていうか、今日はどこの国の船でどんな荷物が積んであり、どういう役割分担でいくって説明をしてたけど、まったくわからなかった。

だから、ぶっつけ本番ですよ。現場に着いたら「おまえ、最初にいけ」みたいに体を押されて、おまけに中国人に見えるように「アイヤー」と「マネマネ」しか口にするなって。もう、パニックでしたね。

で、せかされて梯子を登ったはいいけど何もできない。渡された青竜刀が重くて持ってるだけで手がガクガク震えるし、何がなにやらわからないうちに終わってた。

そしたら、次の日から、みんながオレのことチェリーボーイって呼ぶわけ。頭にきましたね。最低のあだ名じゃないですか。

で、考えた。ああ、真っ先に切り込み、帰りシンガリってことは、オレは盾というか特攻隊として買われたんだなって。だって、武器が青竜刀ですよ。撃たれたら終わりじゃないですか。

もちろん、イヤになりましたよ。バックレたかった。けど、もし日本大使館に駆け込んで強制送還されても、あの女の兄貴に半殺しの目に遭うのが関の山でしょ。だからって、マフィアにタテついてフィリピンに住み続けるなんて根性もない。結局、約束の2年間は、ここでがんばるしかないわけですよ。そう考えたら吹っ切れたというか、やる

LUZON
Manila
MINDORO
MASBATE
PANAY
LEYTE
Cebu
BOHOL
PALAWAN
NEGROS
Davao
MINDANAO

SAMURAI!

以上はベストを尽くそう、みたいな覚悟ができた。現地スタッフの中には軍人出身者が4人もいるんで、この際だから武器の使い方なんかも教えてもらおうかなんてね。

意外と順応性高いんですよ。他の2人はまだ青竜刀ですけど、オレ、サブマシンガン持たされてますもん。たぶんみんなに認められたのは半年経ってサムライって呼ばれるようになったときじゃないですかね。ま、髪型のせいもあるんでしょうけど。

ボスには40人の部下がおり、3隻の海賊船が週に1〜2度のペースで稼働。それぞれに日本人が配置され、現在、10人ほどが海賊業に従事している。その中には、日本の某組でヘタを打ち、日本全国に破門状が回された暴力団員もいるらしい。

「グループ構成には気を配ってるね。もしものとき、こういうヤツがいた、あんな人もいたなんてベラベラうたわれたら困るから、日本人を組ませるときは出身地や年令をバラバラにできるだけ共通の話題がなさそうな相手と一緒にやらせてる。みんな本名も名乗っちゃいねぇよ」

ボスと親しいA氏が説明する。

「仲良くならないよう、様子を見て3、4カ月ごとにシャッフルしてるって言ってたしな。ま、連中にしたらここは刑務所と同じなんじゃないの」

襲っていい船、悪い船

フィリピンは日本の約8割の面積に7100以上の小島が連なる島国で、一説には毎日海洋で6件の強盗類似事件が発生しているともいう。

その数が表に出ないのは、荷物を奪われたことが不利に作用するかもしれないというビジネス的配慮によるものらしい。


危ない目ですか？　うーん、特にないですね。だいたい狙うのが韓国とか日本船だから、相手、丸腰じゃないですか。おとなしいもんですよ。

ただ、襲っていい船と悪い船は判断してます。絶対、襲撃しないのがアメリカとイスラエル船。国家的報復が怖いってのもありますけど、すっごく重装備らしいんですよ。ヘタに喧嘩を売ったらこっちがコテンパンにのされちゃう。

あと、フランスは自国意識っていうのか国家としてのプライドが高いから、やられたらそれ以上にやり返してくる。少なくともこの3国だけは間違っても襲っちゃいけないみたいですね。

逆にそれ以外なら国を問わないってとこがあって、この前なんかフィリピンの船を襲いましたよ。さすが慣れてるっていうか、全然、抵抗なし。簡単でしたね。

そういえば、日本の海上保安庁が訓練に来ましたけど、意味ないですよ。だって自衛が目的で発砲できないでしょ。その辺は海賊連中も心得てるから、絶対、自分たちから撃たないもん。

あ、発砲で思い出したけど、去年、抵抗したヤツを撃ち殺したことがある。いや、オレじゃないですよ。リーダー。

中国船だったかな、1人バカで

かい、アンドレ・ザ・ジャイアントみたいな黒人がいてリーダーに向かってきたんですよ。

最初、威嚇のためにそいつの足を撃った。普通、ひるみますよね。だって肉がエグれて血がドクドク流れてるんだから。なのにそいつ、立ったままだ歩いてくる。で、バンと頭を撃ち抜いた。さすがにその場に倒れて、他の乗組員もシーンとなりましたけどね。あれは怖かったなぁ。

一生、海賊としてフィリピンで暮らしたい

海賊の仕事は週に1〜2回です。実働時間は準備も含めて2時間かからないんじゃないかな。

あとはアジトの島に帰って寝たりマシンガンの手入れしたり、時々ボスが本島に遊びに連れて行ってくれたりとか、そんな生活です。

報酬ですか？　借金をチャラにしてもらう約束で来てるから、本来ならギャラなんてないんでしょうけど、襲撃の夜はお金もらえるんですよ。1回やると日本のお金で平均400〜500万円になるとかで、オレにも何千円かくれる。

いや、日本と違ってフィリピンのサラリーマンの年収が30万ぐらいですから、何千円でも凄い額なんですよ。

いま、オレ、タガログ語の勉強してるんですよ。やっぱり毎日顔をつきあわせてる人たちとコミュニケーション取れないのイヤじゃないですか。

まだ込み入った話は無理ですけど、日常会話ぐらいなら話せるようになりましたね。「おはよう」とか「ありがとう」なんてね。

「あ、ちょっとご相談したいことがあるんですが」

突然、高田が改まった様子でA氏に話しかける。

「オレ、あと半年で2年じゃないですか。でも、このままこっちで暮らせないかと思ってるんですけど…」

日本に帰っても自分にできるのはホストぐらいしかない。ならばいっそのこと、フィリ

日本で派手な生活するくらいなら、この漁村で地道に暮らそうかと思ってます。

ピンで嫁さんをもらい、海賊として生きて行きたい。高田は少し恥ずかしそうに言った。

「いんじゃねぇか。年期が明けりゃ、他の連中と同じように分け前もらえるしな。いいコ紹介してやろうか？」

　取材の途中で50代と思しき日本人の男性が帰ってきた。青森出身だという彼は溜息混じりに言う。

「オレは雪見でえなぁ。住んでるときはやっかいなもんだったけど、雪みでえ」

　今年、フィリピンに渡った彼が帰れるのは、再来年の春らしい。

オレは本気ですよ。ここんとこずっと

海賊を警戒し、甲板照明をめいっぱい点灯し
マラッカ海峡を航行するタンカー

考えてたんですけど、心が決まりました。こっちに来た頃は『シニガン』って三度三度の食事に出てくる酸っぱいスープが苦手だったけど、慣れましたしね。日本で派手な生活するくらいなら、この漁村で地道に暮らそうかと思ってます。あ、海賊が地道ってこともないんですけどね（笑）。

平成の裏仕事師列伝 BEYOND 22

悪徳デベロッパー

この不況下にワンルームマンションが次々建つ理由

インタビュー＋文＝中本杏子
フリーライター

「裏モノJAPAN」2004年8月掲載

最近やけに、マンションの建設工事が多いのにお気づきだろうか。昨日まで草が生え放題だった空き地にブルドーザーが入り、整地が終わるや、あっという間に新築マンションが完成。しかも、そのほとんどが単身者向けのワンルームで、投機用物件というから驚いてしまう。

統計によると、ここ数年、首都圏エリアでのワンルームマンションは右肩上がりで増え続けている。00年には4500戸余りだったのが、03年は7000戸強。不況だ不景気だと喘ぐ世間を尻目に、バブルの再来とばかり不動産に血道を上げる金持ちの仕業だろうか。

「いや、投機用ってのは表向きの話でカラクリがあるんだ」

都心の高層ホテル。夜景を臨む料亭の個室で口を開くのは、中堅不動産会社の社長・矢崎慎二氏（仮名）だ。ワンルームマンションの売買で実績を上げ、いまや業界の注目株たる氏の懐には、年間、億単位の、税金のかからない金が転がりこむのだとか。会社ではない。氏個人の元へだ。自らを『悪徳』と断言する矢崎氏に、知られざる不動産業界の裏側を聞いた。

高級マンションを売っても懐に入るのは金一封

名前はデタラメだし、歳も40代としか明かせないが、恐らくやこの記事を読んでる読者の半数は矢崎氏の顔を目にしたことがあるに違いない。プロ野球選手や相撲取り、芸能人らと親交のある氏の姿が、写真週刊誌をはじめ各メディアに取り上げられたことも一度や二度じゃないからだ。

出る杭は打たれるのが常。リスキーすぎないか。が、氏は言う。自分は表の顔を利用して、ここまで来た。すでに揺るぎない地位を築いた今なら、全て手の内を明かして構

わない、と。

マトモにやってたら、いまごろ首吊ってたし、裏街道だけでも寝首をかかれてたよ。この世界は激しいからな。

不動産業界は、ほんとピンキリなんだ。のほほんと、賃貸物件の借り主を探して手数料だけもらってれば、それはそれで済んじまう。

オレは、たまたま出発が『キリ』だった。大学を出て、就職活動でかけずり回った結果、引っかかったのが業界最大手でさ。別に業種は関係なく、入れりゃどこでもよかったんだけど、やってみると不動産は奥が深いんだ。

自分で家でも買わなきゃ関心もないだろうが、不動産屋は仲介だけやってても儲からない。確かに分譲物件を扱えば賃貸に比べ手数料はハネ上がるけど、売買価格の3％＋6万が規定だから1000万のマンションを売って36万。

バカみたく安いだろ。宣伝費や手間を考えれば、ほとんどウマミはない。土地を手に入れるところからやらないと稼げないんだ。

『デベロッパー』って、聞いたことある？　野村、三井、住友に東急、大京…。大手は皆そうだけど、自分のとこで土地を買って、建物を建てて、売る。で、初めて億単位の金が生み出せるわけ。

不動産の世界に足を突っ込んだら、そこまでやんなきゃウソだよ。ちまちま6畳1間のアパート貸してる場合じゃないんだ。

大学卒業後、某大手不動産会社に入った矢崎氏は、一線の営業セクションへ配属となる。始業時間の30分前に出社し、ひたすら営業電話をかけまくる毎日。それでもノルマを達成できないと、努力が足りない、気合いを入れろとハッパをかけられた。

一流と言われる企業の実態にア然としたものの、徐々に成績は上向きに。学生時代に所属していた応援団と同じスパルタ教育は肌に合っていた。

ほどなくエリア内でトップの業績をたたき出し、係長、課長と異例の昇進を果たす。が、年を追うごとに不満が生じる。バカ高いマンションを売ったところで、懐に入るのは金一封程度。会社は何千万の利益を得ているのに、だ。

10年辛抱し、不動産業界のノウハウをすべて盗んだところで独立。自ら不動産会社を設立したのは、今から8年前のことだ。

住宅ローンさえ組んでしまえばいい

独立のアテはあった。応援団で自分を可愛がってくれた先輩がいて、話を持ってったらポンと10億出してくれたんだ。

信じられない？　そうか？　うちの部は伝統があって、代議士秘書から裏社会の住人まで揃ってる。スポンサーになってくれたのは関西で一家を構える親分なんだ。前の会社で営業成績がトップだったことは知ってるし、不動産に関してもプロ。オレを見込んで無担保無期限で出資してくれた。もちろん、見返りが必要だし、失敗は許されないけどな。

豊富な運用資金を元手に、矢崎氏は、これはと思った土地を手に入れ、マンションを建てた。贅を尽くした内装で、景気に左右されない金持ちを狙う。チラシを撒き、派手な宣伝を打って勝負に出た。

が、思ったように客は集まらず、気付けば、逆に十数億からの借金を背負う身の上に。窮地に立った氏は、秘策を思いつき応援団の同期を訪ねる。その人物は、ヤミ金を営んでいた。

一発逆転ホームランをかっ飛ばさないことには、大阪湾に沈められかねない。で、オレが考えついたのが、マンションを建てるだけで儲かる商売なんだ。

普通、マンションを建てたら買ってもらわないことには儲けが出ないよな。ただ、よくよく考えりゃ、買い手が付くって言っても、そいつらが金を出すわけじゃない。頭金ぐらいは必要でも、実際に金を振り込んでくるのは住宅ローンを組んだ銀行なんだ。

ポイントは、住宅ローンなわけ。それさえ組めれば、物件を買う人間が実在しようがしまいが関係ないんだよ。だったら、名義人になってくれる人間を捜せばいいってことだろ。

普通は思うよな。千万単位の借金を背負ってまで名前を貸すバカはいっこないって。けど、世の中よくできたもんで、いる。オレが同期のヤミ金を尋ねてったのも、そこよ。まだ当時は出資法が改正される前で、取立が厳しかったから、それこそ夜逃げ一歩手前みたいな多重債務者が大勢いてさ。で、ヤツがよくこぼしてたわけ「サイテーのやつらだ」って。

それ思い出して、そいつらに声かけてみたんだ。「夜逃げの費用を稼がないか」って。呆れたことに、誰一人、断らなかったね。

ただ、ヤミ金に手を出すような人間は、他にもあちこちから借りてて、そのままじゃ住宅ローンが組めるはずがない。だから戸籍をちょいとイジるの。

例えば、籍が空いてりゃAとBと結婚させたり、養子縁組したり。あんなの書類上だけだから、3度も入れ替えれば元の名字なんかわからない。住民票を移せば完璧、別人だよ。

反論できる銀行員はいない

住宅ローンを組むのに必要な書類は、印鑑証明書、住民票、収入証明書、身分証明書に加え、売買契約書だ。

新しい戸籍を作れば、住民票や保険証、印鑑証明書も取るのは簡単。免許証だって正規のものが取得できる。

収入証明書だけは偽造しなければならないが、銀行が求めているのは収入額よりローン返済の計画だ。矢崎氏は銀行に同行し『マンション投資の事業計画書』を提出して掛け合った。

「要は、自分が住むためにマンションを買うわけじゃない。投資用だって印象付けるんだ。月々8万の家賃が見込めるから、ローンを返済しても3万の収入があるんですよ。おたくに預金するよりよっぽど利回りいいですよって説明する。これで言い返せる銀行員はまずいない」

住宅ローンの審査なんて、サラ金より簡単なんだ。書類さえ揃ってれば、まず大丈夫。

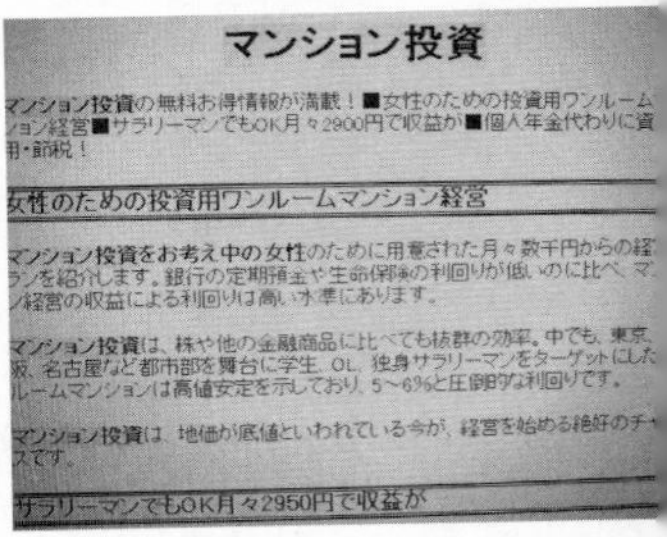

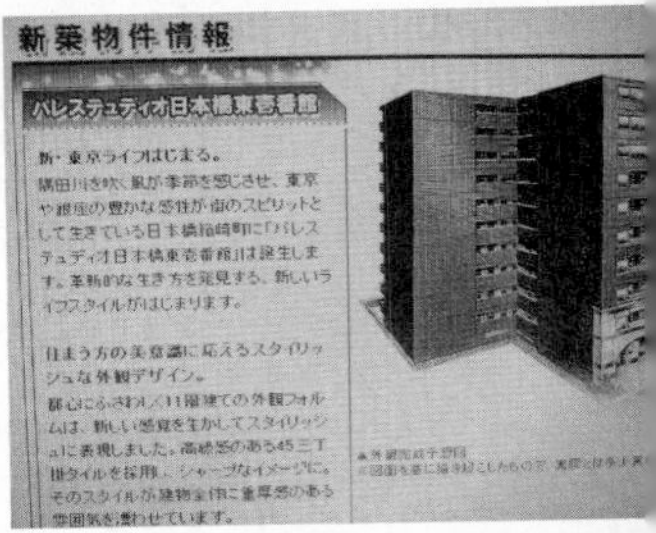

金融情報を探ったところで真っ新だし、在籍確認もコネのあるとこに頼むから問題はない。保証人が必要な場合だって、いくらでも用意できるし、おまけにこっちはキッチリ部屋数に対しての利回り計算や、事業計画書まで提出するんだ。これで断る銀行マンがいたら大バカ者だよ。いままで40、50棟手がけたけど、通らなかったことはない。実はこの銀行との交渉が商売の肝でさ、うちらの用語で『書き上げ』って言うんだけど、実際の工費より3割は上乗せした数字を通すのよ。

たとえば1棟20部屋のマンションを建てるとする。土地代も上物（建築物）代も入れて3億の予算としたら、利益を乗せても1部屋１５００万強で分譲するのが真っ当な商売だ。それをうちは1900万ってことにしてローンを組むわけ。と、20部屋で3億8千万が振り込まれる計算だ。

銀行だって必死だから、この立地と坪数でこの値段はちょっと高いんじゃないですか、とか言ってくることもある。けど、いまは学生が住むにしてもシステムキッチン搭載で、乾燥機が備え付けてあったりは普通なんだ。

「うちは投機用なんで内装のグレードを上げてあるんですよ。それぐらいしないといまは難しい時期ですから」って言えば「そうですね」で通っちゃう。実際、それぐらいしないと客は入らないからね。

一棟建てて2億4千万の儲け

予算3億のマンションで、20人のニセ名義人を使ったとする。頭金100万、報酬100万で必要費用は4000万。これを3割『書き上げ』れば、建てた時点で銀行から3億8千万が振り込まれる。差し引き、4000万の利益だ。

4000万——。確かに仲介手数料に比べればデカイが、ここまで大仕掛けで、割に合うと言えるのだろうか。

「あはは。3億で見積もったマンションなら半額、いや3分の1で建っちゃうよ。大工に資格は要らないから釘さえ打てれば『日曜大工』でいいの」

買い手は実在しない以上、どんなに手抜きをした欠陥マンションだろうと構わない。予定通りの場所に建ちさえすれば差額はそっくり懐に転がり込んでくる。

仮に1億で建てれば、トータル2億4千万の儲けだ。銀行の手前、それなりの宣伝をし、入居者が入らなければそれまでのこと。

理屈は完璧だった。が、フタを開けたら計算外の事態が起きた。なんと、本物の入居者が押しかけたのである。

うちは買い叩ける土地しか買わないんだ。メインは、バブルの崩壊で塩漬けになった土地ね。不良債権として債権回収会社に流れてて、放っとけば一銭にもならない土地だし、さばけりゃいいぐらいの考えで安く出る。

あとは、いわく付きの土地だな。事故や殺人事件があっただので買い手の付かない場所や、駅から遠い辺鄙なところとか、そんなのを格安で買ってマンションをちゃちゃっと建てる。

ローンが通れば金はこっちのもんだし、債務者たちは名前を元に戻して何十万かの報酬を持って消えちまえばいい。返済が滞っても、あくまで買い手と銀行の問題。銀行が名義人を追いかけたところで、実在しないんだから諦めるしかないだろ。

こっちは最初からそのつもりで部屋ごとに別の銀行でローンを通して、間違ってもうちが矢面に出ないようにしてる。相場より安い家賃で賃貸にも出して、何部屋かはその金をローンに回して、まあ3年したらうっちゃればいいかぐらいのつもりでいたわけ。

けど、何部屋どころじゃない。建てたら建てた分だけ満室になっちまう。住宅ローンをキッチリ返済しても、家賃収入で儲かっちゃって大変だよ。おまけに金に詰まったヤツは節操なくてさ。ウワサを聞いて自分も使ってくれってヤツが多いんだ。どうだろ、今じゃ200人ぐらい順番待ちしてんじゃないの。

おまけに1度やって安全だとわかったら「もう1回、使ってください」ってリピーターになっちゃうのもいる。よほどのことがない限り同じヤツには頼まないようにしてるけど、勝手に戸籍イジって持ってくるんだもん、参っちゃうよな。

お得意さんは出稼ぎソープ嬢

首都圏では、バブル時から一転、都心部の不動産価格が下落したことで、企業や大学など教育機関の都心回帰現象が発生。それに加え、未婚者や離婚者が増え、95年以降、首都圏に住む単身者が右肩上がりで増加中とか。

そのため、ワンルームマンションの需要が高まり、矢崎氏が手がける物件も建築中に満室になる有様だという。

しかし、それが新たなトラブルの種にもなっている。

「学生なんかが多いからゴミ出しとかめちゃくちゃで、東京じゃ規制が始まっちゃってさ」

豊島区では今年6月1日以降に着工する物件からワンルームマンション税を課し、29平方メートル未満の部屋1戸につき50万円を建築主から徴収することを決めた。

効果はあるのかね。うちは税金払ってまで豊島区に建てようと思わないな。いま、都内だったらどんな場所でも借り手はいるからね。

たとえばさ、風俗街のそばにマンションを建てても入らないと思うだろ。でも、店に勤める女の子たちは喉から手が出るほど近くに安いマンションがほしいわけ。どうせ長居する気はないから、手抜きだろうとなんだろうと構わない。

知ってる？　いま地方の風俗は客足が悪くて、週末だけ出稼ぎに来るソープ嬢が結構いるんだ。うちが建てた吉原周辺の物件なんか、店ごとに借り上げて、そういうバイトのコを泊めてるよ。仙台とか福島から土・日だけ上京してくるコがいるんだってさ。

有名人と一緒にいれば信用する人種は多い

矢崎氏の活動場所は都内に限らない。日本全国、いわくつきの物件があると聞けば足を運び、買い叩く。次々新築マンションを建てるうちにその名は知れ渡り、すり寄って

くる同業者も多いのだとか。

いま勢いがあるから、オレなんか接待漬けだよ。うちに食い込みたい連中が、今日はこっちの店、明日はあっちの料亭って引っ張りだこでさ。

全部が全部じゃないけど、適当に仕事は回してる。自分だけ腹一杯儲けちゃダメなんだ。周りにもエサを投げてやんないと、足下すくわれるからさ。

うちはBプラスぐらいのランクだと思うんだ。だから、相手の業績を見て、下の業者には、うちが建てたマンションを丸投げして分譲を手伝わせて、Aランクのとこには「うちが半分、客を入れますんで残りをお願いします」とかさ。もちろん、こっちが用意する客は債務者だけどな。

それでも1社で宣伝するより何社もが『投機用物件が格安で』なんてチラシ撒けば、食いつく人間も出てくるのよ。5年前に始めたときは考えられなかったけど、いまじゃ実際に購入する客が半分とまでいかなくても、3割4割いるんだから。

矢崎氏が、ワンルームマンションを売り始め今春で6年目に入った。10億の金を融資してくれた先輩には、たっぷりの金利を付けてたった3年で完済。銀行からの借金はい

まだ返済中だが、それとは別に氏の懐にはン億の隠し資産があるのだという。

内閣府によると、02年をドン底に景気は回復傾向を示し、03年の国民総生産（GDP）はバブル期同様の数字が弾き出されたそうだ。住宅ローンの金利も、引き上げ案が検討され出したとか。

ちなみに、5年前、建築のノウハウも知らない『にわか大工』が作った矢崎ブランドの手抜きマンションは、外壁にヒビ割れが生じたらしい。


欠陥マンションだって騒がれて入居者がいなくなれば、銀行の不良債権になるだけ。そしたらうちがまた買い叩きゃいい。日本人が土地をほしがるうちは、いくらでも金になるんだ。

援団の連中には、ミーハーだってバカにされてるけど、オレがスポーツ選手や芸能人のタニマチやってるのも、商売のためよ。なんだかんだ言ったって、有名人と一緒にいれば、それだけで信用する人種は多いし、実際、何行か銀行のトップと顔見知りになったしな。

表の人脈広げるには、これが手っ取り早いんだ。

平成の裏仕事師列伝 BEYOND 23

ニコニコ業者

これが最強の〝盗難車転がし〟の手口だ！

インタビュー＋文＝木村訓子
編集部

「裏モノJAPAN」2000年5月掲載

コピー車が町を走る

このベンツ、いいだろ。Ｅ３２０。新車で買えば７５０万はするよ。…大きな声じゃ言えないけど、盗難車。証拠を持ってきた方がいいと思ってさ。ナンバープレートよく見てくれよ。オレが作ったんだぜ。他のナンバーからエアカッターで数字だけくり抜いて、元のプレートの上から強力な瞬間接着剤で貼り付けたんだ。

苦労したのは、この「1」の文字。上から「1」を貼る場合、土台の数字は「・」じゃないとダメなんだ。だから、土台になるナンバーを探すのが大変だったよ。これ、取材が終わったら中古車センターに売りに行くんだけど。たぶん、350は行くんじゃないの。まだ2年落ちだし、白は人気の色だからさ。

白いベンツに乗って待ち合わせ場所に現れた男は、挨拶もそこそこ、いきなりマシンガンのようにしゃべり始めた。

「盗難車の転売が話題になってるけどさ、みんなやり方が古いんだよ。オレがやってるのは安全かつ儲かる方法なんだ。『裏モノ』も、オレみたいなヤツを取材しないと」

藤川弘二氏（仮名、32才）が編集部に売り込みをかけてきたのは、埼玉と静岡で高級車を盗みまくっていた暴力団グループが摘発された今年1月下旬のことだ。

ここ5、6年、ベンツやセルシオなどの高級車が窃盗団のエジキになっているのは周知の通り。相次ぐ取り締まりでロシアや東南アジアへの密輸ルートが解明され、本誌でも何度かその手口について触れてはきた。が、藤川氏は、あんなやり方は知恵のないヤツらの仕事だと息巻く。

「いま、盗難車転がしの最先端は絶対オレだって自信あるよ」

そこまで言い切る彼の手口とは、いかなるものか。

オレ、本業は中古車のブローカーやってんの。環七とか環八なんかの幹線沿いによくあるじゃん、中古車ショップ。ああいうとこに顔つなげて、業者価格で分けてもらった車を相場より安く売ってるんだ。

もともと20才のころから某大手チェーンで働いててさ、この仕事の裏も表も頭の中にたたき込んできた。で、オレを指名して買いに

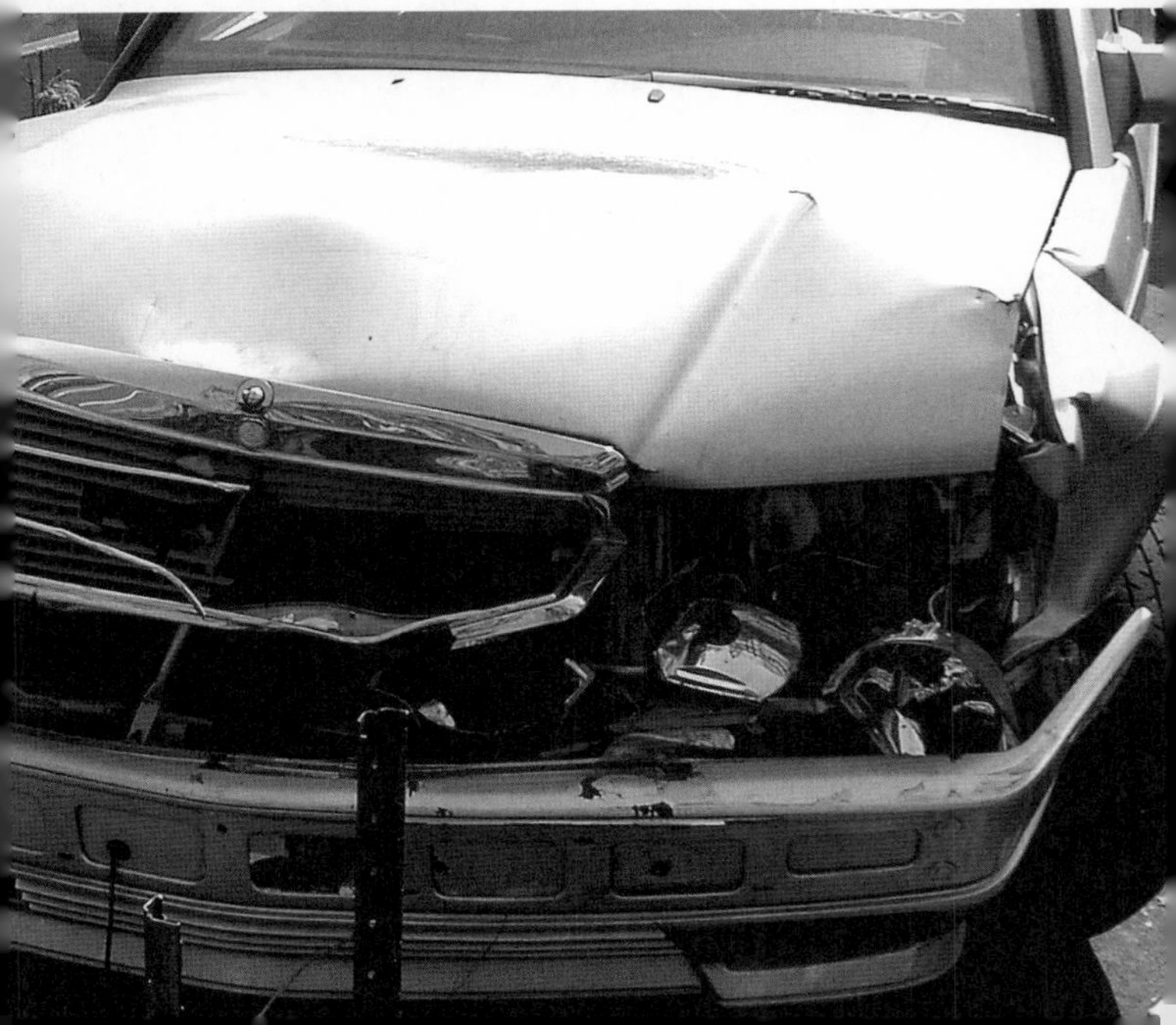

来るリピーターが結構ついたんで、これなら独立した方が儲かるんじゃないかって店を辞めたの。それが7年前。

知ってるかもしれないけど、車ってのは大金が動く業界なのよ。とにかく車が好きってヤツが山ほどいてさ、何百万もの外車をポンポン乗り替えたりする。

オレをひいきにしてくれる客は、喫茶店のマスターとか、八百屋のオヤジとかばっかりだけど、唯一の趣味が車って連中で、あれこれうるさく注文を付ける代わりに金には糸目をつけない。リクエストに合う車を持っていけば言い値で買ってくれるんだよね。

ま、いい客をつかめば普通に仕事してても同い年のサラリーマンの倍は稼げると思うよ。けど、せっかく金の動く世界にいるなら大きく儲けなきゃウソでしょ。

車を売る人間はみなそう思ってんじゃないの。で、オレの場合、月に税金のかからない金がコンスタントに300万入ってくる仕事が〝盗難車転がし〟ってわけよ。

事故車の〝籍〟を盗難車にコピーする

ちょっとややこしい話だから、よく聞いてくれよ。順を追って説明するからさ。

まずね、こんなこと言っちゃ身もフタもないんだけど、元々中古車の販売査定っててのはいい加減なとこで成り立ってるんだ。走行距離がどうとか言うけど、あんなの巻き戻せるし、絶対的な基準はない。だからさ、昔から中古車販売は金儲けのネタになってるわけ。

その最たるモノが〝ニコイチ〟って裏ワザなんだ。聞いたことあるだろ？　前半分が残った事故車と、後ろ半分が使える車を溶接して文字どおり2台の事故車から1台の車を作っちゃうっていうさ。中古車市場にはそういう車が正規の商品として正々堂々と流通してるんだよ。

さすがに今は、チェックが厳しくなったから業者仲間には売れないけど、ブローカーの中には平気で客に売ってるヤツもいるしね。溶接代をかけても、20、30万のものが100万にでもなれば、それはそれでおいしいだろ。

ただ、車種や色、年式がまったく同じ事故車が2台そろうなんて偶然はそうあることじゃない。となれば、鳴かぬなら鳴かせてみようなんとやらで、事故車がなければ盗んでくりゃいいじゃんって発想になる。

車には人間の戸籍と同じように〝籍〟があるんだ。①車検証、②車台番号、③コーションプレート（車台番号、エンジン番号、車種、色などが明記されたもの。たいがいエンジンルームにビスで留めてある）、④ナンバープレートの4点セットがそう呼ばれるんだけど、車はこの籍と、車体があって初めて1台の車と認識される。つまり、事故車の籍を盗難車に移せば、運輸局に正規の車として登録できちゃうわけ。

ちょうどオレが独立した7年ぐらい前から、この『盗難車＋事故車』のニコイチが流行りだしたんだよ。そのころオレは、少しでも安い仕入先を開拓しようと全国の中古車屋を駆けずり回ってたんだけど、行く先々でニコイチは話題になってたな。

ムラセ（仮名）さんと知り合ったのは、そんなときだよ。彼は九州の中古車センターの若社長で、まだ40代半ばぐらいなのに知る人ぞ知るギョーカイの有名人でさ。外車が10台ぐらい乗る大型トレーラー何台もで東京の中古車オークションに乗り込んでは一気に100台近く買い付け、フェリーで持ち帰ってガンガン売りさばいてた。

車の値段には地域差があって、関東は安いんだ。輸送代を入れ、その上に1台10万上乗せしても十分に買い手がつく。儲かるからあちこちのオークションで大量に仕入れては安く売る。そうすると、また儲かるってわけ。

ムラセって名前だけは知ってたんでダメ元で飛び込み営業に出かけたの。そしたら何も知らないけどオレを気に入ってくれたみたいでさ、いい車を回してくれたり、よくしてくれるんだ。で、そのうち「ニコイチやんないか」って。

オレだって一介のブローカーで終わる気はないからさ、絶好のパートナーにも巡り会えたし、いっちょ勝負かけてみようって腹を決めたんだ。

レッカー屋と解体業者を仲間に事故車を入手

手を組むといっても、有名人のムラセさんが動くと目立ち過ぎるから、オレが実行部隊。段取りはオレが整えて、ムラセさんには店の敷地内にある整備工場を提供してもらうことにした。

まず考えたのは、どうやって事故車を手に入れるかってことなんだけど、これは簡単。交通事故が起きていちばん最初に現場に駆けつけるのはレッカー車だから、彼らを仲間に引き入れればいい。

最大手であるＪＡＦの事務所に手土産とか持って遊びに行ってさ、「事故があったら真っ先にオレに電話してよ。１台につき5万出すよ」って説得して回ったんだ。

もちろん、国産のセダン車なんかじゃ話にならない。ベンツやポルシェ、ＢＭＷなんかの外車と、国産ならセルシオとかせいぜいグレードの高いクラウンやスカイライン、シーマぐらいまで。いくら外車でも古すぎるのはパス。中古車で３００万以上の値が付きそうなヤツね。

おかげで夜中でも電話かかってくるようになったな。「藤川さん、国道2号線でセルシオ事故ってますよ。オレ、あと15分ぐらいで着くんですけど、どうしますか」なんてさ。

オレが現場に着くまでの間に、「修理はムリだから解体屋に持っていくしかないですよ」って車の所有者と交渉しといてくれてさ、オレはセルシオだから5万で買い取りますよって金出すだけ。

で、事故車を馴染みの解体業者に運んで「ガラ（車体）はやるから籍だけちょうだい」って分解してもらう。ニコイチやるってのはバレバレなんだけど、解体屋にとってはタダでガラが手に入るんだから悪い話じゃない。反対に、別のルートで入った事故車の籍を売ってくれる業者もいるよ。ま、この商売は、

そういう連携プレーによって成り立ってんだ。

関東でパクった車をフェリーで九州へ

籍が準備できたら、次はパクリ屋に連絡。車種、年式、色が同じ盗難車を準備してもらう。ただ、さすがにこればかりはリスキーなため、都内の某暴力団関係者を介して高級車専門のパクリ屋グループに話をつけてもらったという。

オレ、実はさ、何度かパクリ屋グループと一緒に盗みに出かけたことがあるのよ。ほら、凝り性だから自分で現場を踏んでみないと納得できなくてさ。

ヤツらはさすがにプロだね。高そうな車を見つけたら、専用の工具でドアを開けて、その場ですぐにスペアキーを作っちゃうんだから。で、擬装用のナンバープレートに付け替えて、そのまま車で走って逃げる。１台盗るのに30分とかからなかったな。

こうやって関東エリアでパクった車をカーフェリーに乗せて九州のムラセさんの工場に送るだろ。そしたら今度は、時間をかけて改造するんだ。

車内に残ってる所有者の持ち物を全部処分して、ホイールやハンドル、シートなんかもノーマルに戻す。目立つようなステッカーを剥がしたりね。で、事故車の車台番号を溶接して、コーションプレートをビスで止め、ナンバーを付け替える。陸運局に行って新規に登録し直せば完璧だよ。

この前、新聞に載ってた事件だと、埼玉のパクリグループは、1台につき20万ぐらいしかもらってなかったみたいだけど、オレは車種に関係なく、クラウンでもセルシオでも1台持ってきたら40万ずつ払ってるよ。やっぱ、それなりの金を出せば、こっちの期待に応えてくれるし。

レッカー屋に5万、事故車の所有者に5万で、パクリ屋に40万。フェリー代に10万かかっても、60万で新たな車が出来上がる。それを中古車センターに持ってけば、正規の車として200～300万で買い取ってもらえるし、客に流しても文句は出ないよ。

いちばん初めに売りに行ったときのことは今でも覚えてる。黒のベンツで、500SLっていうグレードの高いヤツだった。いざとなるとなかなか売りに行く決心がつかなくてさ、ムラセさんにどやされてやっと目に付いた中古車センターに持ってったんだ。

外国製のスーツを着てさ、いかにも〝前後の見境なく車を買っちゃった見栄っ張りの男〟を装った。「本当は手放したくないんですけど…」なんて言ってね。実際、ローンが払えなくなって車を売るってのはよくある話だからさ。

車の出来もよかったし、バレるわけないんだけど、もう心臓はバクバク。査定の最中に店員が「あっ」なんて声出しただけでビクッ、だもん。逆に「ここにキズありますもんね。10万は低くなるな」って言われるとかえって安心したりさ。

で、結局、380万で売れたのかな。普通、ベンツは中古だと半値以下になるんだけど、あれはオイシかった。

もう、それからは怖いモノ知らず。一時は本業よりそっちの方が忙しくて、月に8台もさばいたことがある。全部を正規ルートに乗せるんじゃなくて、見栄を張りたい裏稼業の客に「ニコイチだけど」って安く流したりするんだけど、それでもムラセさんと折半して700、800万になったからね。

年収じゃないよ、月々そんだけの金が懐に転がり込んでくるの。舞い上がっちゃうでしょ、フツー。とりあえずオレはキャッシュで一戸建て手に入れて、ムラセさんなんか自家用ジェット買っちゃったもんね。

車台番号を自在に打つ〝打ち替え屋〟を発見

けど、ニコイチは一昨年までの話。去年の春先にムラセさんが車台番号を打てる人を

FD3S-11[redacted]
車台番号

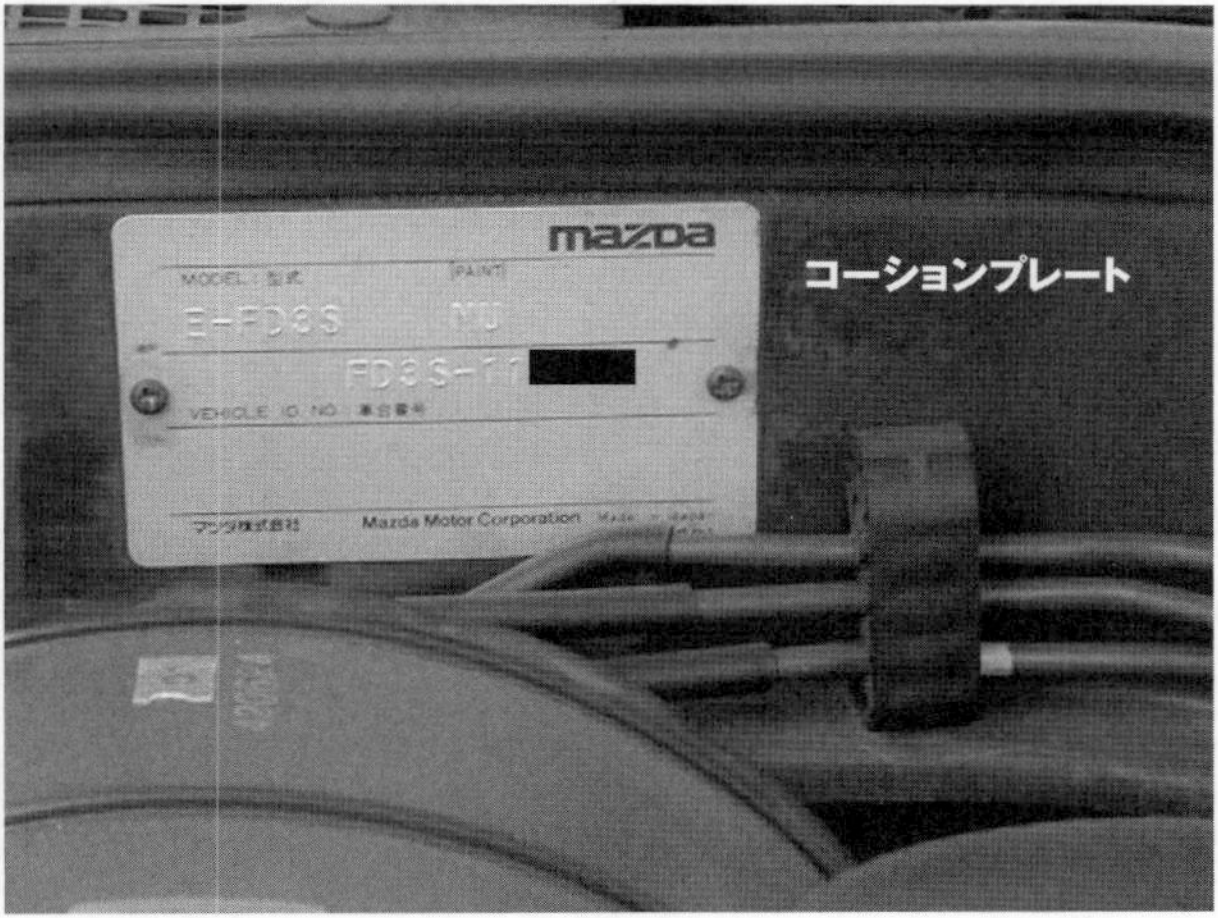
mazda
MODEL : 型式
PAINT
E-FD3S
FD3S-11[redacted]
VEHICLE ID NO. 車台番号
マツダ株式会社
Mazda Motor Corporation
コーションプレート

見つけてきたんだ。

ナンバープレートとか、コーションプレートってのは、文字どおり板状のものをネジで留める仕組みになってるから、その気になれば取り換えはできる。

でも、車台番号ってのはボンネットを開けたエンジンルームの車体に直接番号が刻印してあるんだ。今まではその周りを大きく切り取って溶接してきたんだけど、キッチリした中古屋とかは見た目でわからないから赤外線センサーでチェックしたりするわけ。

そんなことされたらさすがのオレもお手上げ。一時はボンネットごとそっくり取り替えるなんて荒技を使ったこともあるけど、効率悪すぎ。

それが盗難車の車台番号を好き勝手に打ち替えられれば溶接する必要もないだろ。シロートにはよくわかんないかもしれないけど、これはもの凄いことなんだ。

とるものもとりあえず盗難車をゲットして九州にすっ飛んでったよ。ムラセさんは「感動もんだぜ」って目をキラキラさせちゃってた。

で、いざ現れたのは、でっぷり太った麦わら帽子を被ったオッサンでさ。本業は板金やってる人で、昔から技術はあったらしいけど、いままでは披露する場がなかったんだって。

「これかい」って、車のボンネットを開けて携帯用のガスバーナーで車台番号の表面を炙って、板金ハンマーで表面を押して平らにしてさ。で、車体が熱いうちに車検証見てナンバーポンチでパンパンパンって番号打ってくの。

もう、完璧。溶接したわけじゃなし、どんなに赤外線当てたって元の車台番号が浮き上がるわけじゃなしさ。コーションプレートとナンバー替えちゃえば、誰にも本物と見分け付かないんだ。それこそコピー車だよ。

それ見てさ、オレたちは発想の転換をしたわけ。ニコイチは2台を1台の車に仕立てたけど、同じ車を2台走らせてもいいんじゃないかって。

まずパクリ屋が盗ってきた車と同じ車種の持ち主を探す。で、「小遣い稼ぎしない？」って声かけて、車検証を買い取っちゃう。

でさ、打ち替え屋のオッサンに車台番号を打ってもらって、偽造ナンバーを作れるヤツにその車と同じプレートを作らせて、本物とそっくり同じ車を作る。名付けて〝ニコニコ〟。

車検証は本物だし、車台番号を溶接した跡はないし、どこをどう調べても正規の車と寸分違わない。これで高く売れないわけないだろ。元の持ち主は、ディーラーに「なくしちゃった」っていえばすぐ車検証なんか再発行してもらえるから、何もデメリットはない。

強いて考えれば、困るのは偶然に2台の車が出会ったときだろうけど、そんなの万に一つぐらいの確立しかないし。

オッサンに10万、車検証買うのに10万、ナンバーのプレス屋に5万。そしてパクリ屋に40万払うからニコイチより多少高くつくけど、断然、回転は速い。平均、月に10台は出てるかな。


〝ニコイチ〟から〝ニコニコ〟に手口を転換し、ますます裏稼業に精を出すようになった藤川氏。商売は絶対安全、順調そのものと豪語するが、一度だけ絶体絶命のピンチに見まわれたことがあるという。盗難車の元の持ち主に警察を呼ばれたのだ。

「パクリ屋グループから引き渡された盗難車をフェリーに乗せるまでの間、都内にあるムラセさんの支店の軒先に置いちゃったんだ」

そこに偶然、買ったばかりのBMWを盗まれ、必死で辺りを探していた元の持ち主がやってきた。

その車を見た瞬間にピンときたのだろう、20代半ばの男性は、持ち歩いていたスペアキーを何気なくカギ穴に差し込んだ。と、ドアが開いたのである。持ち主が携帯で110番通報し、すぐにパトカーが飛んできた。

とっさに状況を判断したムラセさんが藤川氏に「サインしろ」とニセ領収書を用意。

「え、盗難車だったんですか。うちは150万でこの車買い取ったのに、このお金はどうなるんですか」と、ちゃっかり被害者に成り済ましことなきをえたという。

後部座席の子供ごと車をパクる

高級車が盗まれるって騒ぐから、いまはメーカーがセキュリティを強化して盗むのは難しくなったって思われてる。ベンツもセルシオも、赤外線を使ってオートロックのリモコン付きマスターキーを使わないとエンジンがかからないし、クラクションが鳴り出しちゃうからね。

あのキーは特殊で、スペアキーは作れてもマスターキーは偽造で車台番号を登録して再発行してもらうしかない。

けど、考えようによってはラッキーな状況なんだ。だって、逆にマスターキーさえあれば盗難車と疑われずに済む。キーごと盗んじゃえばかえって仕事はやりやすいわけ。

あのね、いくらメーカーがセキュリティに力を入れても、それを動かしてるのは人間なのよ。窃盗団が横行してるって注意を促してさ、どれぐらいの人が自分に関係あると思う？　用心しなくっちゃって思う方が少ないの。

コンビニでジュース買ったりさ、自販機でタバコ買うのに、いちいちカギかける？　かけないでしょ。だからさ、そういう前で張ってて、相手がドアを出た瞬間に乗り込んで逃げればいいの。

オレが頼んでるパクリ屋さんたちは、グレードの高い車が多いってんで恵比寿や渋谷で張ってるよ。で、ベンツやセルシオなんかが来たらさ、スッと近づいて運転手がドアから出てカギをしめようとした瞬間に乗り込んで、ソク発進させちゃう。

もちろん、目の前で乗ってかれたら持ち主はすぐに110番通報するよね。だから交番の前を通らず、Nシステムにも引っかからないようなルートを通って近くの駐車場に潜り込むんだ。

聞いた話じゃ、ウエスティンホテルの地下駐車場をよく使うらしいよ。15分まで無料だから、その間に偽造ナンバーに付け替えて、そのままカーフェリーで九州へ直行だよ。

「ときどきパクリ屋グループの連中と会って話するんだけど、彼らの仕事にはホント、頭が下がるよ。ただ…」

藤川氏が声のトーンを落とした。聞けば、パッとコンビニの前で車を盗んで逃走、信号待ちで気付いたら助手席に女の子が座っていた、後部座席で子供が寝てたなんてこと

がザラにあるらしい。

そんなときは「失礼しました」と、飛び降りて逃げるに限るが、それじゃ済ませられないこともあるという。

「去年、新聞に出てたじゃん。群馬かどっかで母親が買い物中に車が盗まれてさ、乗ってた赤ん坊がダムかどっかに捨てられて殺されたって事件が。あれ読んでみんな身震いしたってさ。だってあれ、絶対犯人はどっかのパクリ屋グループのヤツだもん」

実際、同乗者が携帯で電話をかけはじめたり、泣きだされたりするのはよくあること。ニュースで子供を殺しちゃった犯人も、ギャーギャー泣かれてどうしようもなくなっちゃったんじゃないかと話題になったそうだ。

けど、そんなのニュースを見たときに考えただけで、ヤツら次の瞬間にはどうやってパクるのが効率いいか話してたけどね。

だって、もうコンビニで待ってるだけじゃ思うように車がパクれないんだ。だから陸運局で車種や年式、色を調べて所有者の家を張り込んで、後を付けるとかね。１日付け回すうちには、相手も気が緩む瞬間があるからさ。

他にも、セキュリティでガチガチの車なんかは、レッカー車を借りてきて強引に引っ張ってきちゃう荒技使いもいるらしいよ。どういう回路になってるのかわかんないけど、スペアキーで警告音が鳴る車もジャッキで持ち上げちゃえばセンサーが働かなくなるんだってさ。

ヤツらはプロだから金を払うって言えばどんな方法を使ってでも盗ってくる。だってさ、1千万とか何百万もするモノが路上に置いてあるんだぜ。盗むなって方が無茶なお願いなんだよ。

ま、オレはそういうヤバイことは他人に任せて、おいしいとこだけそっくりいただいちゃってるんだけどね。

あんた車持ってる？　家に帰ったらよく見てみなよ。もしかしたらオレの作ったコピー車かもしんないよ。

平成の裏仕事師列伝 BEYOND 24

人さらい

恨むなら欲につっぱった自分を悔やめ

インタビュー＋文＝中本杏子
フリーライター

「裏モノJAPAN」2000年6月掲載

子供のころ、よく親に言われた。

「暗くなると人さらいが来るから早く帰っておいで」

髪を振り乱し鬼の形相をした大男を思い描き、夕方になると走って帰った記憶がある。

その想像をするしかなかった人さらいが、いま、目の前にいる。

「いや、そう呼ばれても仕方ないんだろうな」

黒田雅巳氏（仮名、45才）が、気弱そうに笑った。巧妙な誘い文句で若い女性を集めて海外に売り飛ばす現代の人さらいは、地味なスーツを身にまとったごく普通の中年男性だ。鋭い目つきをしているわけでもなければ、人目を引く体格の持ち主でもない。この取材が済み、喫茶店の前で別れてしまえば、どんな顔をしていたのか思い出すのも難しいだろう。

日本人の女性を売買するルートがあるとは、聞いたことがある。海外旅行先でハネを伸ばした女性を誘惑して家に連れ込む。確か、そんな手口だったか。

「他人が何やってるか知らないけど、オレはそんな複雑なコトやってるわけじゃないんだ。これと思ったコを集めてブローカーに引き渡すだけ」

淡々とした口調で、現代の怪談が始まった。

先物取引で大損こいて不動産ブローカーに

あんまりオレのことは話せないよ。って言っても、人に自慢できることなんかないけどさ。田舎の高校から一浪して東京の大学に入って、勉強なんかせずに卒業して、運よく大手の不動産会社に潜り込んだんだ。

仕事は建て売り住宅の販売。必死こいて営業して回って、調子のいいこと並べ立てて契約取ってさ。とりたてて成績がいいわけでもないし、悪くもない。ホント、偏差値50

のごくごく平均的サラリーマンだった。

出世もせず、左遷もされず働いて30で社内結婚。絵に描いたような人生だろ。翌年には長男が生まれて、…昔のことだけどね。で、すぐにバブルが来て、人生が狂っちゃったんだ。

ちょうど働き盛りの頃だろ、いままで何百万かの土地が10倍、20倍に跳ね上がって給料もグンと増えた。接待だなんだって家に帰らなくなって、そのうち先物取り引きに手を出して。

先物なんて絶対に儲からないってアタマではわかってた。けど、営業のヤツが日参して「損したら僕が弁償しますから大豆買ってください」って土下座して言うのよ。オレも外回りのツラサは身に染みてるから試しに百万だけやったら、すぐに倍になったんだ。

こいつは信用できるヤツだって思うじゃない。けどトウモロコシが上昇しはじめたとか、コーヒー豆がいいとか言われるまま金を追加していったら、それが全部大コケ。

引き際がわからなくて借金した金も含めて2千万がパーだよ。これでまた絵に描いたように家族崩壊。女房は子供連れて実家に帰ってそのまま離婚ってわけだ。

ただ、オレはオレで、一度味わった生活が忘れられなくてさ、会社を辞めて独立したのよ。土地の売買なんて企業だろうと個人だろうとやることは同じ。だったら1人でやった方が実入りがある。

だいたいさ、地価なんか不動産屋の言い値だからね。大手がここは坪10万だ20万だって言えば、それが相場ってことになっちゃう。

とんでもなく便の悪い山中を造成して、ここは環境もいいし将来は値が上がりますよなんて高値を付けると、客はありがたがって飛びつく。バブルのころなんて、そうやって値をつり上げて儲かった金を各社で山わけしてたんだ。

この業界には、そういうカラクリを利用して金儲けしてる不動産ブローカーって連中がいるのよ。免許なんか持たないで、他人の土地を勝手に売っ払っちゃったりさ。つまり、オレもその仲間入りをしたわけ。

香港の富豪に愛人斡旋し1人につき200万もらう

フリーになった黒田氏は、不動産の仕事をしながらブランド品の平行輸入を始める。バブル経済とともに巻き起ったブランドブームは崩壊後も根強く生き残り、95年には第二次ブーム到来と言われるほどに復活。そこに目をつけ、海外で安く仕入れたブランド品を国内で売りさばく輸入業を手がけるようになったのだ。

例えば、日本で人気のルイ・ヴィトンのバッグは、本場フランスでは日本価格の5〜6割。本来なら国内に持ち込む際に15％の税金がかかるが、税関をうまくスリ抜ければ差額は丸儲け。自分で売らずディスカウントショップに持ち込んでも日本価格の9割ほどで買い取ってもらえるので、採算は十分に合う。

求人誌に広告を打ち、ブランド好きな女子大生をバイトに雇って彼は買い付けに世界を飛び回る。

最初は香港とかシンガポールとかの近場で買い付けてたんだけど、アジアじゃ偽造品が紛れ込んだりするんだ。どこで買ったかが重要で、そのブランドの本店に行かないと買い取る方も叩いてくるからさ。で、フランスとかイタリアを中心に買い回って、儲けもそれなりに出るようになった。

そしたらあるとき、愛人を紹介してくれないかって話がきたんだ。オレが女子大生なんか使ってんのに目をつけたんじゃないの。

詳しく言えないけど、バブルのころに一緒にいい目をみた仲間でさ。香港の金持ちが日本人の女の子を囲いたいって言ってるから世話してくれないかって。

不動産なんかやってるとよくある話なんだ。接待代わりに女を使って土地や家を買ってもらうなんてザラにあるし、向こうから「いい女いないか」って頼まれたりもする。で、ああいいよって、気軽に引き受けたの。

ちょうど女子大生が空前の就職難って騒がれてたときだよ。香港のヤオハンが幹部候補生として日本人女性を大量に雇うとか、雑誌に『香港・シンガポールの会社に就職しよう』なんて特集が組まれたり、女子大生よ、世界に飛び出せって時代だったから話がしやすかった。

ブランド買い付けの面接に来たコに、実は豪邸に住みながらいい服着ておいしい物食べて、それで小遣いももらえる仕事があるんだけどやってみない、って。

そりゃ誰もがほいほいOKするわけじゃないんだけど、中にはいるんだ。「私、香港行きたい」って言うコがさ。就職活動で何十社も落とされてヘコんでるところに、海外で働かなくても金になるってオイシイ話だろ。そりゃ、フラッとくるって。

オレはオレで1人紹介するごとに200万くれるっていうんだからこんなラクな金儲けはない。いつどこのホテルにこういう女のコが行くって連絡しただけで、キッチリ金は振り込まれるんだから。

女ってのは大胆でさ、行くと決めたら期限があるのか、いくらもらえるのかなんて細かい条件もハッキリしないのに、平気で行っちゃうんだ。

それで思ったんだよ、こいつら金のためなら何でもするヤツらなんだなって。

ブランド買い付けバイトで若い女のコを集める

本人了解の上で香港の富豪に愛人を斡旋する――。

それで終われば黒田氏が『人さらい』と呼ばれることもなかったろう。だが、仲間に頼まれるまま、ほんのついでに始めた仕事はエスカレートする。女のコを騙して香港に連れていき、現地ブローカーに売るようになったのである。

理由は簡単。海外で愛人生活を送りたいという女のコの数が少なく、要求してくる数に応じられなくなったからだ。

最初は、これ以上はムリだって断ったんだ。そしたらしばらくしてから連絡が入って、1人につき500万出すって言うのよ。しかも、女のコ本人が承知してなくていいから、とにかく連れてきてほしいって。

誤解してると困るから言っとくと、オレは暴力団と何のかかわりもないカタギの人間だよ。そりゃ、不動産の関係でそういう連中とも多少の付き合いはあったけど、個人的にはかかわらないようにしてたし、さらってきてほしいなんて言われればビビっちゃうよ。

だけど、1人500万ってのはムシできない金額だ。ブランドの買い付けで同じ額を儲けようと思ったら、4、5回はやんないと。女子大生の扱いには慣れてたから、できない話じゃないし…。で、結局、引き受けたわけ。

もう、胃が痛くなるほど考えたよ。言っちゃえば人身売買だ。バレたら人生、一巻の終わり。絶対に誰にも知られず香港に連れ出すしかない。

おまけに金を出す連中が、さらった女のオークションを開きたいって言うもんだから、誰でもいいってわけじゃない。あ

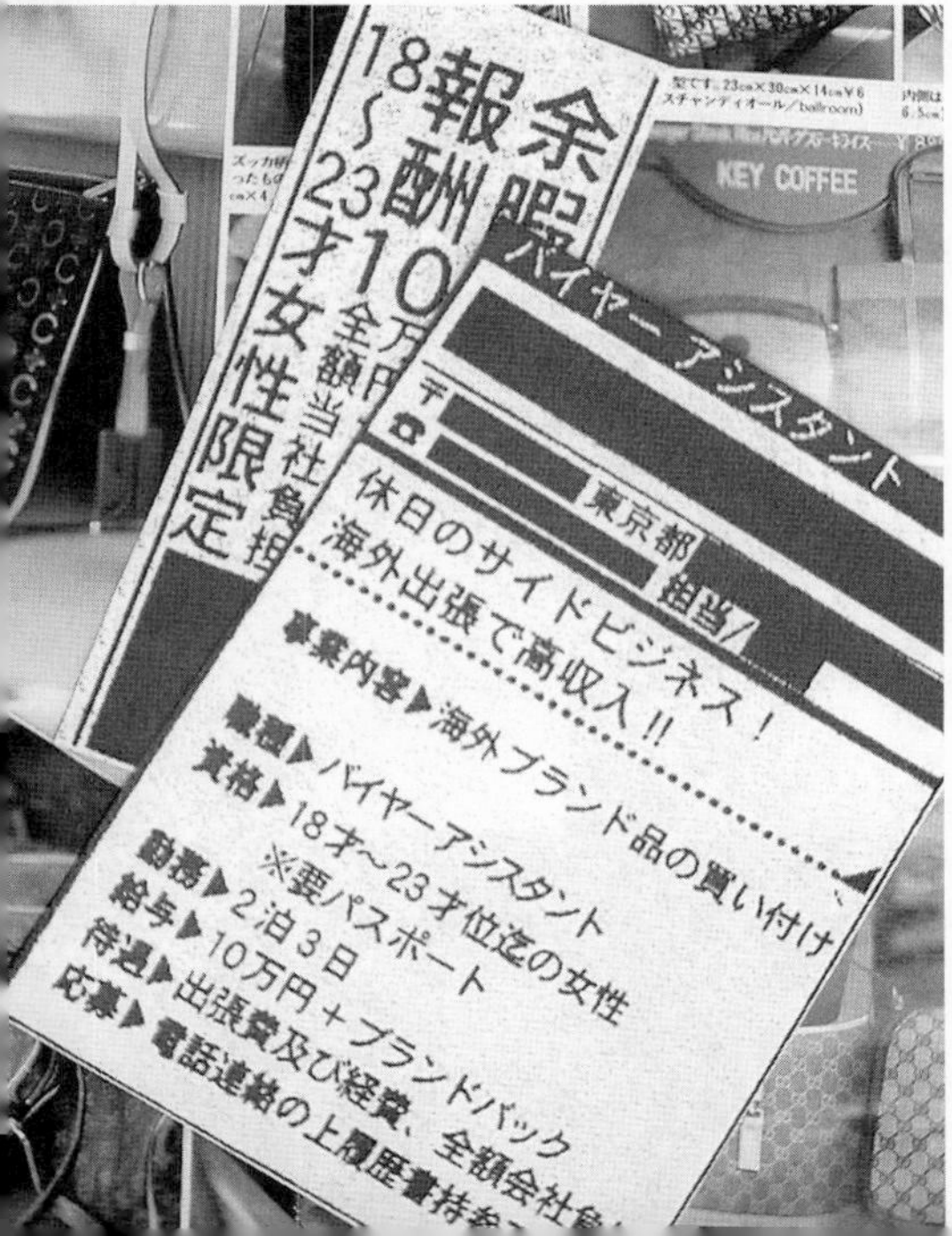
KEY COFFEE
報酬10万円
18~23才女性限定
バイヤーアシスタント
東京都
休日のサイドビジネス！
海外出張で高収入!!
事業内容▶海外ブランド品の買い付け
職種▶バイヤーアシスタント
資格▶18才~23才位迄の女性
※要パスポート
勤務▶2泊3日
給与▶10万円＋ブランドバック
待遇▶出張費及び経費、全額会社
応募▶電話連絡の上履歴書持参

る程度、容姿端麗じゃないと。

それで夕刊紙に『雑誌モデル募集』って広告を打ってみたんだ。ほら、モデルなら海外連れて行っても不自然じゃないだろ。

でも、これは失敗だった。面接した時点でみんな家族や友達に「私、もしかしたら海外ロケに行くかもしれない」なんて話しちゃってたんだ。万一、それで帰って来ないとなったら大騒ぎになるのは目に見えてる。

調べたらさ、同じ行方不明でも、20才を越えた成人が書き置きも残さず自分からいなくなったような形にすれば、警察は動きようがないらしいんだ。

ってことは、内緒で海外に連れて行く口実さえあればいいわけだろ。それが何かわからなくてさ。容姿がキレイじゃないと務まらない仕事で募集かけると周りに自慢しちゃってるし、かといって普通のコンパニオンなんかじゃ海外に連れて行く理由がない。

で、行き着いたのが何のことはない、ブランドの買い付けだけよ。違法商売だし、海外に行くのも自然。容姿については問題アリだけど、大勢の中から選べばそこそこ可愛い子もいる。もう、これ以上、うってつけの口実はないだろ。

「税関の目をくらますため絶対に内緒にしてください」

いちばん初めにやったのは今から5年前。ある地方都市に月契約のマンションを借りて、地方の夕刊紙に『ブランド品商品買い付けのお手伝い。女性限定。18才〜23才。報酬は10万円＋バッグ』って求人広告を出したんだ。

もちろん契約時の身分証とか電話の名義は偽名だよ。不動産やってれば、契約に必要だとか口実をつけて他人の保険証や印鑑証明預かるのは簡単。何かと役に立つから、偽造や架空も含めていろいろ持ってるんだ。そんときは、確か実在する客の保険証を使ったんじゃないかな。

反響はかなりあったよ。1週間で30人ぐらい面接したんじゃないかな。それで現地の要望どおり3人をチョイスした。

基準は特にないんだけど、スタイルがよくて、髪の長い、ちょっと古風なタイプ。ほら、外国人が思い描く大和撫子ってそんな感じじゃない。

で、買い付けのシステムを説明して「この仕事はイリーガルな要素もありますので絶対にご家族や友だちに言わないでください。もし、あなたから情報が漏れて失敗した場合は弁償していただくことになります。友達と温泉に行くとでも言っておけばいいんじゃないですか」って。

3人とも面識がないコたちを選んで、事前に顔を合わせないようバラバラに説明するの。若い女の子が1人で香港旅行に行くのか不思議に思うかもしれないけど、他にも同じ年代のコが現地で合流するって言えば安心するし、第一、タダで海外旅行ができて10万円のバイト代とブランドバッグがもらえるとなったら、多少、怪しいと思っても飛びついてくるよ。

それに、いくら違法だっていっても、税関でブランド品を隠してるのが見つかったら「あ、これも税金かかるんですか」なんてすっとぼけて金を払えばすんじゃうことだしね。その辺、あんまり女の子をビビらせて「やっぱり辞めます」なんて言われたら元も子もないからウマク説明してさ。

人選が終わったら、パスポートを持ってきてもらって飛行機のチケットやホテルはこっちで手配。後は、時間と場所を指定して現地に集合させるだけなんだ。

ブランド品の買い付けにいくと思っている女の子は、親にも内緒で香港に向かう。「税関の目をくらますため」という黒田氏のことばを信じ、3人とも1人で飛行機に乗

り、ホテルにチェックイン。

『×日午前11時にホテルのロビー集合』

指定された時間になると、黒田氏が迎えに来て一緒にタクシーに乗る。別々のホテルでピックアップされた女の子が3人そろうと、車は町はずれで待機していたマイクロバスに乗り付ける。

「後はこの人の言うことを聞いてウマクやってくれ」

黒田氏はそう言うのを変だと思いながらも、3人いることで安心するのか女の子は素直にバスに乗ってしまう。と、走り出したバスは郊外をひた走り、ある富豪の屋敷に入っていくのだという。

富豪の屋敷に女を集め現地のブローカーが品定め

無責任って思うかもしれないけど、オレは自分が連れてった女の子たちが、どういう目に遭うのか知らないんだよね。

別々のホテルで待ってる彼女たちをバスまで運んで、それが走り出したらオレの役目はお仕舞い。後は、現地のブローカーが世話してんだ。

1回だけ女の子たちとは別にその屋敷に行ってみたことはあるけどさ、そこにはオレだけじゃなく、4、5人のブローカーがさらってきたコが集められてた。金髪碧眼のロシア人少女もいれば、エキゾチックな顔立ちのインド系もいたな。

みんな不安そうな様子で、誰も一言もしゃべらないんだ。ってのもさ、香港の富豪ってのは日本の規模じゃ考えられないほど金持ってるだろ。で、敷地もバカでかい上、私設軍隊っていうの、自動小銃なんか抱えた警備員が至る所にいるわけ。あれじゃ逃げようにも足がすくんで動けやしない。

オレはヘタな感傷なんか持ちたくもないからそれ以上のことは見なかったけど、何でもそこで女奴隷がほしい富豪たちお抱えのブローカーが、牛かなんかの市みたいに1人ずつ前に引き出して品定めして競り落とすんだって。

実際に女の子を買う富豪は簡単にそんなとこに出てこない。信頼する仲介人を出して、好みを熟知してる彼が競り落としたコの中から好きなのを選ぶらしいよ。

うーん、女の子の気持ちなんか考えたことないけど、まあ、オレのこと恨んでるんだろうな。見も知らぬ外国人に買われて、一生自分の家にも帰れないんだから。

オレに言わせれば悪いコトしてでも金やブランド品がほしいって欲をつっぱらかした自分を悔むことだね。自業自得とまでは言わないけど、おいしい目をみようってオレんとこに来たのは自分の意志なんだからさ。

本当だろうか。こんなことが現代の世の中で、しかも日本人相手に行われているのだろうか。

例え自分から旅行に行くと家を出たとしても、若い娘が行方不明になれば家族は大騒ぎする。同時に3人も消えれば大事件だ。ましてや、香港の富豪の家でセリ市が行われているなんて、どうにも信じられない。

そんなこちらの不信感を察したのか、黒田氏がカバンの中から1枚の写真を取り出した。

「あ、証拠になるかわかんないけど、これ持ってきたんだ」

見れば、香港を象徴するド派手な看板が重なり合った町並みの中で、20才前後と思われる女性が3人、笑顔で写っている。どこにもいそうというか、同年代の中では幾分、おとなしめのコたちである。顔立ちは美人だが、化粧も地味なら髪型もパーマっ気のないストレートヘアだ。黒田氏が、去年、香港に連れて行った女の子たちだという。

「この後すぐバスに乗っけちゃったけどね」

そう言われれば、さして親しくなさそうに3人の間にはそれぞれ微妙な間隔が空いている。それがなんともリアルで、全身に鳥肌が立った。

松たか子に似た右側のコが、照れたような顔でピースサインをしているのが痛々しく胸に突き刺さる。いったいこの3人は、いまどこで何をしているのだろう。

チャーター船に乗せて密航すれば証拠はない

オレだってこんな仕事が本業ってわけじゃない。やるのは1年に1回、3人ずつ。これを5年やってきたから、トータルしても15人ぽっち。

そんな数の女がいなくなれば騒ぎになるって言うけど、そうはなってない。ってのはさ、やるときは1つの都道府県とかじゃなく、もっと広いエリアで募集かけるから、そうそう何人も消えたなんて誰も気づかない。

で、さらったコの親が必死で探してもさ、オレは香港に行く前にマンションや電話は解約するし、まして本名なんか言ってない。

事件に巻き込まれたって証拠もないから警察が積極的に動くはずないし、よくよくコネがあって調べが入ったとしても、香港に行ったたってのがわかればいい方で、そこから先の足取りなんか辿りようもないんだ。

それにいままでずっと飛行機を使ってきたんで、今年からちょっと工夫しようかって計画もあってさ。ま、詳しくは言えないけど、長崎なら長崎のハウステンボスに現地集合して、そっからバスで港へ連れてってプレジャーボートへ乗せる。

それで沖に停泊してる富豪のチャーター船に連れ込んだらどうなる？　日本の警察はお手上げでしょ。ま、これは例えばの話で、いまパッと思いついただけのことだけどね。結局、オレが組んでる富豪ってのは、それだけのことができる人たちなんだよ。彼らは香港とかアジアだけじゃなく、世界の経済を動かしてるって言っても過言じゃない人たちだからさ。

最初は何でオレなんかに声かけてきたのか不思議だったよ。ま、結局は現地の不動産ブローカーにコネがあったのもあるけど、オレは一匹狼で何の団体にも属してないのが最大の理由。

香港マフィアやヤクザのルートを使えば人をさらうなんて簡単にできるんだろうけど、横のつながりがあるから表沙汰になる可能性が高い。オレ１人なら後ろ盾も何もないから、ヤバくなったら始末するのも簡単だしね。

最近わかってきたのは、彼らは日本人の女性を奴隷にすることで、昔の恨みを晴らしてるんじゃないかってことなんだ。富豪の大半は60過ぎのおじいさんたちで、日本語もペラペラらしいんだ。つまり、日本がアジアを支配してたときのことを覚えてるわけ。

家族や親戚、もしかしたら彼ら自身かもしれないけど、戦争の時に日本軍にヒドイ目に遭わされた人が近親者に必ずいる。その怨念みたいな感情を表舞台じゃストレートに表現できないから、こういう屈折した形で表してる気がするんだ。考えると深いよ。

さらった女の子が〝イモムシ〟になってる？

さっきは女の子たちのことなんか考えないって言ったけど、あれはウソ。ひょんなときに、さらってったコたちの顔が思い浮かんだりするんだ。

「ああ、あのコは母1人子1人って言ってたな」とかね。どうしてるかな、ぐらいは考える。

けど、こればっかりは誰にもわからないよ。運よく蝶よ花よって大事に扱われてる可能性もあるけど、飽きて捨てられて、想像もつかないような目に遭ってるのかもしれないし。

だって、彼女たちがセリ市にかけられた時点で自分の運命を悟って大人しく言うことをきけばいいけど、もし逃げようとしたり、生意気な態度を取ったりしたらどうなると思う。たぶん、無事じゃいられないでしょ。

それもさ、ひと思いに殺されてれば幸せな方で、生き地獄ってのもあるからね。

聞いたことない？　手足を切断されて見せ物小屋に売られてるって話。〝イモムシ〟って呼ばれてるんだけど、アレ、単なるウワサじゃないらしいよ。

香港のブローカーが、おもしろいもの見せてやるって、ある有名なブティックに連れてってくれたことがあるんだ。試着室の裏の部屋にとおされて、見たら一方がマジックミラーになってて、試着室の中が丸見え。

ここで盗撮ビデオでも撮るのかと思ったら、そいつ、ニヤニヤ笑いながら壁の小さなボタンを押したんだ。その途端、試着室の床がストンと下に開いた。

オレがびっくりしてたら、ここから覗いて高値がつきそうなコがきたらボタンを押すんだって笑ってたよ。いちばんのターゲットは、買い物に夢中の日本人女性なんだってさ。本当かどうかわからないけど、そうやってラチしたコを見せ物小屋に売るんだって。

それに比べればオレのやってることなんて可愛いもんだよ。もちろん、富豪の元に行ったコがその後、どうなってるのかは知らないけどね。

タイに行ったとき、日本人の見せ物が出てるからって誘われたことがあるけど、根性ないから断ったんだ。もし、オレがさらったコが手足のない体で睨んできたら目覚めが悪いからね。

それよりいま、日本人に子供を産ませるビジネスをしないかって話も来てるんだ。日本人は勤勉でアタマがいいって思われてるから、大陸の金持ちは日本人の養子をほしがってるらしいよ。

もちろんオレんとこに来るぐらいだから、本人が納得済みの代理母なんて甘いレベルじゃないんだろうけどね。それが軌道に乗ったらまた話してやるよ。

黒田氏の話は終わった。が、これは本当のことなのか、原稿を書いているいまも確信は持てない。というより、信じたくないという気持ちの方が大きい。

人間が人間をさらって売り、モノとして支配する。この世の中には、そんな漆黒の闇が広がっているのだろうか。

平成の裏仕事師列伝 BEYOND 25

ロシア専門お見合いツアー業者

金髪女と恋したけりゃ いつでもオレに言ってきな

インタビュー+文＝荒井告人
フリーライター

「裏モノJAPAN」2001年2月掲載

「〝お見合いツアー〟でお相手を見つけませんか」

スポーツ新聞の三行広告やインターネットのホームページでこんなコピーをご覧になったことはないだろうか。

告知を出しているのは、日本人男性との結婚願望を持つ海外の女性を紹介する業者で、文面によれば、男性客をフィリピン、タイ、中国、ロシアなどに案内、現地の女性との〝お見合い〟をセッティングしてくれるらしい。確かに、国際結婚に憧れる人間も多いこのご時世、そんなツアーが組まれていても不思議じゃない。男性が女性の元へ駆けつけるのも当然のマナーではあろう。

が、入会金はン十万、3泊4日程度の〝ツアー〟にも200万300万という法外な値段が付いている。どこか怪しくないか。

「ハハ、そうストレートに聞かれても困っちゃうんだけどな」

新宿歌舞伎町のジャズがかかる喫茶店。目の前の男が苦笑いを浮かべた。


渡辺浩介氏（仮名、34才）は、日本人男性とロシア人女性とのお見合いツアー業を一人で営んでいる。アルマーニのスーツ、右腕にはロレックスが巻かれ、相当羽振りが良さそうだ。

「ロシアってのは今一番流行っててんのよ。ほら、バブルのころに、嫁不足に悩んでる農家の息子やら気が弱くて婚期を逃したモテナイ君やらが、東南アジアで〝花嫁〟買うってんで社会問題化したことがあったでしょ。たぶんそのイメージが残ってるんだろうな。インフレで喘ぐロシアの女ならどうにかなりそうだって思うヤツが多いんだよ」

月収は軽く400万を超えるという渡辺氏。お見合いツアーの儲けのからくりは果たして…。

お相手の紹介から、ビザや航空券の手配、現地のホテルの予約まで、全部面倒みるのがオレの仕事。国際結婚の斡旋と旅行代理店が合わさったもんだって考えてもらえればハズれじゃないよ。

実はこの航空券やらホテル代やらがボッタクリでね。通常よりも10倍20倍って上乗せしてんの。なんせ事務所を通さなきゃ相手と会えないわけでしょ。男も素直に金を払うしかないのよ。

それに、文字どおり、〝お見合い〟って形がオイシイ。一生のお相手を一度会っただ

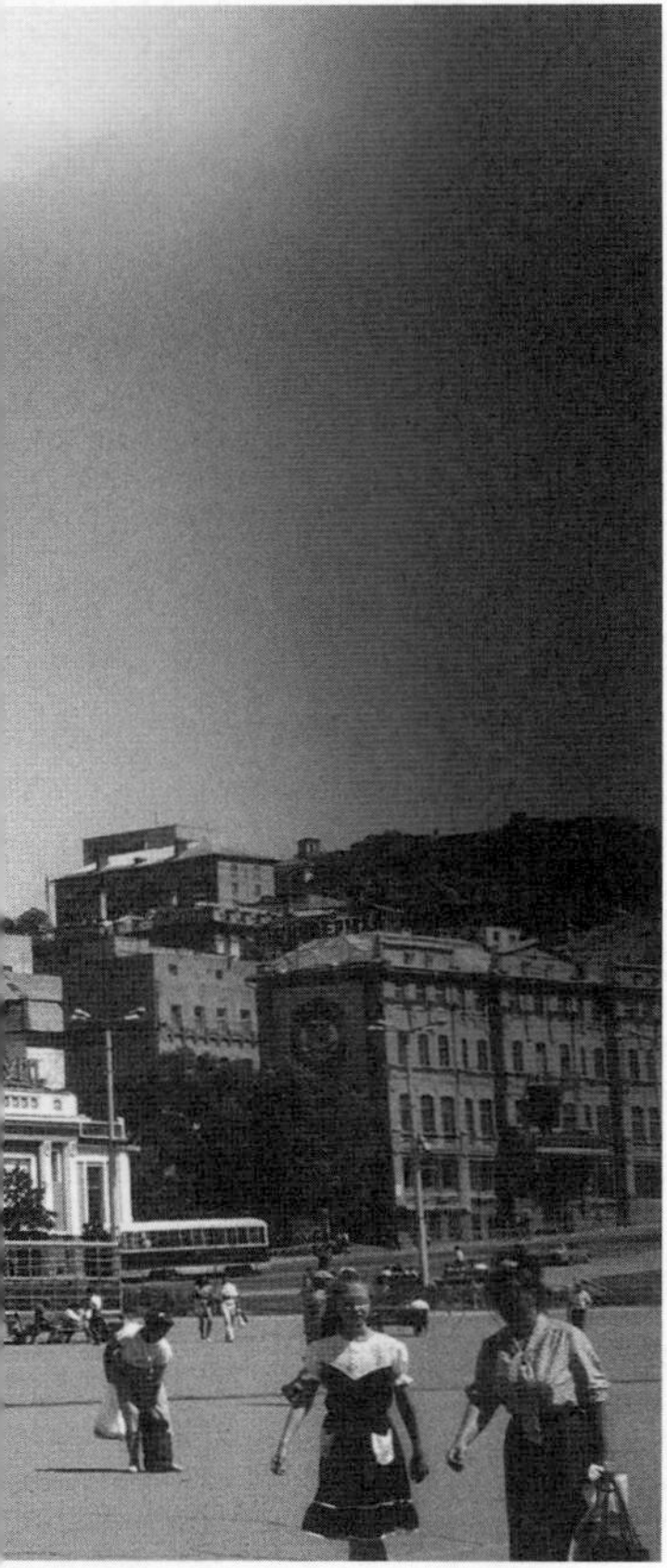

けじゃ決められないからね。つまり、何度もツアーに行かせられるんだ。

3泊4日のツアーに60万を支払う40男

もともとは旅行代理店のツアコンやってたの、オレ。大学卒業してすぐだから22才のとき。担当が極東地区、つまりロシアだったんだよね。

普通の人はロシア観光なんて言ってもピンとこないだろうけど、新潟空港から1時間半ぐらいでウラジオストックに着いちゃう。ちょうどソ連が崩壊したばかりのころで、会社も「新しいマーケットだ」ってリキ入れてたんだよな。

もっとも、最初はロシア語はサッパリだし、観光スポットの情報もロクロクない。苦労の連続だったんだけど、仕事をこなすうち、ことばも覚えて、地元の人間とも繋がりができた。

良かったのはやっぱり、物価が安かったことだろうな。2ドル出せば旨いもんがたらふく食えるし、30ドルありゃめちゃくちゃイイ女が抱ける、オレも若かったから遊んだ遊んだ。

そんなこんなで気づいたら10年だよ。さすがに飽きたね。安月給も不満でさ。何かうまく転職できねえもんかなって考えてはいたのよ。

転機になったのは2年前。ロシアの『ヒュンダイ』ってホテルのバーで飲んでると、「あのー、すいません、お隣よろしいですか」って40才ぐらいのいかにもサエなそうな日本人のオッサンに声をかけられたのよ。

たぶん旅先で同じ日本人見つけて嬉しかったんだろうな。ま、その気持ちはわからんじゃないし、少し話に付き合ってやったら、「私、お見合いをしに来てるんですよ」って言うんだよね。

アレって思ったよ。お見合いツアーのことは何となく知ってたけど、普通、フィリピンとかタイあたりに行くもんでしょ。というか、ロシア人ってのは、中国人が密航してるせいか、イエローカラーにあんま良い印象持ってないんだよね。で、「なんでわざわざロシアに？」って聞いたら、「いやぁ、白人の女性に興味がありまして」って（笑）。

しかもこのオヤジ、3泊4日のツアーに60万円も払ってんのよ。ロシアまでの渡航費は往復でも3万8千円程度で、ヒュンダイも1日40ドルの安宿だから、全部合わせても5万円ぐらいにしかならないんだよ。いくら女とのセッティング料なんかが含まれるにしても、そりゃボリ過ぎだろって。

けど、そのオヤジ、「いやぁ、今回のツアーはいいですよ。前の業者には300万も取られましたからね」なんて呑気なこと言ってる。その瞬間、ああ、こりゃ金になるなってピンときたのさ。

時給550円。見合い相手はすべてサクラ

彼が考えたお見合いツアーはおよそ次のようなシステムだ。

客はまず、三行広告やホームページにアクセス。事務所で面談を受け、十万単位の入会金を支払う。続いて、リストの中から、気に入った女性を選び出し、自分のプロフィールや顔写真をメールで相手に送る（現地にも事務所がある）。女性側から〝交際ＯＫ〟の返事がくれば、メールのやりとり（現地の通訳が日本語に直してくれる）でお互いの仲を深めた後、現地での〝お見合い〟と相成る――。


どう？　かなり大変そうだろ。最低でもロシアと日本に事務所が必要だし、何より、日本人と結婚したいロシア女を探さなくちゃいけない。

けどね、10年間かけて培ったコネクションを持つオレからすりゃこれぐらいは造作もない。

ロシアの事務所は、家賃1万程度のアパートメントを知人の名義で借りてもらえばい

いし、ここにパソコンを置けばメールもできる。

実際には、パソコンだけじゃなくデジカメも設置して、映像つきのチャットもできるようにしたんだ。ほら、男と女を同じ時間に事務所にいさせたら、お互い顔を見ながらしゃべれるじゃない。テレビ電話みたいだけど、悪くないアイデアだろ。

肝心の女は、顔見知りのヤリ手ババァがやってるモデルクラブから調達した。時給550円払って、早い話がサクラだよ。いや、実際には、日本人と結婚したがる女なんて1人もいやしないんだ。他のお見合いツアー業者も似たようなことやってるはずだよ。

あと、絶対に必要なのが日本語がしゃべれる現地の常駐スタッフ。日本との窓口になるだけじゃなく、メールやチャットの通訳もやってもらわなくちゃいけない。加えて、見合いの男は一度に何人か連れていくつもりだから、その際の通訳も手配できないと困る。

そんな都合の良い人間がいるのかって。バカだな。日本語学校の学生に頼みゃいいんだよ。連中ならヒマもあるし、周りも日本語がしゃべれる人間ばっかだろ。

とりあえず旅行代理店で通訳やってる女のコに「倍の給料出すよ」って声かけたら、「やります！」って。まったく、現金なもんだよな。

日本の事務所？　渋谷に格安のワンルームを借りたよ。家賃の7万円は痛かったけど、場所柄、ハッタリが利きそうだろ。

誠に申し訳ありませんが、年の差が気になるようで

1998年1月、いよいよ彼は会社をスタートさせる。ホームページを開設し、新聞に三行広告を打ったのだ。

「三行広告は全国紙じゃなく、あえて地方紙に載せたの。こう言っちゃナンだけど、田舎の方が婚期を逃したモテナイ君が多そうだからな」

一方、ホームページには次のような文面を掲げた。

【特徴】

▼登録されている女性は超美人ばかり。
▼白人でありながら育児、料理、家事などはアジア的な性格を持つ。
▼彼女たちは安定した生活を求めるため、12～20才までの年齢差なら問題なし。
▼高学歴の女性が大半。
▼彼女たちは外見より中身を重視する。

▼訪日して住宅環境や両親と会った後、結婚の判断を下す場合が多い。

【欠点】

▼すでに男性から求婚されている女性が多く、ゴールインまでの時間がかかる場合がある。

【アドバイス】

▼子供のいる楽しい家庭を作りたい場合、むしろ女性の中身を重視しましょう。

ね、適度にマイナス要素を散りばめてるのが、それっぽいでしょ。

入会金は20万円（メールとチャットの通信費込み）、渡航費が3泊4日で40万円。4、5回のツアーで200万300万ってセット料金を取ってる業者も多いけど、後から始めるんじゃ安さで勝負しないと。

初日に20件ぐらい問い合わせがあったかな。「本当に結婚できるんですか？」なんて疑ってくるヤツには、「信用いただけないなら来てくださらなくて結構ですよ」って強気に出たよ。

とにかく事務所まで来させたらこっちのもんなの。なんせ相手はバリバリのモデルでしょ。女の子のリストを見せるだけで、大半の男が「入会します！」って即答したよ。リアルタイムチャットの評判も良かった。やっぱ顔を見ながら話せるってのは強いよな。向こうの女に特に指示なんか出してないよ。好き勝手なことしゃべれって。ツーショットのサクラみたいに小細工するとかえって盛り上がらないからね。

中には、「あの人とはもうチャットしたくない」なんて言い出す女もいるけど、そんなときは「誠に申し訳ありませんが、歳の差が気になるそうでして…」とでも言っときゃ客も納得する。「お見合い」なんだから、相手からフラれても全然オカシくないわけでしょ。

まあさすがに連続でフラれるってのはマズいから、「このコがあなたのことをいたく気に入りまして」って強引にオールOKの女をあてがうこともあるけどな。

夜のお世話でもきっちりリベート

実際、ツアーに出発するのは、客が3人以上集まったとき。平均だと参加者は5人ぐらいかな。もちろん、オレも同行するよ。

渡航は月に2回で、客の方がスケジュールを合わせるんだけど、「どうしても来週行きたいんです。何とかならないですか?」なんて言われた場合は、1日2万円の別手当で付き合ってやる。一応客商売だし、それぐらいはしないとな。

ちなみにウラジオストック空港には、専用の車が迎えにくることになってんの。お国柄、タクシーなんかだとそれこそ何されるかわかったもんじゃないでしょ。ホテルに着いたら例の日本語学校の学生に電話して、お見合いの相手と通訳たちにロビーまで来てもらう。通訳は全員、女の子だよ。男だと客そっちのけで、ペラペラしゃべり出しちゃうからね。

それからはもう自由行動だよ。右も左もわからない異国ならヘンな気も起こせないだろ。オレは寝てりゃいいんだ。

みんなカフェとか映画館とかボーリング場とか健全なところでデートしてるみたいだね。会話も「週末は何をされてるんですか」「ええ、テニスをちょっと」「学校はどこです」「×××です」って、いい大人がダラしないもいいとこでしょ。

オレが知る限り、朝帰りしたのは1人しかいない。50ぐらいのサエないオッサンだったんだけどさ。ロシア女もワンナイトラブしたくなるときがあるんだろうな。

そんなわけだから、オレに出番が回ってくるのは、デートも終わって、夜になってからら。モンモンとしてる独身男が異国に1人…。そう、10人中10人が「女を買いたい」っ

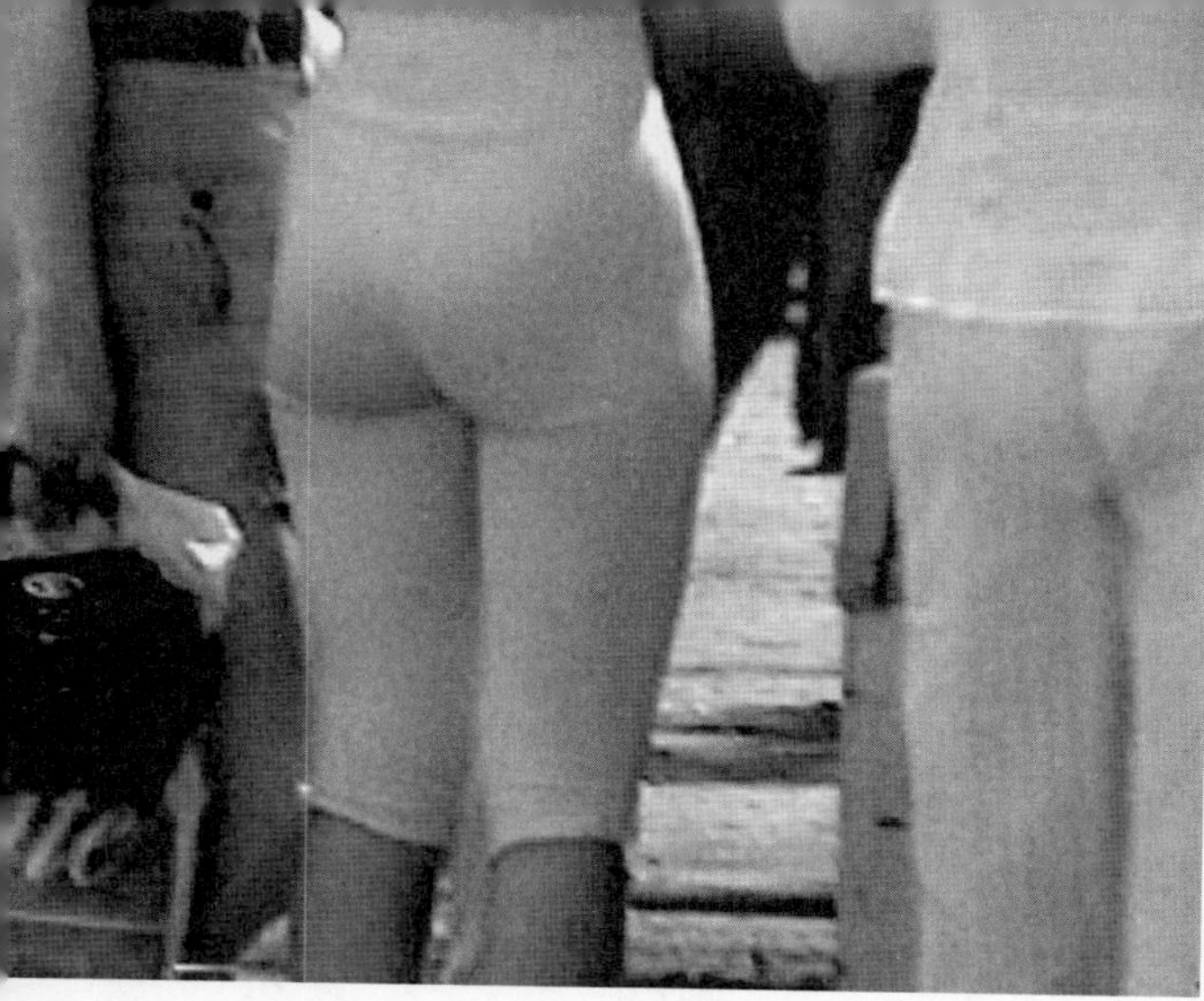

て言い出すんだよね。行くのはオレの顔見知りの売春宿。もちろんリベートはきっちり頂いてるよ。

3泊4日のツアーから帰ってきた後は、お相手とメールの交換とチャットを続けてもらう。通信費はオレ持ちだけど、ハマらせるためにはこれが一番だな。

みんな「愛してるよー」なんてのぼせあがってロシアに足を運んでくれるよ。2回3回お見合いが失敗してクジけそうになったら、「好きよ」の一言ぐらい女に言わせてさ。

本当に仲良くなってメールアドレスや電話番号を交換する女もいれば、逆に、もっと引っ張って欲しいのに、

「もうあの人とはイヤ」って言いだす女もいたり。ホント、ヤツらにとっちゃ気軽なパートタイムジョブなんだよ。

男の「日本に来てほしい」って誘いに乗りゃあタダで日本観光もできるし、オレの儲けにもなる（来日のセッティングも氏が行う）んだけど、さすがにそれは女も断るね。やっぱ、あんまり思わせぶりにすんのもカワイそうだと思うんじゃないの。

トラブルはほとんどないなあ。ときどき、「全然結婚できないじゃないか！」ってメールや手紙とか、イタ電があるぐらいだよ。女がロシアじゃストーカーの心配もないしね。

ただ、モデルなんて仕事のせいかお高く止まってる女ばっかでさ。冷たくあしらわれて辞めちゃう会員も多かったから、試しに一度、日本語大学の学生たちに仕事フッてみたのよ。

そしたらこれがえらく評判がよくてね。やっぱ顔より日本語ができるってのが大事だろうな。向こうでも「安全なパートタイムジョブ」だってウワサが広まって、今じゃ１０0人ぐらい登録者がいる。通訳を使う必要がないぶん、オレの収入も増えたしね。願ったりかなったりだよ。

もっとも、モデルたちの写真だけは未だに使わせてもらってる。やっぱリストの見栄えがいいと客の食いつきが違うからな。

ヌード撮影会inロシアが大当たり！

去年の1月ごろからは、「ロシア女性のヌード撮影会」ってのも始めたんだよ。文字どおり、ロシア女の裸を撮りに行きましょうって企画。

最初はノリ気じゃなかったんだけど、例のモデル事務所のヤリ手ババアの営業がしつこくてね。仕方なく試しにやってみることにしたんだ。

3泊4日の日程で、撮影料が1人5万円。このうちクラブに1万行くから、残りの4万円がオレの取り分。お見合いツアーと違ってバカな客はあんまりいそうにないから、ホテル代や交通費は上乗せしてないよ。

とりあえずホームページだけで「金髪美女のヌード撮影会inロシア」って宣伝してみたら、これが予想外に申込みがきてね。1週間で30人は集まったかな。やっぱエロは強いわ。

参加者は10人に絞ることにした。全員連れていきたいのは山々だけど、人数が多過ぎると収拾つかなくなっちゃうだろ。

ホテルに着いたら、女を呼んで撮影開始。この前なんか調子に乗って、山の中で写真

撮っちゃって。オレも仕事抜きで楽しませてもらってるよ。

一度、「モデルとやりたい」ってゴネまくったヤツがいて、仕方なくクラブと交渉したら「そんなこと言うなら契約打ち切るからね！」って。いやあ、ヤバかったヤバかった。

去年から今年にかけて、もう18回この撮影会をやってる。ホント、体が休まるヒマもないよ。

一、二度会っただけの男との〝結婚〟を決意する女などまずいやしない。それぐらいのことは客にもわかるはず。この疑問に渡辺氏はこう答える。

「結局、大名遊びなんじゃないの。ひとときの夢を見てみたいっていうさ。連中もあれはあれで楽しんでるんだよ」

鉄人文庫

平成の裏仕事師列伝
ビヨンド BEYOND

2020年 7月15日　第１刷発行

編　著　「裏モノJAPAN」編集部編
発行人　稲村　貴
編集人　平林和史
発行所　株式会社 鉄人社
〒102-0074 東京都千代田区九段南3-4-5
フタバ九段ビル4F
TEL 03-5214-5971　FAX 03-5214-5972
http://tetsujinsya.co.jp/
デザイン　細工場
印刷・製本　新灯印刷株式会社

ISBN978-4-86537-192-5　C0176　